天津市地方志工作办公室资助出版

天津地方史研究丛书

英美烟公司在津纪事

曲振明 著

天津社会科学院出版社

图书在版编目（CIP）数据

英美烟公司在津纪事 / 曲振明著. -- 天津 ： 天津
社会科学院出版社，2024. 12. --（天津地方史研究丛书
）. -- ISBN 978-7-5563-1041-8

Ⅰ. F456.168；F471.268

中国国家版本馆 CIP 数据核字第 2024YF3750 号

英美烟公司在津纪事
YINGMEIYAN GONGSI ZAIJIN JISHI
选题策划：韩　鹏
责任编辑：付聿炜
装帧设计：高馨月
出版发行：天津社会科学院出版社
地　　址：天津市南开区迎水道 7 号
邮　　编：300191
电　　话：（022）23360165
印　　刷：高教社（天津）印务有限公司
开　　本：710×1000　　1/16
印　　张：20.5
字　　数：284 千字
版　　次：2024 年 12 月第 1 版　　2024 年 12 月第 1 次印刷
定　　价：78.00 元

总　序

　　盛世修史是中华民族的优良传统,史志文化是中华民族光辉灿烂文化的组成部分。习近平总书记指出:"要高度重视修史修志",强调"推进文化自信自强,铸就社会主义文化新辉煌",特别是习近平总书记在视察天津时提出的"在推动文化传承发展上善作善成"重要指示,为新时代史志工作指明了方向,也提出了新的更高的要求。

　　津沽丰饶,人杰地灵。天津是我国历史文化名城,是高人巨匠聚集之地,有着独特的历史发展轨迹和地域人文气质。"天津地方史研究丛书"坚持以习近平新时代中国特色社会主义思想为指导,坚持辩证唯物主义和历史唯物主义的立场、观点、方法,从社会生活不同的角度观察天津城市发展脉络和不同历史阶段特征,在不同领域的发展演进中感受天津沧桑变迁的历史逻辑。

　　天津市档案馆(天津市地方志工作办公室)将深入学习贯彻党的二十大精神,贯彻落实习近平文化思想,挖掘天津历史文化资源,助力文化强市建设,繁荣城市文化和学术研究,继续打造好更多的史志研究成果展示平台。我们愿携手广大史志工作者,以史

1

为鉴,开创未来,坚定文化自信,讲好中国故事、天津故事,彰显天津独具魅力的城市形象,贡献更多的精品力作,丰富人民精神文化生活,弘扬中华优秀传统文化,弘扬民族精神和时代精神,为奋力开创全面建设社会主义现代化大都市新局面贡献智慧和力量。

天津市档案馆
(天津市地方志工作办公室)
2024 年 12 月

序

据考古学家研究,人类吸烟的历史,已长达 1800 年至 2000 年。

15 世纪末,烟草随着"地理大发现"传入欧洲。16 世纪初,西班牙探险家发现墨西哥的土著人把烟草装入苇管中吸食,此方法很快传入欧洲,于是有了世界上最早的卷烟。两百年后,法国烟草商开始用手工生产西班牙式烟卷,并以法文命名为"cigarette",英语"Cigarette(司个儿)"一词,就是引入法语单词而来的。

16 世纪末,烟草的种植与吸食自海上传入中国,朝廷一度有禁而不能止,致使吸烟在社会各阶层广泛流行,甚至成为一种时尚。清代,出现了水烟、旱烟之分,女性多吸水烟,男性多吸旱烟。奢侈者所用烟具,水烟壶白铜壶身,嵌以珠宝或掐丝珐琅,佩五色流苏;旱烟袋用白铜锅、乌木干、翡翠嘴,与火镰、火石、火绒、烟袋组成套装。此后,又从西洋传入了"鼻烟"("闻药"),不但品类繁多,可供把玩的"烟壶""烟碟"等小巧玲珑等配套器皿,也是争妍斗艳,且价值不菲。

鸦片战争后,吕宋卷烟和纸烟,自沿海商埠开始传入。19 世纪 80 年代初,美国人邦萨克发明了每分钟生产 250 支的卷烟机,也很快推广到中国。最初,吸食西洋纸烟者多为下层社会,且为一般人所不耻。然而纸烟的便捷、时尚和随意,远较旱烟为优,在社会上普及速度之快,令人始料所不及。

19 世纪末,外国卷烟机进入天津。1902 年,世界著名烟草企业英美烟公司在伦敦成立,天津很快成为其拓展海外市场的主要目标。为降低成本,该公司在中国商埠建厂不久,即派人在山东、河南、安徽等处建立原料供应基地,从而为其在华发展打下基础。

英美烟公司(后更名为颐中烟草公司)自成立以来,一直垄断着中国的卷烟市场,在全国商埠先后开办了 11 家卷烟厂,6 家烤烟厂,6 家印刷厂,1 家包装材料厂,1 家机械厂,工人总数达 25000 余,市场占有率几占中国的 50%到 80%。到七七事变前,该公司在中国投入的原始资本,增加了 1000 多倍。

天津是英美烟公司的重要产销基地,设有规模可观的驻津办事处,管理华北地区的卷烟销售。1919 年始建的大英烟公司天津工厂,规模宏阔,厂房设计采用国际上最先进的无梁楼盖建筑结构,是华北地区最大的外资企业,至今仍保存有近百张厂房设计底图(现藏于天津卷烟厂档案室),以及美国第一代奥的斯货运电梯电机与电梯摇把等工业遗产。时隔不久,又在厂区建立起了设备先进的印刷厂。

为提高生产效率,降低管理成本,厂方实行本土化的"工头制"(南方称"那摩温"),用以限制工人言行,遏制工人运动,同时大量使用童工,最大限度地压榨工人血汗。

有压迫就会有反抗。中共天津地方党组织建立后,开始在该公司所在的河东大王庄厂区开辟工作,发展工人党员、建立党的基层组织,开展革命活动。直到 1952 年,颐中烟草股份有限公司天津市分公司由人民政府接管,建立起国营天津烟草公司(天津卷烟厂)。

今天,我们见到的曲振明先生新著《英美烟公司在津纪事》,就是目前这方面唯一的一部权威性专著。本书全面阐明了天津英美烟公司的成立、发展,公司卷烟生产的不断扩大和对市场的垄断,沦陷期间的产销萎缩,抗战胜利后的恢复与衰落,以及公司工人觉醒与斗争,公司的卷烟广告与天津文化等;书后还附有大事记,以便检索。

《英美烟公司在津纪事》一书的特色,也非常明显。

第一,为充分展示英美烟公司在天津这段真实、可信的历史,作者详尽梳理和大量运用了该公司档案资料,因此,全书资料翔实,基本上是用史料说话;而且在此基础上,力求实事求是地提出了一些新的观点。比如说,英美烟公司在华经济活动固然得益于经济特权,但其中也不乏中国政府给予的优惠政策。在传播新技术和工厂管理方面,固然带来了当年的新理念、新方法,但也不能否认,该公司为获取最大限度的利益,在经营发展中采取的某些垄断、欺骗手段等。深刻独到,令人信服。

第二,这部专著特别注意了研究主体的始末完整,同时具有鲜明的地方特色。全书开宗明义,即简单扼要地探讨了烟草传入中国,天津烟草吸食和销售的历史,以及天津地方烟草文化的特色等,其中不乏民间流传已久的掌故与故事。这些,不但赋予了这部学术著作的"可读性",而且突出了域外卷烟的输入与天津吸烟历史之密不可分。换句话说,英美烟公司之所以能够在天津得到迅速发展,在一定程度上,是因为有着地方烟文化历史的隐性支撑。

第三,在此基础上,作者全面、系统、深刻地剖析、阐发了英美烟公司在天津的历史发展。该公司开始在天津的活动,可以上溯到1902年;公司驻津办事处的设立,是在1912年。而1919年只是英美烟公司天津工厂的始建年代。天津英美烟公司所设的机构,实际上是华北地区的产销中心,其管辖范围,几乎囊括了整个北方。如此完整的研究思路与架构,不但清晰地勾勒出研究主体的本真面貌,同时也延展了历史,兼顾了其他相关的内容。

第四,全书在诸多方面,突出了天津英美烟公司作为国际连锁的分支机构,与伦敦总公司和上海驻华公司总部的紧密关系。因此,书中用了一定的篇幅,由远及近,由部分到整体,由局域到全域,对驻华英美烟公司的特点、性质做了详细介绍,目的是使读者在范畴的认知上,对天津英美烟公司能有一个全面和深入的解读。

第五,全书做到了观念创新,研究方法通达,体例丰富,足具贯通古今的完整性。作者运用宽阔的学术视野,把书中9章73节的架构,与纵向编年的时间轴,横向安排的纪事本末,有机结合起来。做到了既能融全书为浑然一体,各章内容亦可独立成篇,条理分明,史论独到,自出一家。

专著的作者曲振明先生,不仅是天津藏书名家,更是位历史学的爱好者,多年来成绩斐然。

曲振明先生自年轻时起,长时间在烟草行业做宣传工作,而且对于历史,始终保持着求知若渴的定力。他曾以扎实的基础和功底,参与过《中国烟草通志》《天津烟草志》及《中国工业史·烟草卷》的编写。他的长线课题,就是从事英美烟公司的研究。生活,总会厚待锲而不舍的人。经年的岁月,终使他收获了奋斗的历程,《英美烟公司在津纪事》的出版,就是明证。

我与曲振明先生有30余年的交往,那时,他正年富力强,经常在报刊上著文发表,在地方历史的研究方面,已有很深的积累,一直是河东区政协文史委的中坚力量,对于河东政协文史资料选辑的出版,贡献独多。

当年,英才济济的河东区,涌现出3位活跃的史学新秀,被同仁誉为"河东三杰",其中之一,便是曲振明先生(其他两位分别是:自行车厂的张树基工程师,市总工会管理干部学院的缪志明老师)。时光荏苒,岁月蹉跎,忆及过往,如梦似幻。如今"三杰"均已年过花甲,但是他们在研究历史方面的贡献,依然有着神奇的生命力,让我至今不能忘怀。

人生最实质、最内在、最主体的精神路标,就是永远充实自己,不断奉献他人,舍此无他。衷心祝愿曲振明先生,始终励志燃情,推出更多更新的研究成果,为津门史坛增光添彩,贡献力量。

罗澍伟

2024 年 9 月 20 日晚

前　言

甲午战争结束以后,西方列强在中国获取了一系列经济特权,特别是在通商口岸开设工厂的权利,对华贸易也由商品输出,转向资本输出。西方的一些跨国公司如英美烟公司、美孚石油公司开始进入中国。

1902年,跨国烟草托拉斯英美烟公司进入中国后就在天津开展经济活动,到1952年退出中国,其间经历了清末、民国和中华人民共和国成立初期,长达50年的历史。英美烟公司在天津设立管理华北地区的卷烟销售的大区机构、设立华北地区最大卷烟厂和印刷厂,是天津近代最大的外资企业,在天津近代经济发展史上具有重要历史地位与影响。

天津是中国卷烟工业的发源地,1903年,中国第一家民族烟草企业北洋烟草有限公司在这里创建;1904年,中国最早的一批注册卷烟商标在这里诞生。这些之所以发生在天津,与天津在近代中国的地位密切相关。天津毗邻北京,又是对外开放的通商口岸,正如津人金钺在《天津政俗沿革记》的序中言:"若夫数十年来,国家维新之大计,擘画经营,尤多发轫于是邦,然后渐及于各省。是区区虽为一隅,而天下兴废之关键系焉。"[①]正是基于这种独特的政治、经济地位,天津引起了国际烟草托拉斯英美烟公司的关注。1902年,英美烟公司进入中国后,将天津视为开拓

---

① 天津市地方志编辑委员会:《天津通志·旧志点校卷·下册》,南开大学出版社,2001年,第33页。

1

中国北方市场的桥头堡。

英美烟公司在华的早期业务一切听从伦敦的总部指挥,卷烟运销业务委托美商老晋隆洋行经营,卷烟制造工厂统称大英烟公司。1902,英美烟公司在津开展销售业务,由天津老晋隆洋行负责。老晋隆洋行在津没有独立的办公场所,借英商高林洋行办公。1903 年英美烟公司收购老晋隆洋行业务后,1912 年在天津设立管理北方业务的分支机构。1919 年 2月,驻华英美烟公司成立,成为独立的股份制公司。同年 9 月,建设大英烟公司天津工厂。1920 年,驻华英美烟公司天津部成立。1921 年大英烟公司天津工厂正式开工,1922 年建设大英烟公司印刷部。英美烟公司凭借一系列的举措,使天津成为英美烟公司在北方重要基地。特别是大英烟公司工厂的创办,使天津卷烟工业发生了巨大的变化。其规模之大,产量之多,是其他烟厂不能比拟的。同时也促使中国烟草消费逐步告别手工制造的烟丝,使机制卷烟成为最常见的消费方式。

1934 年,英美烟公司在华机构一方面为躲避中国人民抵制外货的锋芒,名称趋于中国化;另一方面为逃避捐税,化整为零。其所属大英烟公司更名颐中烟草公司,驻华英美烟公司更名颐中运销烟草公司,1937 年大英烟公司印刷部更名首善印刷公司,分别承担生产、销售和印刷厂的业务。此刻英美烟公司已走向黄金时代,在销售方面它控制全国卷烟市场的 70%—80%,1937 年达到 112 万箱的最高峰,比 1927 年的销售量增长了 98%。

1941 年太平洋战争爆发后,各地颐中烟草公司被日军接管,当时华北地区的日本派遣军接管了颐中烟草公司在天津、青岛的分支机构,合并为日军管理颐中烟草公司,被日军接管后,颐中烟草公司生产萎缩、销量锐减。1945 年日本投降后,颐中烟草公司收回了被日本接管的企业,企图东山再起。但由于之后的战争影响,限制了它的发展,使其不得不采取"限制生产、资金外移"的政策,截至 1949 年 9 月,全国平均年产量仅为 20 万箱,年销量不足全国总销量的 20%。

　　1949年中华人民共和国成立后，颐中烟草公司基本处于半停产状态，并向人民政府提出资产转让申请。1952年5月6日，经过多次谈判，经政务院批准，由天津市企业公司承接天津颐中烟草公司的全部财产和债务。天津颐中烟草公司更名为国营天津烟草公司(后改名天津卷烟厂)，成为新中国卷烟工业中的骨干企业。

　　英美烟公司在中国创造了"高效率、组织良好的纵向一体化经营体系"，实施了规模经营，降低了成本，并且有效地利用中国的资源，在中国境内生产供中国消费者消费的产品。它在生产、销售、采购、广告宣传方面，都依靠中国人。如果没有中国人所做的工作以及他们与中国社会的联系，英美烟公司不可能以如此低廉的成本生产香烟，如此广泛地销售卷烟，并从中获得可观的利润。美国学者高家龙先生将英美烟公司在中国获得成功归于三点：第一，"不仅源于输入中国的优越资本和密集的技术，也源于对廉价劳动力的依赖"。第二，"英美烟公司销售系统中中国买办和经销商的重要作用表明，公司的'组织实力'更多地源于已有的华人销售网"。第三，"纵向一体化"机制只是实现了部门化管理，而"实际控制劳动力、采购和销售业务的华人则是通才"，是由他们"依靠与从前使用没有多大改变的商业实践来经营英美烟公司的业务"。[①]

　　卷烟工业是中国较早实现现代化的产业之一，并对相关产业发展起到一定的促进作用。天津是中国卷烟工业的发源地，也是外国资本与民族资本争夺最激烈的地方。如果想了解天津历史，这也是不可忽略的环节。天津英美烟公司作为近代天津最大一家外资企业，既与天津政治、经济、税收以及文化有着密切的联系，又有自己独特的发展历程。笔者在编写过程中，认为应关注以下五项内容。

　　一是要正确看待英美烟公司在华经济活动。天津被迫开埠通商，资本主义国家在津的经营是侵略的性质，天津的近代化并非是得益于这些

――――――――――

　　①　高家龙：《中国的大企业——烟草工业中的中外竞争》，商务印书馆，2001年，第61—62页。

侵略者的公司,而是中国人民自觉学习先进经验的结果。虽然英美烟公司在华活动,"客观上也起了传播最新技术和科学管理方法的作用",①但也不能否认其勾结旧中国官僚买办对工人进行残酷剥削,对民族资本企业进行无情打击的事实。为此应尽量用历史资料说话,向读者展示真实、可信的历史事实。

二是注意与地域的烟草历史密切相连。天津英美烟公司虽是外商企业,但其与地域烟草文化的联系不能割裂。所以首先叙述英美烟公司来津前及初期的天津烟草历史以及卷烟工业的历史,以体现其与天津经济发展的必然联系。

三是注意与英美烟公司总公司的整体关联。英美烟公司是纵向一体化的国际托拉斯机构,天津是分支机构,其一切经济活动都听命于在伦敦总公司和上海驻华公司总部的。为此在叙述历史上,将驻华英美烟公司的特点、性质做了详细介绍,使读者更加深入、全面地认识天津英美烟公司。

四是整体介绍英美烟公司在津机构。天津是英美烟公司在华北地区的产销中心,其管辖范围囊括北方许多地区。从经营内容上看,包含生产、采购、销售、广告等多个领域,而传统界定天津英美烟公司只是一个制造工厂。从某种意义讲,天津英美烟公司的历史不是源自1919年,还应该追溯至1912年(成立天津英美烟公司办事处),甚至1902年(英美烟开始在津活动)。所以,为完整叙述英美烟公司,本书拓展了叙述的时间范围,兼顾了其他内容。

五是注重历史的丰富性和多元化。这部书并非严格围绕经济活动按照历史编年展开的,而是考虑读者的阅读兴趣,在纵向沿袭历史编年的基础上,使各个内容可以独立成篇,并照顾了一些特征化的内容,适当作了突破,如红色足迹和销售网络以及广告宣传的相关内容。

---

① 上海社会科学院经济研究所:《英美烟公司在华企业资料汇编》,中华书局,1983年,前言第24页。

　　进行历史研究,离不开丰富的历史资料。笔者长期从事英美烟公司的研究工作,并参与《中国烟草通志》《天津烟草志》以及《中国工业史·烟草卷》的编写工作,积累了丰富大量的历史资料。天津档案馆和天津卷烟厂档案室保存了大量历史档案,其中天津档案馆保存1962年天津卷烟厂移交的英美烟公司1662卷档案、630本账册以及各种人物卡片。上海社会科学院经济研究所的张仲礼主编《英美烟公司在华企业资料汇编》,共120万字,有许多可供利用的档案。天津社会科学院历史研究所于20世纪70年代,在天津卷烟厂进行了长达三年的资料搜集整理工作,形成《天津卷烟厂史资料》14卷和英美烟公司档案摘译四卷,也为该书的编写,提供很重要的参考依据。原天津英美烟公司职员及员工的回忆文章和资料,以及颐中烟草公司工会档案和天津卷烟厂20世纪90年代组织对原英美烟公司历史名人的追踪采访,也对该书的撰写提供了有力的支撑。此外,还有高家龙的《中国的大企业——烟草工业中的中外竞争》等一批外国学者研究中国卷烟历史的著述可供参考。这些文献资料为客观地了解英美烟公司的发展提供了方便。

　　卷烟是一个敏感的话题,特别是在全球化禁止吸烟运动下,反对吸烟的声音此起彼伏。记录英美烟公司在天津的经济活动,旨在记述公司的发展与衰落,讲述一件件鲜活的往事,一段段真实的故事,而非宣扬吸烟本身。笔者认为一个国际托拉斯企业重视在天津的经济发展,也说明天津在近代中国的重要地位,有许多内容值得研究,许多经营经验教训需要汲取。迄今为止,英美烟公司在津活动的历史尚未有正式出版物问世,该书的出版填补了空白。一段外资企业在天津的历史,从某种程度上看,也是旧中国外资企业在天津兴衰的缩影,希望此书能给天津工商业史研究提供一些帮助与启示。

目　录

第一章　英美烟公司来津前的天津烟草业　/1

一、烟草传入天津　/3

二、中和烟铺

　　——天津最早的商店　/6

三、天津早期的吸烟风俗　/10

四、旧时的烟铺与招牌　/13

五、卷烟及卷烟机的输入　/16

六、北洋烟草公司

　　——中国最早的卷烟厂　/22

七、烟酒专项税首创于直隶　/27

八、清代末期的天津卷烟工业　/30

九、中国最早的卷烟注册商标　/35

第二章　英美烟公司在津机构的成立及发展　/39

一、詹姆斯·杜克构筑的烟草帝国　/41

二、将烟草的种子播撒在中国　/45

三、英美烟公司在天津的早期活动　/48

四、首创无梁楼盖的天津工厂　/51

五、一体化的托拉斯机制 /55

六、层层节制的内部管理系统 /58

七、等级森严的工资制度 /62

八、花红与储金会 /66

九、以华治华的买办制度 /69

十、天津英美烟公司"华账房"张筱芳 /73

第三章 卷烟生产扩大与技术领先 /77

一、先进的卷烟制造工序 /79

二、烤烟的引种与收购 /83

三、卷包材料的配套供应 /86

四、先进的彩印设备及技术 /89

五、产品结构及规格 /92

六、主要产品介绍 /94

第四章 销售市场控制与垄断 /105

一、遍布华北地区的销售网络 /107

二、督销制度及经销代理人 /114

三、品牌专销总代理

——永泰和烟草公司 /117

四、由卖烟发家的经销商"公兴存" /120

五、疯狂的商业竞争 /123

六、享受优惠的捐税特权 /126

第五章 卷烟广告与天津文化 /131

一、自上而下的广告管理 /133

二、追求社会热点的广告 /136

三、月份牌广告与天津年画　/139

四、在天津印制的香烟画片　/143

五、香烟广告与天津早期电影　/147

六、广告资助《庸报》发展　/151

七、《英美烟公司月报》在天津编印　/155

第六章　天津英美烟公司工人觉醒与斗争　/159

一、中国共产党在英美烟公司的早期活动　/161

二、五卅运动与女工金桂珍　/164

三、1927 年大英烟公司工人罢工　/170

四、中国共产党与 1928 年罢工斗争　/172

五、在白色恐怖下成长的烟厂党组织　/177

六、女劳工学校及妇女救国会　/181

七、1947 年颐中烟草公司工人罢工　/188

八、保卫工厂　迎接解放　/191

第七章　侵华日军管理时期的产销萎缩　/193

一、从反英运动到被侵华日军军管　/195

二、侵华日军管理时期的管理体制变更　/198

三、沦陷时期的烟草统制　/201

四、潍县乐道院集中营的故事　/204

五、残酷的法西斯统治　/209

六、工人在铁蹄下的挣扎　/212

七、劳工的困难经历　/215

八、工人的反抗斗争　/220

九、侵华日军对颐中烟草公司的情报战　/222

十、侵华日军将颐中烟草公司变成侵略工具　/224

第八章　抗战胜利后的恢复与衰落　/227

　　一、收回天津颐中烟草公司　/229

　　二、收购烟叶遇到"大劫收"　/233

　　三、颐中运销烟草公司业务的停止　/236

　　四、抗战胜利后失去垄断市场　/238

　　五、压缩生产规模及设备南迁　/241

　　六、捐助天津城防工程　/245

　　七、抗战胜利后的天津卷烟工业　/247

　　八、产业工会及工厂名人　/250

　　九、工人业余识字班与子弟学校　/255

第九章　英商颐中烟草公司转让与承让　/257

　　一、在天津战役中的颐中烟草公司　/259

　　二、天津解放初期颐中烟草公司经营情况　/262

　　三、驻厂工作组调解劳资纠纷　/265

　　四、女工提出"男女平等"　/268

　　五、解放初期党团组织的建立　/270

　　六、颐中烟草公司提出转让申请　/273

　　七、天津颐中烟草公司转让承让谈判　/277

　　八、人民政府接办天津颐中烟草公司　/283

附　录　天津英美烟公司大事记　/287

征引书籍报刊目录　/301

后　记　/308

第一章
英美烟公司来津前的天津烟草业

在英美烟公司进入天津以前,烟草业在天津存在了200多年。天津自清初就有烟草商品交易,随着南北贸易的发展,作为运河重镇的天津成为烟丝制品的转运地,促进了烟草经济的发展。第二次鸦片战争后天津被迫开埠,卷烟作为舶来品进入中国。而天津"开风气之先",早期的卷烟机输入、最早的民族资本卷烟厂、最早征收的烟草专项税、最早的卷烟商标注册无不产生在天津。天津成为名副其实的中国卷烟业的发祥之地。

一、烟草传入天津

烟草是舶来品,据历史文献记载,烟草自 16 世纪开始,相继由菲律宾、越南、朝鲜传入中国,其中自菲律宾的传入是一条主要路线。菲律宾在西班牙人统治时代,自墨西哥传入了烟草,在吕宋岛上推广种植,故"吕宋国出一草曰'淡巴菰',一名'醺',以火烧一头,以一头向口,烟气从管中入喉,能令人醉,且可辟瘴气"。① 明万历年间(1573—1620)有人将烟草自菲律宾携至福建的漳州、泉州一带种植。烟草有一定药物价值,在明清的医书上,经常可以见到烟草具有祛瘴、避寒、杀虫、疗百疾等药用功效,这对烟草的传播起到一定作用。明朝军队向云南边陲发兵,"师旅深入瘴地,无不染病。独一营安然无恙,问其所以,则众皆服烟,由是遍传。今则西南一方,无分老幼,朝夕不能间矣"。② 之后,烟草自福建传播到江南、西南、西北、华北一带。

烟草自明末清初传入天津,其有两条路径:一条是从福建传到蓟州(即今蓟州区),即烟叶种植栽培的传入。在蓟州一带流传着戚继光在蓟州种烟的传说,即明隆庆二年,朝廷任命戚继光驻守蓟州,"戚家军有吸

---

① 姚旅:《露书·错篇》,明天启年间刊本,国家图书馆藏。
② 张介宾:《景岳全书·本草隰部》卷四十八,清康熙三十九年刊本,国家图书馆藏。

烟的嗜好,烟草由戚家军传入",①即从江浙地区带来烟草种子和技术,在北部的蓟州试种。但这个说法比中国传入烟草的时间早,缺乏历史文献依据。

方以智《物理小识》卷九《草木类·烟草》记载:"淡芭姑烟草,万历末有携至漳泉者。马氏造之,曰淡薄肉果,渐传至九边。"②从"渐传至九边"看出,蓟州镇是明朝弘治年间,朝廷在北部边境沿长城防线陆续设立的九个军事重镇之一(其他还有辽东镇、宣府镇、大同镇、太原镇、延绥镇、宁夏镇、固原镇、甘肃镇)。可见烟草传到天津与明朝的军事行动有关。

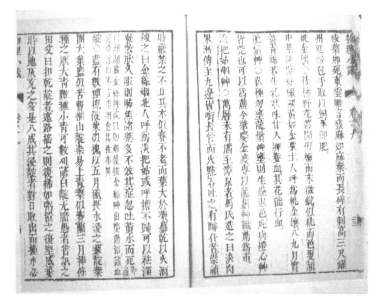

图 1-1　明末方以智的《物理小识》的有关记载

据杨士聪《玉堂荟记》记载:"烟酒(早期对烟草的别称)古不经见,辽左有事,调用广兵,乃渐有之,自天启中始也。二十年来,北土亦多种之,

①　河北省烟草志编辑委员会编:《河北省烟草志》,河北人民出版社,2008年,第34页。

②　方以智:《物理小识》卷九,康熙三年宛平于藻庐陵刻本,国家图书馆藏。

一亩之收,可以敌田十亩,乃至无人不用。"① 蓟州种烟始于明末,当时闽人洪承畴担任蓟辽总督,率兵驻扎蓟州一带与关外清兵对峙。由于烟草可以驱寒祛病,"辽东戍卒,嗜此若命"。② 崇祯皇帝传旨禁烟,洪承畴向朝廷提出"弛禁"的请求,得到批准。可见闽粤一带的士兵将烟草种子带来在此地种植。后来蓟州晒烟成为中国八大名晾晒烟的一种,到1935年,种植面积扩大到500亩之多,但终因土壤、气候等自然条件的限制,未能大面积铺开。

另一条则是从山西传到天津城,即烟叶商品的传入。明万历年间,山西人就将烟草由福建带到山西,并在曲沃一带开始种植、加工烟丝。明末清初曲沃烟坊有100余家。烟丝业操纵着整个曲沃地区的经济命脉,甚至票号、钱铺、杂货铺、麻绳店、席店、油店、面庄、车马店,都要围绕曲沃烟坊运转。后来曲沃烟坊年产烟丝4000—5000吨,成为中国北方的烟草产销基地。清代初年,山西人张晋凯在天津北门外大街竹竿巷口,开办了一座烟铺,经营水烟、旱烟,生意十分红火,后来大量的山西烟草商人在天津开展产销经营。由于南方人喜欢吸水烟,山西商人将曲沃生产的水烟丝或兰州生产的水烟丝,经过运河运到南方,天津成为烟草的转运地。天津本地生产的烟丝往往就地销售,秋冬是销售的旺季,天津早期有烟叶批发商号24家,零售商号65家,兼营商号89家。除了零售的烟铺,还有一种专门进行烟叶交易、批发的集市,清末天津西头就有山西、河北的贩烟客商所办的烟市。清代在天津经营烟草的商人,以山西曲沃人为主,来到天津经商,逐渐形成一种行业。为了保护同业的利益,实现公平竞争,乾隆二十六年(1761),山西烟草商人在河北粮店街成立了山西会馆,以作为"西客烟行聚议之所"③。烟草商人发了财,还不忘对城市的回报,他们为修复天津城墙、建桥修路积极募捐,并立碑为记。

---

① 杨士聪:《玉堂荟记》卷四,副都御史黄登贤家藏本,国家图书馆藏。
② 杨士聪:《玉堂荟记》卷四,副都御史黄登贤家藏本,国家图书馆藏。
③ 张焘:《津门杂记·会馆》,光绪十年刻本。

二、中和烟铺

——天津最早的商店

北门外大街竹竿巷,曾是天津早期的商业发祥之地。竹竿巷西口有一座著名的商店——中和烟铺,是天津最早的商店。但其创办的时间,后世说法不一,其中天津社会科学院历史研究所编《天津简史》称"该烟铺至晚开业于崇祯年间(1628—1644)"①,民俗学家张仲先生在《五甲子老烟铺》一文中,据父老相传,考证"应是崇祯十七年,即1644年"②。另据1951年4月26日天津《新生晚报》刊文《天津最老的商店》称中和烟铺创建于康熙年间。可见上述所述时间不同,哪一个正确呢? 在一张中和烟铺的宣传广告中,笔者找到了答案。

这是一张由中和烟铺委托天津商业印刷所石印的蓝色宣传广告。广告为长方形纸,顶端书"天津中和老烟铺"。广告中心为不规则椭圆形的画框,四角衬托着花纹。画框有广告文字,主要介绍烟草种植及吸食情况。其中讲到烟铺创建时间,称"本号商于烟业,年近三百以前,康熙甲寅为原始"。康熙甲寅即康熙十三年(1674),比崇祯十七年(1644)晚了三十年。广告文字注明时间,即"中华民国三年阳历三月上澣,本号主人

---

① 天津社会科学院历史研究所:《天津简史》,天津人民出版社,1987年,第35页。

② 张仲:《五甲子老烟铺》,见郭长久主编《天津烟草百年》,百花文艺出版社,2001年,第62页。

清河氏谨志"。说明这则文字书写于 1914 年 3 月上旬。本号主人清河氏，表明店主姓张。据明嘉靖年间《张氏统宗谱·得姓郡望》记载张姓得姓于黄帝之子挥，挥的后代世居清河郡，而清河也就成了张姓的一大郡望。故有"天下张姓出清河"的说法。旧时张姓自称清河氏。此外广告还介绍商店经营的烟草品种，吉奉产：上江名叶、船厂名叶、开原烟叶、南山烟叶。闽赣产：魁香条丝、大昌条丝、争碓条丝、独立条丝。秦晋产：沄泉棉烟、曲沃皮烟、青条水烟、五泉棉烟。鲁燕产：泰安土叶、易州土叶、潍县土叶、德平土叶。沪宁产：丁家奇品、吴家老叶、赖家生切、宓家昌奇。吴楚产：黄冈伏片、社塘烟叶、公信烟锭、苏家卷丝等，内容十分珍贵。除了经营烟叶、烟丝外，还代理广东梁永馨万应回春油、安和洋金花，附售暹罗、安南各种生熟槟榔。

图 1-2　1914 年中和烟铺的商品广告

从烟铺出售槟榔，联想到戴愚庵《沽水旧闻·施世纶题匾》介绍中和烟铺的故事。康熙十五年（1676），施世纶任仓厂总督驻节天津，行辕在估衣街归贾胡同北口外，时有山西富户张晋凯在天津城北门外乐壶洞开了一个小烟铺，贩卖水旱烟叶，兼售纸媒（旧时引火的纸捻）、槟榔。施世纶喜欢吃槟榔,而烟铺所售槟榔肉厚味醇,最为赏鉴。问及家人是在哪家购买,家人回答"老西烟店",询其字号,称没有。施世纶遂信笔题写"中和烟店"四个大字送给张晋凯。张视之为宝,遂镌刻成巨匾悬挂店首。后因兵灾,此匾失去。① 这段施世纶题匾故事,也佐证了中和烟铺在康熙年间的存在。早年间中和烟铺在山西帮和天津城的名声很大,又与施世纶有所瓜葛,后人多有传说附会,曾言施世纶派员在钞关站岗,也喜欢吸食中和烟铺的烟叶。《新生晚报》记者孙新源先生采访过烟铺,在店铺账簿中发现有黄天霸(施世纶部下)欠账的记录。光绪二十六年(1900),八国联军侵略天津,在北门城楼上向北门外一带开炮,中和烟铺毁于炮火。战争平息之后,仍在此地重建,继续经营。

民国时期,中和烟铺历经沧桑,生意日渐起色,不仅零售,还兼水旱烟丝的批发业务。1931年,铺东张承启将中和烟庄出兑给泰来堂,改成股份制企业。1944年前后,烟铺在原有平房铺面的基础上,建成五层大楼(前面四层),楼下为转角柜台,出售烟叶、烟丝,楼上则为账房办公和招待买卖烟叶的客商所用。由于当时烟铺已开业三百年左右了,故题其门额为"五甲子老烟铺",并用水泥将牌匾镶嵌在二三楼转角之间,十分醒目。除大楼外,在竹竿巷还设有仓库,储存烟叶与烟丝。中和烟铺之所以经营长久,主要是有独特的经营手段。中和烟铺以"诚实薄利,服务周到"②为经营宗旨,它所出售的烟叶一是品质优良,不同品种的烟叶采自不同的地方。二是能适应不同的吸食口味,店里各种烟叶样样俱全。三是包装迎合潮流。最初烟叶多用白纸包装,20世纪40年代以后,包装颇为讲究,如锭子烟起初只用白纸包装,上面加盖"中和烟铺"戳记,后来改为硬纸盒,外面印有万字锦的绿色花纹,打开纸盖,里面印有"中和烟铺·五甲子老烟铺"的字样,这样既美观大方,又起到了宣传的作用。

---

① 戴愚庵:《沽水旧闻·施世纶题匾》,张宪春点校,天津古籍出版社,1986年,第5页。

② 《天津最老的商店》,《新生晚报》,1951年4月26日。

中华人民共和国成立后,中和烟铺经过公私合营划归糖业烟酒公司。1976年,天津发生地震,烟铺顶楼倒塌,经修整后原貌已变,并在楼顶的女儿墙上,砌有篆字体"五甲子"图样。20世纪90年代末,随着城市规划改造,老烟铺荡然无存,遂成人们记忆中的前尘往事。

图1-3　位于北门外大街的五甲子老烟铺

三、天津早期的吸烟风俗

清康熙年间,清政府收复台湾后,海禁大开,中国经济步入相对稳定的发展阶段。此后,烟草已为大多数人自觉接受,成为人们的嗜好品和人际交往的媒介。乾隆年间,天津诗人查为仁"聚合南北文化,倡一代诗风",经常在位于南运河边上的水西庄,邀请南北诗人举行诗酒之会。他在《莲坡诗话》中记录多首烟草诗,曾言:烟草前人无咏之者,韩慕庐宗伯掌翰林院事时,曾命门人赋淡巴菰,(淡巴菰即烟草,见姚旅《露书》)诗多不传。他记载了好友海宁陈元龙的五律四首,其一云"异种来西域,流传入汉家。醉人无藉酒,款客未输茶。茎合名承露,囊应号辟邪。闲来频吐纳,摄卫比餐霞"①。这首诗"醉人无藉酒,款客未输茶"一句,把烟酒茶巧妙地联系在一起,表现了烟在当时社会交际的作用。查为仁胞弟查礼《铜鼓书堂遗稿》卷二,记录其与师友刘文煊、汪沆、万光泰在水西庄作长诗《烟草联句》,从烟草传入、品种、培植到功用,吟咏得面面俱到。

烟草初行于市,是通过烟桌传递给消费者的。据清人陈琮《烟草谱》:"市井间设小桌子,列烟具及清水一碗,凡来食者,吸烟毕即以清水漱口,投钱桌上而去。"这表明,最初吸烟者很少,而且不是人人具备烟具。随着烟草的传播,吸烟的人口不断增加。近代天津名人戴愚庵《沽

---

① 查为仁:《莲坡诗话》,见王夫之等撰《清诗话》,上海古籍出版社,1978年,第515页。

水旧闻》云："庚子先,天津吸纸烟者,稀于威凤祥麟,而抽旱烟者触目皆是。"伴随着消费需求的增多,天津烟草业逐渐扩展。

一般烟铺出售水旱烟丝和烟叶,各地烟叶运到天津,多为压实成块,再由烟铺的刨工切成烟丝,再加入辅料,经过发酵、储存再出售。

天津城的烟铺比比皆是,在西北角大伙巷一带还有一条烟铺胡同。普通的烟铺多为前店后坊,集烟丝加工和零售为一体。烟草产销还带动了烟具、火镰等配套产业的兴起,并与天津社会形成千丝万缕的联系。

图1-4　北方早期的吸烟者

天津人吸食旱烟比较普遍,习惯将旱烟分成四种,即叶子、锭子、杂拌、兰花,"妇女所吸之烟,不外锭子、杂拌二种。男子瘾大者,则吸关东烟叶。斯文之士,则吸兰花"。不仅如此,天津人对旱烟袋也很讲究,烟袋多为乌木杆(红木)、银(玉)嘴、白铜锅。"贵者数百金,次者数十金",

并且有男女之别,妇女的烟袋长约 5 尺,男子的烟袋为了出门携带方便仅长 1 尺。旧时的烟袋与鼻烟壶、扇子、扳指,称为男子随身四宝。身边持有一根讲究的烟袋令人羡慕,天津民风朴实,殷实人家用绸缎做裤,也要在外面罩以棉叉裤(亦称套裤,无档,只有两条裤腿,顶端有飘带系于裤带)。吸烟人外出,往往把烟袋放在叉裤里,以图便利。清代同治年间流传一段故事:有位乡绅在金声戏院看戏,开场不久,便有一人从后面拔乡绅的烟袋,由于技艺不高明,被当场捉住。乡绅仔细一看,是位秀才,叫梅殿起。问起原因,答以生活所迫"不得已而为之"。后来乡绅起了恻隐之心,聘梅殿起为西席。此后天津流传一句歇后语:梅先生拔烟袋——不得已而为之。①

---

① 戴愚庵:《沽水旧闻》,张宪春点校,天津古籍出版社,1986 年,第 65 页。

四、旧时的烟铺与招牌

　　烟草传入中国不久,就具备了商品属性。清代初年,山西商人开辟了天津城的烟草加工与零售业。康熙四十九年(1710),南京商人在锅店街口,开始经营益德成鼻烟铺。天津博物馆保存着旧时"烟魁"的招牌和旱烟袋模型,折射出昔日烟草经济在城市的存在。

　　旧时代的烟铺既有加工又有零售,多为前店后坊。烟铺增多导致相互竞争激烈,于是招牌与幌子成为必不可少的宣传形式。旧时代的烟铺的幌子大致有两种:一种是形象幌,如烟叶、烟袋模型;鼻烟店的幌子更奇特,中间是个鼻子,上下为八宝纹饰,还垂着一个鼻烟壶,这种幌子多为木制的。另一种是文字幌,在方木牌上书写"烟"等醒目大字。还有布制的幌子,上边多绣上简单的花纹,中间绣着"烟"并有四片布片象征着烟叶,下边垂一条色彩鲜艳的穗子或布条。许多烟丝制品饮誉全国,各地的招牌多有来历。天津博物馆收藏了一款"烟魁"招牌,据说是从天津西门一家烟铺征集到的,后边书有"石马名烟"的字样。福建石马的条丝烟,起源于明末,清康熙年间多冠以"石马名烟"。乾隆年间,多挂"烟魁"二字,有人说是乾隆皇帝的御赐。其实不然,清代文人朱履中在《淡巴菰百咏》记述福建烟属"烟魁"的来历,云:"解渴原同新煮茗,茗芽那及破愁功。

烟牌独擅英声著,夺得魁名瑞草中"①(注:杜牧之诗:闽实东南贵,茶称瑞草魁。今烟谱署牌亦曰"烟魁"),说明烟与茶一样都是福建的名产,故称之为"魁"。

图1-5 现藏于天津博物馆的"烟魁"牌匾

烟铺的招牌基本分竖招、横招、墙招三种。竖招是竖写的木牌、铁牌,挂在店铺的大墙、大门或柱子上;横招或在门前的牌坊上横题字号,或在大门屋檐下悬挂巨匾,或将字号横镌于建筑物上;墙招是在店墙上书写本店的经营范围和类别。招牌多以书写店铺字号为主,早期字号含义肤浅,如张氏烟铺、李家烟店等。后来字号内容多取意吉祥,如顺发烟铺、达昌烟店,叫着顺口,听着吉利。为了增强店铺的知名度,甚至还请来名人题匾。旧时北京的店铺多由王垿书写,故有"无匾不书垿"之称。天津的店铺以华世奎为最佳,华的榜书遒劲有力,带有富贵之相。

除了幌子、招牌之外,烟铺还设有楹招,也就是楹联,置于柱子或店铺两旁。当年,天津中和烟铺的楹联为"待人无籍酒,款客未输茶"这是录自水西庄庄客陈元龙的诗。后有人编了一部《楹联汇编大全》,其中收集不少烟草楹联。其中五言联有"花草相掩映,云霞共吐吞""香气留君子,

---

① 朱履中:《淡巴菰百咏》,嘉庆二年小酉山房刻本,国家图书馆藏。

飞霞餐上仙";六言联有"香云熙朝瑞气,灵草盛世祯祥";七言联"未望白梅曾解渴,不含绿茗亦闻香""不是闻韶忘美味,奚须养老如加餐"。这些楹联文雅切意,有招徕顾客的作用。

　　早年天津烟铺以山西人经营为多,并有山西会馆以保护同业的利益。1931年,天津烟业同业公会成立,1941年改组为天津特别市烟业同业公会,会员单位44家烟铺,中和烟铺经理褚范生为会长。抗战胜利后,同业公会于1946年又进行了改选。

图1-6　天津市烟业同业公会改选大会合影

五、卷烟及卷烟机的输入

　　天津在第二次鸦片战争以后被迫开埠,随着租界、洋行和新式工业的建立以及清政府发动的洋务运动,促进了城市的现代化进程。与此同时,卷烟也作为舶来品进入了中国。

　　卷烟源自西方,其英文名字为 cigarette。长久以来,香烟一直都是吸烟者自己动手,把原本用于烟斗的烟丝放在小纸片中裹制而成,俗称手工卷烟。随着卷烟纸的发明,卷烟工厂在法国出现,但是真正使卷烟走向工业化道路,是卷烟机的发明。1853 年,古巴人苏西尼发明了世界上第一台卷烟机。制作方法是先将卷烟纸预制成空管,再将烟丝填充到纸管内制成烟支,这种方法如同灌香肠,每分钟仅生产 60 支左右。随着卷烟机械的日臻成熟,1881 年美国弗吉尼亚里士满的一位青年工程师邦萨克,发明了每分钟生产 250 支的卷烟机。这项机器的发明被美国烟草公司老板詹姆斯·杜克(J. B. Duke)看中,果断地购买了邦萨克卷烟机的使用专利。邦萨克卷烟机的发明如同一场革命,不仅提高了卷烟生产效率,同时加快了卷烟的传播与普及。

　　光绪十年(1884),张焘《津门杂记》:"紫竹林通商埠头,粤人处此者颇多。原广东通商最早,得洋气在先,类多效泰西所为。尝以纸卷烟叶,衔于口吸食之。"而且吸烟的人多为"洋人之侍童马夫辈,率多短衫窄裤,头戴小草帽,口衔烟卷……"①这是迄今发现的中国人最早对卷烟的文字记述。张焘原籍杭州,生于北京,自幼随父亲侨居天津。他博学多才,工书善绘,通医术。他在基督教圣道堂担任教师,懂外文,曾将希腊神话《伊索寓言》翻译成《海国妙喻》。作为有开放意识的人,很容易捕捉这些新鲜事物。张焘的记载说明天津人吸食卷烟是从租界轮船码头开始,这种风气又是由广东传入的,中国人长期习惯于吸食水旱烟,而对卷烟这种新生事物还持有排斥的态度。《津门杂记》中录有一首诗《烟卷》:"寸余纸卷裹香烟,指夹欣尝啜味鲜,倘使延烧将近口,唇焦舌弊火牵连。"②诗句充满了揶揄。据说这首诗是天津光绪年间的举人冯向华写的,其曾任广东赤溪同知,见识过烟卷。

天津最早的烟民,只是一般喜好新奇的少年,与洋人打交道的服务生、马夫,模样"多短衫窄裤,头戴小草帽,口衔烟卷"。虽然于明万历年间将淡巴菰引入中国,但是淡巴菰很快就入乡随俗,旱烟、水烟构成了中国式的烟文化。而卷烟不同,它以便捷的吸食方式,文明的吸食习惯、炫目的烟盒包装、撩人的烟草广告,用西方人的文化冲击改变着人们的生活。

最早引入中国的卷烟为美国烟草公司生产的"品海"牌卷烟,在中国的总经销为美商老晋隆洋行(Mustard & Co. Ltd.),最初每月仅进货150条卷烟,只供应水手和租界的侨民,后来拉拢中国商人建立行销网,生意由城市做到农村。经销的品牌除了"品海"以外,还有"美女""鸡"等牌号。卷烟在中国"最初数量很小,销路仅限上海、天津、广东等大商埠"③,其中美商老晋隆洋行、茂生洋行,德商礼合洋行和英商高林洋行是早期天津的卷烟经销商。早年,上海是卷烟输入的一大口岸,据上海海关报告:1894年卷烟输入额165700两银圆,至1898年已到572986两银圆,"其十

---

① 张焘:《津门杂记·衣兜/烟卷》,光绪十年刻本。
② 张焘:《津门杂记·衣兜/烟卷》,光绪十年刻本。
③ 汪敬虞编:《中国近代工业史资料》第二辑,科学出版社,1957年,第210页。

分之四向天津"①转输。

卷烟在中国的生意越做越大,于是一些外商开始筹划在中国开设烟厂。据《中国近代工业史资料》记载:光绪十七年(1891),老晋隆洋行投资一万两白银引进美国邦萨克卷烟机,在天津开设了一家有50名工人的小规模卷烟厂。另孙毓棠《抗戈集》记:"1891年,天津的英国进出口商老晋隆洋行输入卷烟制造机,开始制造卷烟,规模虽然很小,但它在中国给这种企业开了端。"②

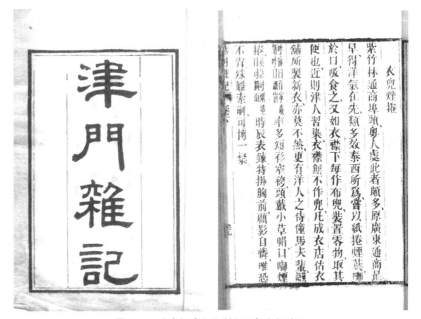

图1-7　《津门杂记》所记"衣兜烟卷"

老晋隆洋行在天津的资料微乎其微。在上海烟草行业志资料的英美烟公司档案中,有1931年12月斯基摩撰写的《颐中烟草公司前身老晋隆洋行创办史》。这篇文章,是作者经采访老晋隆洋行老职员和参考上海租界外国公司行名录写成的。

文章写道,老晋隆洋行由美国商人麦斯塔德开创(并非英国洋行),

---

① 汪敬虞编:《中国近代工业史资料》第二辑,科学出版社,1957年,第209页。
② 孙毓棠著:《抗戈集》,中华书局,1981年,106页。

最初经营水手用的船上用品,后扩大到日用品。1888 年一天,老晋隆洋行中国买办邓宁在上海礼查饭店遇到一位美国人,从谈话中了解到他到上海的目的是推销美国烟草公司的香烟。第二天,他们共进早餐后,邓宁带他到老晋隆洋行。从此老晋隆洋行就成为"品海"牌卷烟的在华的总经销。

由于看好卷烟业务在中国的发展,老晋隆洋行决定在上海制造卷烟。老晋隆洋行于 1891 年在上海开办烟厂,老晋隆洋行的工程师安德生(后来成为经理)、罗卜罗司通过一位叫莱德的美军退伍上校,"从美国运来(邦萨克)卷烟机一架装置于南京路九号(原址后建泰兴大楼)的二楼"。1893 年,上海美国商业卷烟公司成立,这台机器移到百老汇路(今大名路)18 号,"在安德生的管理下制造卷烟"。后来这家公司被美国烟草公司收购,又将这部机器移到浦东工厂。1902 年美国烟草公司与英国帝国烟草公司等六家烟草公司结成英美烟公司,这台机器"使用直到 1911 年为止"。[①] 这段回忆,并没有说明老晋隆洋行办烟厂的时间。据《英美烟有限公司在华事迹纪录略》:"当西历 1890 年,有美商老晋隆洋行者,首输入纸烟于中国,中国人士酷嗜吸之。该公司以嗜吸者众,谓宜在华自设机器,以广制造,遂于翌年运入机器,就华创制。中国之有纸烟机器,盖导源于此。"[②]由此可见,老晋隆洋行最早建的烟厂是在上海。

孙毓棠先生所引用资料,主要来自小林庄一的《英美烟草托拉斯及其贩卖政策》:"1891 年,老晋隆洋行开始输入了卷烟机器,而且开机器制造卷烟之端的英商高林洋行(Collins Co.)特别向华北、天津、北京方面从事大量输入。"[③]从上述记载看,高林洋行最早从事机器卷烟制造,并且依靠老晋隆洋行向华北地区输入卷烟机。小林庄一是天津英美烟公司日籍职员,文章主要介绍该公司在天津的一些活动。高林洋行"开机器制造

---

① 《颐中烟草公司前身老晋隆洋行创办史》,上海烟草行业志资料 0024-024。
② 《英美烟公司有限公司在华世纪纪略》,1923 年,第 1 页。
③ 孙毓棠编:《中国近代工业史资料》第一辑,科学出版社,1957 年,第 148 页。

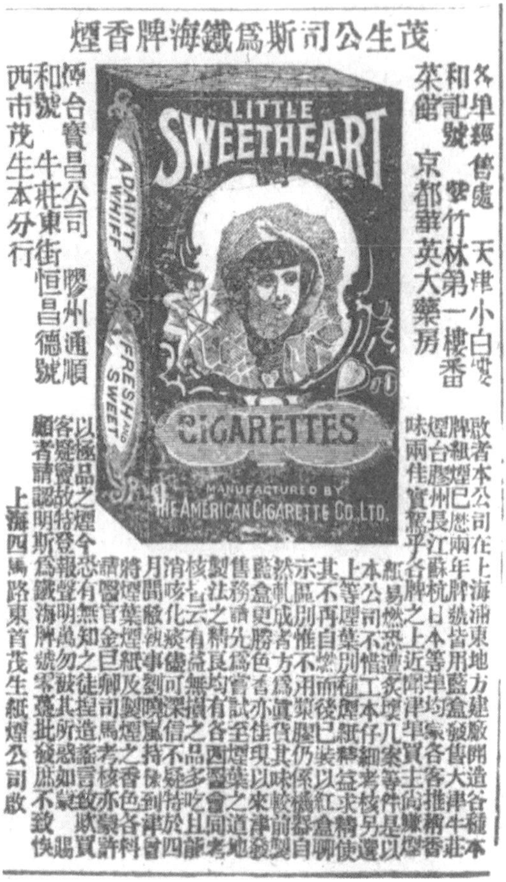

图1-8 铁海牌卷烟在《国闻报》的广告

卷烟之端"应是指在天津,时间应该晚于老晋隆洋行在上海开办的烟厂。

清代末年,有许多外商在天津经营卷烟销售。美商老晋隆洋行为美国烟草公司经销商,在天津主要推销品海牌及孔雀牌卷烟。而美商茂生洋行向天津输入铁海牌卷烟。1898年9月,茂生洋行在天津《国闻报》刊登启事,严明该公司自1896年在上海浦东开办烟厂制造铁海牌各种卷烟,并用蓝盒向天津、牛庄、烟台、胶州、苏州、杭州以及长江流域和日本销售。当时天津的消费者"尚嫌烟纸易燃,恐遭炙坏几案等件"①,针对这个意见,茂生洋行不惜工本,仔细研究,用特殊烟纸卷制,精益求精,使其不再自燃,而包装改为红盒以示区别。红盒较前制蓝盒卷烟色香味亦佳,并让茂生洋行买办刘晓岚持样品到天津,请直隶总督署医官金巨卿亲自检验,获批准后登报声明。当时茂生洋行的铁海牌卷烟在天津小白楼和记号与紫竹林第一楼番菜馆都有出售。此外,德商礼和洋行也制造卷烟,并且"久已驰名上海、香港、南省各埠,向蒙仕商赞赏,故得畅

---

① 天津《国闻报》,1898年9月1日。

20

销"。1898年,礼合洋行在位于紫竹林天津分行进行卷烟批发,并在《国闻报》上刊登广告《上上巴西白纸卷烟批发》,"甚欲畅销北省,以图各处驰名"。①

综上所述,作为通商口岸的天津是中国早期卷烟的传入地,也是卷烟在北方的主要消费市场,同时还是向华北各地输出卷烟和卷烟机的重要基地。

---

① 天津《国闻报》,1898年9月1日。

六、北洋烟草公司
——中国最早的卷烟厂

随着西方列强对华经济侵略的加深,中国人民反对帝国主义的侵略的呼声高涨,针对大量的卷烟输入和外国资本在中国设厂,一些有识之士开始酝酿创办新式的中国烟草工业。

光绪二十八年(1902),袁世凯继任直隶总督后,制定"振兴商政,扩张实业"的新政策略,成立了北洋农务局和北洋工艺总局,指导农业和工业的发展。北洋农务局在保定成立,委任道员黄璟为总办,聘请日本农业专家楠原正三为顾问。推广新型农业种植,要进行农业试验。为此直隶政府另划拨保定城西"旧有桑秧二百余万株,小站营田旧有稻田四百数十顷,并归该局经理"①,设立农业试验场,并设农务学堂。还由北洋官报局刊印了徐树兰《种烟叶法》,这是我国最早介绍浙江新昌烟叶种植方法的专著。刊印了陈寿彭翻译美国农业部书记官厄斯宅斯藏(John M. Estes)先生《淡巴菰栽制法》,这是一部关于用于雪茄烟、纸烟需用烟叶的种植栽培专著。两部专著的印制,开普及烟草种植技术的先河,对后世产生了一定的影响。

北洋农业局成立后,就把种植蚕桑、制造糖酒卷烟作为工作方向。在

---

① 天津图书馆,天津社会科学院历史研究所编:《袁世凯奏议》,天津古籍出版社,1987年,第852页。

袁世凯的授意下,黄璟、楠原正三等赴日本进行考察,在日本村井烟草株式会社遇到了无锡人秦辉祖。秦辉祖为学习卷烟制造技术,曾两次自费到日本学习。于是,黄璟与秦辉祖讨论了成立烟草公司的计划。不久,秦辉祖应聘来到保定,在农务局试验场进行了卷烟制造的试验。正巧慈禧太后和光绪皇帝来到保定,袁世凯便将卷烟的试制品呈上御用,结果得到好评,传旨嘉奖,并赏给双龙银牌。于是农务局有关成立烟草公司的筹划开始付诸实施。

农务局开办烟草公司准备采用官商合办的方式,先由北洋农务局出资,即"先用官款,以植其基;继招商股,以广其业;官任保护,商任经营"。[①] 决定在小站营田局试办。小站是北洋集团的大本营,光绪初年,自周盛传带领淮军在此驻军屯田后,袁世凯又在此练兵组建北洋新军。再加上有农务局管辖的营田,可以种植烟叶,解决原料问题,在这里办厂比较合理。按农务局的想法"自机器、厂房及用人一切费用,皆宜格外节省,逐渐扩充。小站之官房,拟先借用,俟试办一年后,果能获利,再定章程。种烟草之地,亦少种少租"[②]。

光绪二十九年(1903),北洋烟草公司在小站营田局官房辖地正式成立。由直隶赈抚局筹集官股二万两白银(五十两为一股),继而又招商股三万五千两(其中北京工艺商局股份最大,认股八千两)。公司设官总董,由黄璟担任,职责为"维持官面一切事宜";商总董由北京工商局总办、状元黄思永担任,职责"经理招募商股及公司一切事宜";工厂总董由秦辉祖担任,职责"经理制造、行销及管理工厂一切事宜"。公司还聘请了日本烟草专家藤井恒久和两名卷烟技师。

由于试办期间,慈禧太后与光绪皇帝赐予龙牌奖章,故将卷烟商标定名为"龙珠",并在商部备案。为了支持北洋烟草公司的发展,直隶总督

---

① 甘厚慈辑:《北洋公牍类纂正续编》,罗澍伟点校,天津古籍出版社,2013年,第830页。

② 杨国安编:《中国烟业史汇典》,光明日报出版社,2002年,第250页。

兼北洋大臣袁世凯咨准清政府商部,给予北洋烟草公司独家经营免税五年和对"龙珠"商标保护等优惠政策。又蒙袁世凯向皇帝奏明,得硃批"著即次第扩充",并由天津考工厂奖给特等奖牌,上书"是为中国造烟之起点"。光绪三十年(1904)时逢慈禧太后七十大寿,北洋烟草公司进呈"龙珠"卷烟,特赏寿字、三镶如意和大卷宁绸二匹。①

图1-9　北洋烟草公司的"龙珠"香烟

　　由于小站地处偏僻,不久公司购买了江苏海运局在天津东城南斜街的房屋为厂房。迁厂后,陆续从日本进口烟丝机2台、卷烟机3台,惠斯通电桥一架。雇佣工人97人,日生产卷烟20万支。产品有"龙珠""双龙地球"等,款式有10支和50支装。产品不仅行销天津,还推广到烟台、营口、锦州等地,十分畅销。为扩大公司的业务,北洋集团一面请求商部支持,一面派商总董黄思永分赴烟台、上海、湖北、广东等处招股。还准备

_____

　　① 甘厚慈辑:《北洋公牍类纂正续编》,罗澍伟点校,天津古籍出版社,2013年,第830页。

在烟台、汉口、上海等地筹建分公司,在广东与富绅梁恪宸合建津粤烟草公司。特别是光绪三十一年(1905),为反对美国政府胁迫清政府续签《华工禁约》,天津爱国商人宋则久发起提倡国货运动,"不穿美国花旗布,不吃美国面粉,不用美孚油,不吸美国烟"①成为天津市民的呼声,北洋烟草公司的"龙珠"牌香烟成为畅销货,此后公司业务大振。

为了支持北洋烟草公司的发展,直隶总督兼北洋大臣袁世凯咨准清朝户、商两部,根据特惠税则给予免除海关税的优惠。由于庚子赔款所致,海关税掌握在外人手里,当即遭到海关总税务司赫德的反对。赫德认为华商制造的卷烟利润大,不予免税。光绪三十年(1904),清朝外务部准"北洋烟草公司所制纸烟,照上海织布局章程,值百抽五,沿途关卡,不得重征,以示体恤"②,给予北洋烟草公司免除内地常关税的优惠。

图 1-10　黄璟绘《津沽经商》图中的北洋烟草公司

---

① 来新夏主编:《天津近代史》,南开大学出版社,1987 年,第 215 页。
② 上海社会科学院经济研究所:《英美烟公司在华企业资料汇编》,中华书局,1983年。

北洋烟草公司诞生于中国民族工业的起步阶段,困难重重。从外部讲,一方面受帝国主义把持的海关在税收方面百般刁难;另一方面原料依赖进口,销售上又受到英美烟公司的倾轧。在公司内部,公司虽具有资本主义的性质,但在半殖民地、半封建的社会中,它又具有浓厚的封建性、买办性和垄断性,虽名为"官商合办"而实际上"合而商不办",大权握在官方手里,袁世凯事无巨细都要过问,而商人实际处于无权的地位,限制了企业的发展。官总董黄璟不晓制造,反而追求时效。"今日欲制味重,明日欲制味轻;今日欲造有香,明日又欲造无香。"[1]甚至还要使用中国晒烟,制出美国烤烟之味,使得工场总董烟草工艺师秦辉祖无所适从。这样又遭致北洋集团的猜忌,遂请日本人藤井恒久主持配方。藤井本是化学家,对卷烟业一窍不通。从此越改越错,使烟味大坏。藤井失败后,方又请秦辉祖主持,才使公司走向正轨。由于工场受官方干涉过多,秦辉祖备受掣肘。光绪三十年(1904),盛宣怀在上海组建三星烟公司,挖走秦辉祖到上海担任该公司工场总董。此后,三星在他的指导下,生产出福、禄、寿三星香烟,销售颇有起色。光绪三十一年(1905),黄思永准备退出北洋烟草公司的股份,在北京另组爱国纸烟厂。虽经商部几次阻止,均未成功。于是北洋烟草公司与北京工艺商局达成协议,同意黄辞去商总董之职,北京工艺商局退出公司八千两股本中的五千两,留下三千两以保持官商合办之名。黄思永退出以后,北洋烟草公司进行了改组,商人王朵云任商总董。从此之后,公司的经营混乱,"原欠官商股本银五万五千余两,又有未经知会股东,借用外债银三万六千余两"[2],使公司陷入困境,这样中国第一家民族资本的机制卷烟厂终因负债累累,于光绪三十二年(1906)宣告破产。

---

① 杨国安编:《中国烟业史汇典》,光明日报出版社,2002年,第255页。

② 甘厚慈辑:《北洋公牍类纂正续编》,罗澍伟点校,天津古籍出版社,2013年,第832页。

七、烟酒专项税首创于直隶

　　烟草征税始于明代末年。明崇祯年间,蓟辽总督洪承畴率兵在关内外与清兵作战,由于天气寒冷,吸烟不仅可以驱寒,还可以祛病。虽然朝廷有令禁烟,但是将在外军令有所不受,致使许多将士偷偷染上了吸烟的习惯。为此,洪承畴向崇祯皇帝提出"弛禁"的请求,为了满足军中的要求,又保持禁烟的目的,崇祯皇帝恩准了洪承畴的建议,但要"寓禁于征"。《明实录》记载:"崇祯十四年(1641)十月,弛禁兴贩烟酒,听从民便,须加等纳税,不遵者,仍依律治罪。"①

　　清代初期,只是在个别边疆关市征收烟税。康熙年间,征收烟草税的情况,在东北《盛京通志》、浙江《金华府志》、江西《黎川县志》等方志都有记载。《盛京通志》记载:"康熙十九年(1680),奉户部文征收烟税每斤二厘,二十二年(1863)十一月奉文停止。"②虽然记载征收烟税,实际被列在杂税中征收,而且各省税率不一,税赋较低。清咸丰三年(1853),副都御史、刑部侍郎雷以諴采纳幕客钱江的"捐厘之法",开始针对一些项目征收厘金,其中就有烟叶、水烟。随着厘金制度的推广,各地普遍征收烟

---

　　① 中国烟草通志编纂委员会:《中国烟草通志·税收篇》,中华书局,2006 年,第1276 页。

　　② 中国烟草通志编纂委员会:《中国烟草通志·税收篇》,中华书局,2006 年,第1277 页。

草厘金。

光绪二十二年(1896),清政府将厘金课征品目中的烟、酒、茶、糖从百货厘金内提出,依照原定厘率加征二成另案报解,作为中日甲午战争的赔款之用,烟酒厘金的加成征收从此开始。光绪二十六年(1900),奉户部咨文续加二成。光绪二十七年(1901),为偿还庚子赔款,接户部咨文再加三成。随后又筹措练兵经费,再加五成。烟酒厘金经过先后四次加收,而原征的厘金仍被称作"正厘"留在百货厘金中列征。

自光绪二十七年(1901),清政府从都统衙门收回天津管辖权后,"每年摊派直隶新旧赔款一百八九十万两之多"。而且北洋淮练各军、水师军舰"以及新直隶常备各营军饷、军需、机器局及官办学堂等行政经费,"用度极繁,多无的款"。袁世凯通过幕僚得知烟草属于奢侈品,在外国的税赋较重,而又查光绪二十七年(1901)户部《奏准通筹备款方法》第八条:"烟酒非民间日用所必需,重征无妨碍,行令各省,加成收捐。"直隶省的烟酒收入当时列在百货厘金中征收,每年所得无几。光绪二十八年(1902),直隶总督兼北洋大臣袁世凯将烟酒厘金的加成部分定为烟酒税,单独试办征收。于是"拟定章程,奏明设局,试办数月以来,解征之款,已有十数万两"。[①]

此前,地方衙门承办税收存在中饱私囊的情况,为杜绝这种现象,直隶省成立筹款局,专门负责税捐征收事宜。为了加强烟酒税的征管,直隶省在烟叶收购、烟丝制造、烟叶和烟丝销售等环节,都制定了较为详细的征收办法。

《天津筹款局烟叶抽捐章程》,对烟叶收购商抽捐作出规定:各处烟叶行户必须持有筹款局的经营执照;收购烟叶成交后,均按200斤作包,由行户报明筹款局,领取印花一张,缴纳烟捐制钱1吊200文;买主的烟捐,每包制钱3吊200文,由行户领票时代交;对未领印花(即未缴捐)者,

---

① 天津图书馆,天津社会科学院历史研究编:《袁世凯奏议》,天津古籍出版社,1987年,第783页。

将烟没收,收购商、销售商按 30 倍罚款;行户代买私放者,重罚 50 倍。①

《直隶现行加抽烟酒税试办章程》对销售商作出规定:凡销售烟叶、烟丝的烟行、烟铺必须领取营业执照;任纳烟税,方准开张;无论烟叶、烟丝,无论何地出产,凡烟叶、烟丝,销售 1 斤,应缴纳制钱 16 文,或按月,或按季缴纳;经烟行、烟铺批发,由烟摊、烟挑零星售卖的,烟税一律由烟行、烟铺办理。②

《筹款总局酌拟征直省烟丝办法》对烟丝制造税作出规定:本省制造的烟丝由作坊发卖时,照烟叶定章,每斤完纳税制钱 16 文,或随时缴纳,或包定数目,听从商便;烟丝作坊既已完纳烟丝税,收买应需烟叶时,免其缴纳;烟丝作成,或

图 1-11　直隶现行加抽烟酒税
试办章程

再转贩,运至本省各地不再重征;包办各处烟叶捐税的商人,准许持照贩卖若干烟叶并免税。③

直隶烟酒税"事属创行,一无凭藉,而亦能集成巨款",光绪二十九年(1903)"一岁中计征银至八十万两,接济军需,实为直隶自来所仅见"。直隶烟酒税得到光绪皇帝的肯定,并"即著抄录现办章程,咨行各省,一体仿行",④可见直隶烟酒税是首创,取得重大成效,并在各省仿效推广。

---

① 杨国安编:《中国烟业史汇典》,光明日报出版社,2002 年,第 250 页。

② 甘厚慈辑:《北洋公牍类纂正续编》,罗澍伟点校,天津古籍出版社,2013 年,第 625 页。

③ 甘厚慈辑:《北洋公牍类纂正续编》,罗澍伟点校,天津古籍出版社,2013 年,第 624 页。

④ 天津图书馆、天津社会科学院编:《袁世凯奏议》,天津古籍出版社,1987 年,第 966-967 页。

八、清代末期的天津卷烟工业

　　鸦片战争以后,中国开始沦为半殖民地、半封建社会。随着外国资本的侵入,中国封建经济开始解体,给烟草工业发展提供了客观条件。同时,西方列强为加速外国商品和资本的侵入,还强迫中国签定了一系列不平等条约。道光二十二年(1842),清政府被迫签定《江宁条约》(即《南京条约》),开五口通商口岸,对外实行协定关税。咸丰十年(1860),中国与英、法、美、俄分别签定了《天津条约》,明确进口货物"值百抽五"的税收原则。低关税为外国卷烟商品进入中国打开了方便之门。光绪二十一年(1895),清政府在中日甲午战争战败后,被迫签定了《马关条约》,允许外国资本在中国设立工厂。王仁安《天津政俗沿革记·卷七》百货云:"天津阛阓繁盛,百货日新月异……近代消费品则有烟卷公司……从前阿(鸦)片为人钜蠹,近则纸烟遍市,富则巨商,贫至乞丐皆吸之,其消耗视阿片有过之。"①随着卷烟吸食人口的增加,西方列强由商品输出转为资本输出。清朝末年,天津出现了二十多家烟草公司,卷烟工业逐步发展起来。最初在天津办烟厂的是希腊商人,旧时天津法租界的中街(今解放北路)有三家希腊人开设的烟草公司:正昌、协和与普罗斯。

　　烟草是希腊的传统经济,著名的希腊船王奥纳西斯就是以烟草发家

---

　　① 天津市地方志编修委员会:《天津通志·旧志点校卷》下册,南开大学出版社,2001年,第33页。

图 1-12　正昌烟草公司设在吉林路的工厂

的。一段时期内,国际上比较认同土耳其的烟叶,故而希腊人经营烟草生意多集中于与土耳其较近的埃及,这里位于亚非边界临近地中海和苏伊士运河,交通十分方便。

据资料记载,斯塔马迪斯·卡纳拉基斯于 1900 年来华,在那之后,他和两个兄弟便在天津创办了正昌烟草公司,英文名为"Karatzas Brothers",而其中的 Karatzas 是兄弟三人的继父的姓氏。"除了烟草之外,兄弟三人还在天津开过咖啡馆、甜品店、面包店等,生意都很红火。"①

天津的三家希腊烟厂中普罗斯公司成立最早,其烟盒上标注 1900 年,是一家手工卷烟工厂。光绪二十九年(1903),协和烟草公司开设,最初制作雪茄,后来也制作卷烟。宣统二年(1910)正昌烟草公司开办,营业所在法租界中街,卷烟厂在巴黎道(今吉林路)。正昌烟草公司规模最大,在当时的天津烟草业中仅次于天津英美烟公司、东亚烟草公司,位居第三位。从档案资料上看,三家有似乎有亲属血缘关系,推测是卡纳拉基斯三兄弟分别经营。从经营效益上看,以协和为第一,当时业内有句俗

---

① 《尘封密信揭开一个希腊家族在华的烟草经商史》,《新闻晨报》,2012 年 5 月 3日。

话:"穷正昌,富协和、不穷不富是普罗。"正昌虽然穷,但在天津经营的时间最长。

三家公司生产的品牌很多,普罗斯生产普罗斯牌高级手工卷烟;协和生产特别、55、理想、龙凤、燕美人、皇冠等牌号;正昌牌号最多,有红帽、僧帽、狮子、大六六、大开比、公主、小东、吉金等。早期牌号如理想、普罗斯表现了希腊和埃及的古代文明,希腊神像、埃及金字塔、沙漠的骆驼凸现在图案当中,款式有 10 支装、20 支装、50 支装、100 支装。

图 1-13　1909 年协和烟草公司注册的骆驼牌卷烟商标

希腊人早期在天津生产带有烟嘴的卷烟,烟标比较有特色。收藏界中天津早期的 10 支卡标十分稀少,重要的一个原因就是正昌公司通过经销商北利华烟行向消费者赠送卫生铁盒,这种铁盒可装 50 支香烟。并在广告中宣传用铁盒换香烟的好处,铁盒能保证香烟不干燥,而且铁盒可以回收烟厂重新使用。

故宫博物院存放着一些外国人进贡给慈禧太后和光绪皇帝的卷烟,

其中就有天津正昌产的"皇冠"牌(天津人俗称"红帽")50支装铁盒烟标,烟长67毫米,每支烟均有8毫米的金边,是防湿用的,俗称"金嘴"香烟。人们最早见到这些烟标,都以为是舶来品,后来方知道是外国人在天津生产的产品。

　　除了希腊人经营的烟厂外,日本人经营的烟厂很多。较早的有北华制造卷烟公司和岩谷烟草公司,规模不大,都开设在老城东门外。天津日租界开辟以后,日本商人纷纷在此开办工厂。三岛街(今新疆路)就有一座东亚烟草工厂。

　　天津东亚烟草工厂是日本东亚烟草株式会社的分支机构。日本东亚烟草株式会社是一家历史悠久的跨国烟草企业。1906年,日本烟草商人在日本政府的支持下,联合23家烟草公司在东京成立东亚烟草株式会社,并将目光放在中国和东亚国家,企图与国际烟草托拉斯英美烟公司争夺市场。

　　该会社发展很快,围绕烟草从事多种经营,除卷烟生产与销售外,还有卷烟设备的销售、卷烟

图1-14　1919年东亚烟草公司天津贩卖所注册的铁锚牌商标

材料的生产与销售以及烟草种植加工。该会社成立后,立即组织日本、朝鲜烟草输出组合等机构,向中国输出卷烟,并在中国东北沈阳成立分社,积极筹划在中国建厂。

　　1906年9月,东亚烟草株式会社在哈尔滨建立烟厂,产品主要供应当地的日侨和出口朝鲜。1909年7月在营口成立东亚烟草株式会社清国制造所,有卷烟机3台,雇用工人419人。在东北获利后,开始在关内

大规模建厂。1917年收购上海希腊商人开设的安利泰烟厂后,设立上海分社,选址上海榆林路,卷烟机10台,雇用工人130人,日产7箱卷烟(1940年时,拥有卷烟42台,日产7000箱)。1917年7月,在天津日租界三岛街(新疆路)设立分社。后来又在沈阳、大连、青岛、济南、徐州设厂。

天津东亚烟草工厂于1917年开始建厂,1918年12月竣工投产。最初只有12台卷烟机,雇用工人354名,日产卷烟10箱(50000支)粗支卷烟,主要供应天津及华北日籍侨民。1919—1920年从日本运来小型卷烟机9台,配备切丝机,生产规模有所扩大,日产达到100大箱;1921年从营口运来糊盒机,卷烟由软包改为硬包。卷烟市场逐步打开。东亚烟草公司生产的牌号有"吉金""14号""16号""金枪""北海""武神""小红帽""琴谱""五蝠""天坛"等10多个牌号。

除了希腊人和日本人经营的烟厂外,还有一些中国人经营的烟厂,如光绪二十九年(1903)开办的临记烟卷公司,光绪三十四年(1908)开办的麟记烟卷公司,1916年由沙慕陶、苗井如兴办的五兴烟草公司等。

九、中国最早的卷烟注册商标

早期的卷烟属于奢侈品,大都供应租界内外国人。这些卷烟都是用机器制造,卷烟纸不用浆胶,由机器自然轧成。烟盒上印有一行英文字:DO NOT STICK TO THE LIPS,意思是说"不必用口水粘贴",并成为辨认真假卷烟的方式。许多中国人买不起卷烟,个别商人开始用纸卷旱烟丝私下仿制。而早期的品海牌烟盒为 10 支装硬纸盒,手工包装。这种的烟盒便于反复使用,也导致了假烟侵权的事件发生。

光绪二十七年(1901),美国驻津总领事致函津海关道,据美商老晋隆洋行禀称,有奸商冒充品海牌、孔雀牌卷烟,在天津各处销售,以伪乱真。请求对两个商标予以保护,还将品海、孔雀牌的烟盒原件交与津海关道挂号存案。并请北洋大臣批示,发出相关保护商标侵权告示。不久,津海关道在《大公报》上发出告示。当时天津尚在八国联军的都统衙门管辖之下,津海关道呼吁都统衙门合作出示晓谕。

5 月 12 日,美国烟草公司代表沃德又在都统衙门第 293 次会议上请求发出告谕,禁止侵犯品海牌卷烟盒的专用权。5 月 27 日,都统衙门正式发布告谕:

> 为出示晓谕事:照得据美国商人秉称,天津现在有人用美国烟草公司"品海"牌号烟盒等项,装出极劣质烟卷,假冒"品海"牌号烟卷

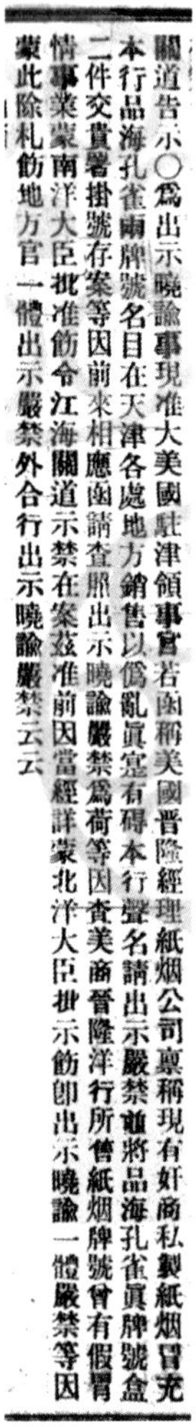
關道告示○爲出示曉諭事現准大美國駐津領事官若函稱美國晉隆經理紙烟公司稟稱現有奸商私製紙烟冒充本行品海孔雀兩牌號名目在天津各處地方銷售以僞亂眞寔有碍本行聲名請出示嚴禁並將品海孔雀眞牌號盒二件交貴署掛號存案等因前來相應函請查照出示曉諭嚴禁爲荷等因査美商晉隆洋行所售紙烟牌號曾有假冒情事業蒙南洋大臣批准飭令江海關道示禁在案玆准前因當經詳蒙北洋大臣批示飭即出示曉諭一體嚴禁等因蒙此除札飭地方官一體出示嚴禁外合行出示曉諭嚴禁云云

图 1-15 1902 年津海关道在《大公报》上发出告示

售卖谋利。因此公司生意大为受亏，恳请出示禁止等情前来。为此示仰诸色人等知悉。嗣后尔等不得擅用美国“品海”牌号残剩烟盒、烟箱等项，再装下等烟卷出售渔利，倘敢故违，定即拿究。特示。①

这次津海关道与都统衙门先后发布告谕，是实行的保护商标权益行为，给当时对侵权行为较为淡漠的中国社会敲响了警钟，也促进了中国制定商标注册制度。

光绪二十八年(1902)，中英《续议通商行船条约》涉及对商标保护、商标注册和商标管理的内容。光绪二十九年(1903)北洋烟草公司生产的龙珠牌卷烟商标，是中国的第一枚卷烟商标，但只是在清廷商部备案。

1904 年 8 月，清政府由光绪皇帝钦定《商标注册实行章程》20 条，《商标注册实行章程细目》22 条，正式公布。同年 11 月 23 日，清政府海关总税务司在津沪两地正式受理商标挂号(即注册)，这标志着商标注册制度在中国正式开始实施。

由于当时的海关为外国人经营，早期商标注册文件都是英文。在天津档案馆中保存了几件注册商标的原件，其中天津临记烟卷公司注册的“凤凰”“麒麟”“福禄”卷烟商标。

临记烟卷公司由商人王竹林、宁星普、徐朴庵等出资创办，是股份制公司，经理人为商人杨临斋(天津警察厅厅长杨以德的胞兄)。该公司于 1904 年开办，厂址设在天津金汤桥西以南的闸口附近。公司为股份制，共 1500 个股，注册资金 1.2 万银圆。设备有

① 天津社会科学院历史研究所:《天津历史资料》第 15 期，1982 年，第 63-64 页。

烟丝机 2 台,干燥器 1 台,其他机器 4 台,原动力是 8 马力。卷烟使用简易的卷烟机,雇佣工人 105 名,每天制造 40 万支卷烟,在当时天津中外烟厂中,是规模最大的一家。生产"旗""凤凰""麒麟""鹤""福禄""飞鹰""燕牌"等多种牌号。

中国早期的民族卷烟工业,多受到日本的影响。工艺、设备以及技术人员,皆来自日本。据史料说明,"麒麟""福禄""凤凰"烟标及包装物皆购自日本赤井洋行。当时的卷烟有 10 支装和 20 支装两种白卡纸盒,10 支装卷烟,外包装

图 1-16　临记公司麒麟牌注册商标

为 1 个大纸盒(类似鞋盒大小),放 50 个小烟盒。纸盒皆为赤井洋行制作成型,运到天津由工人将烟支手工装入。

"麒麟"和"凤凰",使用英文标注,商标主题选自中国,但设计风格却似舶来品。"麒麟""凤凰"烟标正标用英文标注:甜美、醇和的金叶。为防止假冒,副标标注:每个正品"麒麟"(凤凰)烟盒,都有我们的签名。而"福禄"烟标设计完全体现了中国化。正副标皆为中文,正标是一幅中国画,一匹站立梅花鹿,头上飞着五只红蝙蝠,一幅吉祥的景象。

临记烟卷公司的卷烟原料以美国烤烟为主、日本及中国的烟叶为辅料,所以卷烟风格近似美式香烟。初入市场就受到欢迎,不仅在天津,而且在北方各省都受到好评。1905 年,天津响应上海商界的号召,掀起了抗议美国胁迫清政府续签《华工禁约》的运动。临记烟卷公司响应天津商会的决议,并在《不售美货说帖》上签字。"不吃美国面粉,不用美孚

油,不穿美国布,不吸美国烟"①已在天津蔚然成风,包装精美的美国烟统统被市民倒进厕所。临记与北洋烟草公司生产的烟被人誉为"爱国烟",大受市民欢迎。临记在站稳北方市场的同时,于同年11月签订合同,委托上海华盛公司为"麒麟""福禄""飞鹰""燕牌"四种牌号在南方独家经销商。从此,临记又开辟了南方市场。

光绪三十四年(1908),临记烟卷公司因遇火灾而被迫歇业。股东王竹林、徐朴庵又联合宁星普、杨以德、李子赫等人参股。资金在原1500股的基础上,又续招了8500股共达10000股,资本额升至8万银圆。公司更名麟记烟卷有限公司,聘任河间府商人纪巨汾为总经理,并在北洋工艺总局、直隶总督府立案,得到清廷农工商部的批文。改组后的公司雄心勃勃,提出吸取前车之鉴"振兴工业,抵制洋货,除杜利权外溢,不足以塞漏厄"②。改组后的公司又引进了许多设备,聘请日本工艺师改进卷烟风格,还在日本购买印刷精美的包装材料,其产品包装款式有软纸盒、硬纸盒和小口袋等,产品"呈现繁盛景况"。③ 许多商人纷纷入股投资,其中天津盐商李宝恒就曾入股3000银圆。为支持麟记打通外埠的销路,直隶工艺总局特准麟记持其护照,凡运往外埠之烟免纳税捐一年。宣统二年(1910),麟记积极参与南洋劝业会发起的"南洋出品协会赛会",纪巨汾还作为直隶赞助出品有限公司组织的直隶参赛团筹展方面的经理。结果麟记生产的各种卷烟在南京展览备受欢迎。鉴于麟记在实业方面的成绩,直隶工艺总局三次颁发奖牌。

麟记卷烟畅销,却为英美烟公司产品倾轧,后伴随清王朝的倒台,于辛亥革命后被迫停业。

---

① 来新夏主编:《天津近代史》,南开大学出版社,1987年,第215页。
② 天津市档案局,天津社科院历史研究所,天津工商业联合会编:《天津商会档案汇编(1903—1911)》,天津人民出版社,1989年,第1170页。
③ 侯振彤译:《二十世纪初的天津概况》,天津市地方志编修委员会总编室,1986年,第264页。

第二章

英美烟公司在津机构的成立及发展

英美烟公司是跨国托拉斯组织。成立之初,就将中国作为最大的拓展市场。而天津作为中国北方最大的商埠,成为该公司开拓北方市场的桥头堡和管理中心。1902年,英美烟公司进入中国后,就在天津开展销售活动。1912年,在天津设立办事处。1919年,天津大英烟公司诞生,正值英美烟公司在华第二轮投资扩张的起步阶段,其以先进的生产线、工艺设备和质量稳定的产品,改变了北方卷烟工业格局,加速了英美烟公司对中国卷烟工业的垄断,随之引进先进的管理制度、工资福利事业以及买办代理人制度,又使其垄断地位得以巩固。

一、詹姆斯·杜克构筑的烟草帝国

中国近代卷烟工业迅速发展与英美烟公司密切相关,而谈英美烟公司又不得不提到詹姆斯·杜克。在美国经济蓬勃发展的阶段,产生了许多商界巨子和工业大亨,但是美国只有三个行业大王。他们分别是石油大王约翰·洛克菲勒、钢铁大王安德鲁·卡内基和烟草大王詹姆斯·杜克。洛克菲勒、卡内基尽人皆知,而詹姆斯·杜克的事迹鲜为人知。

詹姆斯·杜克出生在北卡罗来纳。父亲华盛顿·杜克是一位农场主,后经营板烟生意,即把烟

图 2-1　詹姆斯·杜克

叶切成烟斗丝售卖。詹姆斯·杜克 14 岁时,被父亲安排在杜克家族的一个小烟草加工厂当经理。18 岁时,杜克家族又建起了一个烟草工厂——杜克父子烟草公司,目标是开辟一个日益扩大的市场。当时盒装香烟的市场潜力已初露端倪,而美国的年销售总量还不到两亿包。1883 年,杜

克家族做出了一个重大决定,即向盒装香烟领域进军。为了确保成功,当时年仅27岁的詹姆斯·杜克被推选出来全权负责此事。刚开始取得的成功就已经超乎了他们的想象,业务多到让他们的资金无法周转的地步,广告被应用得恰如其分。当他们看准了纸制卷烟有着不可估量的发展前景时,就毅然决然地购进了数台邦萨克卷烟机,而且与发明者邦萨克议定,占有了卷烟机销售中的25%的权益。1881年"达勒姆杜克"牌香烟正式登场,就此开创了机制卷烟大规模生产的新时代。1885年改组成股份有限公司,由于资金的加持,香烟的年产量迅速攀升到了10亿包,将一些历史更长、起步更早的公司远远甩到了后面。然而,杜克父子有限公司的总裁詹姆斯·杜克仍然不满意。他于1890年创建了美国烟草公司,该公司除了杜克企业外,还包括了其他四个大型烟草公司。

自邦萨克卷烟机发明后,杜克一直很在意中国的人口数字。杜克的属下曾讲述一个故事:杜克得知卷烟机发明后的第一句话就是"给我拿地图来",当属下将地图拿来后,他翻看着,目光不在地图上,而是地图下面的说明,直到发现了那传奇般的数字,中国人口4.3亿,随口便说:"那儿就是我们要去推销香烟的地方。"①

在美国烟草公司建立后,他就派遣领薪的美国管理人员到中国拓展业务,并委托美商老晋隆洋行代理公司在华进行经营。美国烟草公司一直关注与中国的关系,光绪三十二年(1906)元月,清政府考察宪政的大臣戴鸿慈、端方等来到纽约。美国烟草公司邀请他们参观了纽约的工厂,并热情地进行招待。戴鸿慈在日记中写道:"卷烟之法,大率以机器运之,然亦有新旧之异。最速之机,每日可出烟卷十八万支,缓者仅三万支而已。纳烟、卷纸、封弥、截筒,顷刻而就;其余若切烟、制匣、印商标等诸事,则以女工司之。"②可见清廷大臣戴鸿慈在美国见识了当时最先进的

---

① 高家龙:《中国的大企业——烟草工业中的中外竞争》,商务印书馆,2001年,第16页。

② 戴鸿慈:《戴鸿慈出使九国日记》,湖南人民出版社,1982年,第87-88页。

卷烟制造工厂。

19 世纪末,杜克的美国烟草公司和英国帝国烟草公司,经过一番商业激战后,于 1902 年在伦敦达成协议,合资成立英美烟公司(British-American Tobacco Company),专门在世界其他地方的市场进行经营,而中国成为其扩张市场的头号目标。当时的英美烟公司实际上成了两个竞争对手的国际部,作为这场烟草战的赢家,杜克及其美国烟草公司以及其美国子公司分得英美烟公司 18 个董事席位中的 12 个,拥有价值 2400 万美元创业资本的三分之二股份。像许多美国海外公司一样,虽然英美烟公司的总部设在伦敦,但经营上很明显是一家美国公司。而且杜克直到 1923 年一直担任该公司的董事长。英美烟公司刚一成立,杜克就采用早年使其成为美国烟草大王的手段,大力开展公司在中国的业务。

1902 年末,英美烟公司并购了上海浦东的美国纸烟公司工厂,并接受了美商老晋隆洋行做出的销售计划。英美烟公司弱肉强食,一开始就同清政府订立了"低税合约",在华享受优惠税捐特权,这是一种催化剂,使其发展速度极快。1906 年,上海浦东工厂已有 2500 人了。同年在汉口六合路建厂。1909 年在沈阳建厂;1911 年在汉口硚口再建一厂;1914 年在上海再建浦东二厂;随后吞并哈尔滨俄商老巴夺烟厂,在天津、青岛、上海通北路、香港、营口等地设厂。截至 1936 年,其在中国先后设立 11 个卷烟厂、6 个烤烟厂、6 个印刷厂、一个包装材料厂和一个机械厂,职工总数达 2.5 万人,资本额达 21584 万元,逐步形成全国性的生产布局。

按照美国经济学家钱德勒的分析,杜克的"成功源于他认识到要开发邦萨克卷烟机所生产的产品市场,需要一个全球性的营销系统……杜克之所以成为烟草业中最有实力的企业家,是因为他第一个建立起了一体化的企业"[①]。

英美烟公司进入中国后,全国卷烟销售量从 1902 年的 12.5 亿支增

---

① 高家龙:《中国的大企业——烟草工业中的中外竞争》,商务印书馆,2001 年,第 20 页。

加到 1912 年的 97.5 亿支和 1916 年的 120 亿支。1916 年的销售量将近
1902 年的 10 倍,当时中国人的卷烟消费达到美国人消费的五分之四。
杜克曾说"我们在中国取得了很大成功","对那里的潜力无论如何估计
都不会过高。"①

---

① 高家龙:《中国的大企业——烟草工业中的中外竞争》,商务印书馆,2001 年,第
17 页。

二、将烟草的种子播撒在中国

英美烟公司进入中国市场后,就如何将烟草种子播撒在这里,让其生根发芽、茁壮成长,进行了周密的计划。

首先要建立并巩固在华垄断地位。英美烟公司是由6家公司组成的,其中有英国的帝国烟草公司及所属奥格登公司,美国的美国烟草公司及所属统一烟草公司、大陆烟草公司和美国雪茄公司,出资比例为英国公司三分之一,美国公司三分之二。公司共18名董事,其中美国12名、英国6名,首任董事长为詹姆斯·杜克。

英美烟公司中国分公司是其海外最大的分公司,直属伦敦总公司管辖,总部设在上海。分公司最初的两位执行董事都是美国人,首任执行董事菲斯克(1902—1905年在任),次任执行董事唐默思(1905—1922年在任)。

早在1890年,美国烟草公司在中国就通过老晋隆洋行组织销售。1903年英美烟公司收购了老晋隆洋行的业务,并在美国新泽西州注册,主要负责英美烟公司在中国的销售;同年投资21万元收购美国纸烟公司浦东工厂,这是一家只有170人的小烟厂。收购以后,在香港注册成立美国香烟公司,承担英美烟公司在中国的卷烟制造业务。1905年由于爆发美国虐待华工事件,中国掀起了全国性的反美浪潮,同年9月美国香烟公司更名为大英烟公司。第一次世界大战结束后,英国政府颁布一项法律即所有在英国注册的在华企业,必须由英国人担任执行董事。英美烟公司董事长杜克为对抗英国政府,于1919年2月在上海成立驻华英美烟公司,购置了英美烟公司在华的所有股权,由一个分公司变成一个子公司。直到1923年,杜克终于向英国政府妥协。驻华英美烟公司实行董事会制度,所有董事必须在中国工作,任何董事都无法享受更高的权力,为此他的朋友唐默思辞去了执行董事的职位,而公司的管理结构也由过去的直属管理变成分块管理,当时华北地区的管理集中在天津。为了逃避中国人民抵制外货的锋芒,也为了逃避捐税,化整为零。1934年成立了颐中烟草公司和颐中运销烟草公司,分别承担驻华英美烟公司的制造和销售业务。1937年又成立了振兴烟叶公司和首善印刷公司,分别承担烟叶收购和印刷厂的业务。

图2-2 位于上海的驻华英美烟公司总部

唐默思(James A·Thomas)与杜克是同乡,来自北卡罗来纳一个烟农之家。其19岁就开始推销卷烟,1888年曾远渡太平洋,到澳大利亚和新西兰工作。1899年到杜克的美国烟草公司工作,受到杜克的器重,

1900—1903 年担任新加坡分公司执行董事,1903—1905 年担任印度分公司的执行董事。其长期在东方工作,无亲无友,自称"新兴的美国产业的传教士"①。唐默思的工作得到了杜克的重视,薪水日益增加,作为在华的执行董事,年薪达 6—10 万美元,是亚洲薪水最高的外国人。实际上,那时上海分公司是由位于纽约的美国烟草公司直接管理。

自 1906 年开始,英美烟公司在中国实施批量生产,投资逐步增大。初到中国时,该分公司资本仅 250 万美元,到 1915 年达到 1660 万美元。此间在上海浦东、汉口、沈阳建立了卷烟厂,1914 年收购了哈尔滨老巴夺卷烟厂。1916 年销售卷烟 120 亿支,占中国卷烟总销量的三分之二。

在将西方资本和技术引入中国生产卷烟的同时,英美烟公司还派遣销售人员到中国销售卷烟。当时唐默思仿效杜克的做法着手建立销售代理人组织,使该公司得以在中国实现批量销售。自 1905 年在中国实现领薪经理负责监管销售分部的分层管理制度。招聘和培训了 25 岁以下的单身汉,这些人大都来自弗吉尼亚和北卡罗来纳的烟农家庭,自幼种植烟草,烤烟叶,制作卷烟,因此对卷烟业务也是驾轻就熟。受聘销售代理人年薪 1200 美元,另外还有 4 年合同期间的生活费(这期间不准结婚)。为鼓励这些人学习中文,公司每半年组织一次语言考试,通过者给予 500 美元的奖金。他们在中国各地设立办事处及销售中心,并在中国大大小小城市建立卷烟货栈。为开辟北方市场,唐默思长期在北方特别是天津工作,他来到天津后,委托天津宫北大街东兴号经理刘兰坡在日租界成立美德成烟草公司,专销英美烟公司上等烟,结果大获成功。

---

① 高家龙《中国的大企业——烟草工业中的中外竞争》,商务印书馆,2001 年,第23 页。

三、英美烟公司在天津的早期活动

图 2-3 安德森像

英美烟公司尚未成立之时,老晋隆洋行就代理美国烟草公司在华开展卷烟销售业务。1902 年英美烟公司进入中国后,仍然委托老晋隆洋行承担在华销售。

早年,天津老晋隆洋行的办事处设在英租界大沽路英商高林洋行大楼内。老晋隆洋行主要活动范围在长江中下游,北方唯独在天津。这里不能不提老晋隆洋行的总办安德森(J. Anderson),其曾于 1887 年在李鸿章主持的天津机器局担任工程师,1889 年到上海加入老晋隆洋行,后成为美国烟草公司代理人和老晋隆洋行卷烟生意主管,1902 年成为老晋隆洋行董事,1904 年为执行董事。不难看出,安德森自美国来到中国后就落脚天津,在这里有一定的人脉,并与英商高林洋行有着良好的关系,天津有英租界、美租界,有一定市场基础,在此推销卷烟是在情理之中。

随着英美烟公司在天津及华北的业务不断拓展,借住在大沽路高林洋行已经不能满足工作量了,开始考虑独立办公。公司看中了老龙头火车站附近的俄租界,便在老龙头车站货场附近购置一块土地。据英美烟公司老职员回忆,英美烟公司在天津的销售业务比卷烟制造业务早7年,即1912年,英美烟公司在河东俄租界(现邮政公寓一带)成立了驻津办事处。

英美烟公司天津办事处设有办公楼与库房,库房容量为35000大箱(50000支)卷烟。公司修筑了由老龙头火车站到库前的铁路专用线,并在天津、丰台及石家庄设有专管运输的部门。在未实行铁路联运以前,运往京奉铁路沿线的卷烟由天津直接装车;运往京包线、京汉线的卷烟首先由天津运到丰台,再由丰台装车转运。

据英美烟公司档案记录,1919年以前,英美烟公司在中国的业务作为一个分公司,由伦敦总公司直接领导,制造商是大英烟公司(British Cigarette Co. Ltd.),经销商是老晋隆洋行。

1919年2月27日驻华英美烟公司[British‐American Tobacco Co. (China) Ltd.]在上海成立,收回了老晋隆洋行的卷烟经销业务。翌年设立了天津部。英美烟公司在全中国设16个销售区域,销售区域之上又设两个部,其中上海部管辖12个区域,天津部管辖4个区域。北洋政府设在北京,天津有着政治和经济的特殊地位,驻华英美烟公司在销售政策上予以天津特殊地位。天津部下辖北方、芦汉、山东、蒙疆四个销售区域,覆盖天津、北京、河北、山西、内蒙古、山东、辽宁等地区。北方部管辖范围较大,设北方区办事处,管辖天津段、沧州段、唐山段、秦皇岛段。另设北京办事处,管辖北京段和通州段。

北方区还在天津、包头、胜芳、沧州、秦皇岛、昌黎、赤峰、锦州、热河、兰州、绥中、唐山以及北京地区的海淀、廊坊、通州等地设立货栈。北方区办事处也设在驻华英美烟公司天津部内。

驻华英美烟公司天津部首任总办是魏恩法,继任总办是柯深史。天津部负责华北区域全部业务,但是重要业务必须听命于上海总公司。同上海进行通信时,需使用密码电报的方式,密码本仅总办一人才有,其他任何人无从知道。天津部下设订货部、广告部、运输部、会计部。公司还以高薪聘请在中国政府工作过的外交官或与社会上层有关系的中国人为顾问,并为此特设了顾问室,主要办理与政府间税务问题。销售系统上,天津部在区和段也设有办事处。北方区办事处设在天津部,大部分业务是帮助天津部办理业务。

　　天津是北京的门户,华北的经济枢纽,英美烟公司对天津一直给予特殊看待。公司执行董事唐默思来华后,先到天津帮助拓展市场。而天津部的总办柯深史、克特珍都曾任驻华英美烟公司的执行董事,公司副执行董事盖禄达后期常驻天津。1921 年,英美烟公司还在天津创办了《英美烟公司月报》,这是一本全面介绍英美烟公司业务的杂志,这都说明英美烟公司对天津的特殊重视。

四、首创无梁楼盖的天津工厂

　　天津俄租界地处海河东岸,一面靠海河,另一面靠着铁路线。优越的地理环境有利于开展仓储业和加工业。清末,李鸿章在天津开办洋务运动,一批新型的洋务产业在河东纷纷建立。老龙头车站、货场、开滦矿务局都在大王庄。1900 年,沙俄军队随着八国联军入侵天津,占领了海河东岸的大量土地。1901 年,河东大王庄正式划入俄租界,随后外国商人纷纷在此地设立仓库与工厂。1912 年,驻华英美烟公司天津部在这里设立后,开始酝酿建设一座卷烟制造工厂。1919 年,英美烟公司总部董事联袂来华研究发展大计,成立了全资的驻华英美烟公司,同时开展第二轮(1919—1927)投资。与第一轮(1903—1918)以并购为主的投资不同,这轮投资更注重投资的规模和质量。在这轮投资中先后建成了天津、青岛、上海通北路卷烟厂,也就是后来中国烟草工业的"上青天"。而这第一家在天津,其具有样板的模式。

　　驻华英美烟公司对于工厂选址是比较慎重的,首先考虑的是交通位置,要毗邻铁路、河流能方便运输,既可方便从烤烟产地运来原料,又能利用铁路将卷烟成品输出。其次,必须方便煤炭的采购,因为卷烟工艺使用的蒸汽,是需要燃煤锅炉来产生的。最后,汲水比较方便,卷烟工艺使用的蒸汽必须要有水。于是购买了俄租界六经路靠海河一带的 45 亩地,这里毗邻铁路、海河,马路对面就是由英商开滦矿务局储煤场,具备了开设

51

工厂的优越条件。

英美烟公司实力雄厚,他们找到天津知名的建筑事务所——英商乐利工程司(Loup & Young)承担工厂的设计。乐利工程司位于天津法租界法国菜市附近,主要建筑设计师为瑞士人罗伯特(Loup)和英国人扬(B. C. Young)。这两位杰出的设计师,曾在天津设计了中国大戏院、怡和洋行、国民饭店、李基辅大厦等著名的建筑。

图 2-4 1921 建成的天津大英烟公司工厂

天津大英烟公司工厂与开滦矿务局都是 1919 年开工,1921 年底建成。虽然前者没有开滦矿务局那么庄重与气派,但是却采用了当时国际上最先进的建筑结构——无梁楼盖(flat slab)。早在 1910 年瑞士著名工程师罗伯特·梅拉德在苏黎世设计了世界第一个无梁楼盖仓库。就是把柱子的柱头加大,用钢筋把楼板上的荷载直接传递到柱子上,从而省去了梁。由于没有梁的阻挡,楼板使用空间增大了。天津大英烟公司采用了这项技术,主要考虑有利于楼板的水汽管线的排布。这是当时最先进的结构,也是中国最早用无梁楼盖的厂房之一,在中国建筑史上具有历史意义。至今工厂档案室保存了近百张罗伯特和扬的厂房设计底图,从中我们可以清晰地看出二位设计师运用了许多六角形的柱子,使宽阔的厂房坚固而富有韵律。厂房的排水设施设计得十分精巧,水塔附在楼顶的电梯维修间上,与工厂生产主楼合为一体,宽大的排水沟直通海河。防火装置十分先进,车间内部隔断设有自动防火门,楼板上设有自动灭火的喷淋装置。所谓自动,就是防火门由封蜡的铁砣所系,喷淋装置的喷嘴用蜡封好。一旦起火,高温会将蜡烤化,防火门就会自动关闭,喷淋就会自动出水。厂房的玻璃窗都是防震的铅丝网玻璃,地面都是菲律宾的木板地,楼梯的台阶都包着铜角。工厂还使用了美国第一代的奥的斯货运电梯,使产品制造各道工序在厂房内按部就班地高效运行。后来这座厂房作为样板,在英美烟公司新建的上海通北路厂和青岛烟厂、营口烟厂推广应用。这座厂房十分坚固,地基较深,建筑材料大都从美国采购,直接用船自海上运来,停靠在海河边上卸货。这座厂房共投资 500 万元,占地面积 21800 平方米,建筑面积 11270 平方米,由四层厂房为主要车间。工程由大英烟公司工程部负责,建筑承包商为天津协顺木厂。该木厂东家为江苏人周云生,此前因承包建成太古洋行、怡和洋行办公楼而名噪一时,并与乐利工程司有业务往来。大英烟公司工厂项目是一项大工程,共分五个单体。为保证质量,当时乐利工程司、大英烟公司和协顺木厂各派一名监理,各司其职。当时大英烟公司的监理为意大利人,乐利工程司绘图员为中国人曹寿臣。该工程于 1919 年 9 月动工,至 1921 年 12 月建成,工程历时两年多。

大英烟公司天津工厂开工时有卷烟机数十台,月生产能力 2000 箱(5 万支)。后逐渐发展增设到 98 台,正常开动 60 台,月生产能力为 10000—12000 箱。天津英美烟公司的创办,使天津卷烟工业发生了巨大的变化,其规模之大,产量之多,是其他烟厂不能比拟的。据《天津海关十年(1922 年—1931 年)》指出:"民国十一年(1922)前我国卷烟税尚轻,其时本埠销售卷烟,多系由外洋或其他通商口岸输入。嗣后税率激增,运费加重,于是本埠正昌、协和、东亚及大英各烟公司,乃扩充营业,增加生产,以应需求焉。各烟公司之中以大英为巨,现有机器 60 架,工人 4000 名,年产卷烟 60 万箱(此是当年英美烟公司在全国的产量),其余 3 家烟公司,则共有机器 11 架,工人 180 名,年产 4500 箱而已。"①相比之下,显然英美烟公司已在天津卷烟工业中占据垄断地位。

1921 年大英烟公司工厂开工后,又开始考虑建设配套的印刷厂。1922 年 5 月 24 日,大英烟公司工程部的史克穆在给乐利工程司的信中说:"我们认为在天津设立一个印刷厂只是一个相当小规模的厂,为此目的,我们所能提供给你的唯一适宜的房屋是一幢靠近河边的两层楼仓库。但是伦敦方面批准之前,并未作出任何确切的决定。不管怎么样,我们还是期望做好一切准备。如果你能着手进行这件事,并向我们提出改造房屋结构的建筑方案,那将是令人高兴的。"②这说明 1922 年 5 月印刷厂的建设尚未批准,后来利用已经建成的两层仓库进行改建,缩短了工程时间。原建筑是长方形的,改建后印刷厂建筑呈 L 型,靠河边的部分延伸出一块,柱子直径和形状与主体建筑略有不同。

天津英美烟公司大楼历经抗日战争、解放战争、唐山大地震,其主体结构仍完好无损,1999 年,澳大利亚文物保护专家埃里克·马丁和苏珊·鲍尔史东女士参观这座老厂房,对当时使用先进的建筑结构大加赞扬。随着 2003 年对天津海河东岸进行改造,这座具有 80 多年历史的工业建筑结束了历史使命。

---

① 天津社会科学院历史研究所:《天津历史资料》第 5 期,1980 年,第 58 页。
② 上海社会科学院经济研究所:《英美烟公司在华企业资料汇编》,中华书局,1983 年,第 164 页。

五、一体化的托拉斯机制

托拉斯是英文 trust 的音译,是垄断组织的高级形式之一。托拉斯由许多生产同类商品的企业或产品有密切关系的企业合并组成,旨在垄断销售市场、争夺原料产地和投资范围,加强竞争力量,以获取高额垄断利润。英美烟公司就是这样的一家企业,而且做得很早。1928 年福布斯《美国烟草大王杜克之成功史》说:"钢铁领袖施瓦布及银行家摩根氏尚未梦想设立托拉斯时,杜克已有建设伟大的烟草公司之想,并有精密之计划,使如何扩大其组织,而收货美价廉之效。盖杜克深知制造之增加,销路之畅旺,足使成本低廉。"①如果说杜克国际烟草托拉斯是一条链,而天津大英烟公司只是链上的其中一环。尽管如此,从中也能窥出托拉斯机构之全豹。

生产成龙配套是天津大英烟公司的第一特点。有了先进的设备必须要有良好的动力设备,在工厂兴建的同时,建设了一座锅炉房和发电厂。锅炉房最初有两台英国兰开夏 4 吨锅炉,发电间配备了两台直流发电机。当时天津只有位于金家窑的比商电车电灯股份有限公司发电厂和哈尔滨道的法商电灯股份有限公司发电厂。这两家电厂是为公共用电提供服务的,而天津大英烟公司独立自用发电在天津是绝无仅有的。

---

① 上海社会科学院经济研究所:《英美烟公司在华企业资料汇编》,中华书局,1983年,第 6-7 页。

在原料供应上,厂内设立了两座三层楼的仓库,一座储存烟叶和卷包材料,另一座用于成品周转。大英烟公司需要的烟叶一部分是从美国弗吉尼亚和北卡罗来纳进口的烤烟,绝大部分来自国内的河南、山东、安徽烤烟产区。该公司在上海、安徽门台子、汉口、山东二十里铺以及青岛都设有复烤厂,在产地收购的烟叶,经过复烤处理后送往天津。英美烟公司收购烟叶的基本方式是直接收购,由外籍人员直接在收购站控制烟叶的收购,收购后及时复烤,保证质量。随着产量的增大,烟叶储备不断增加,原有的厂内仓库已不能保证足够的储存,天津大英烟公司又增加了河东九经路仓库(俗称二库)、建设路仓库、大沽路仓库和安徽路仓库。

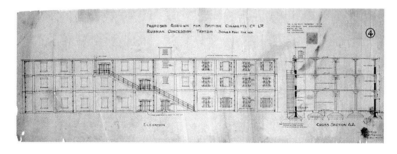

图2-5 大英烟公司仓库设计图纸

大英烟公司卷烟所用包装用纸,如钢精纸(也称铝箔纸)、卷烟纸及印刷用纸。钢精纸由公司所属中国装包品有限公司采购,卷烟纸由公司直接采购,印刷用纸由首善印刷公司采购。钢精纸中国装包品公司所属浦东工厂提供,主要购进钢精板和铝块,通过碾延设备加工而成。卷烟纸当时主要购买日本王子制纸公司的卷烟纸和中国人开办的嘉兴民丰造纸公司的卷烟纸。至于印刷所用的胶版纸、铜版纸、道林纸以及白板纸皆从北美和加拿大等地采购。

天津本地也有一些配套供应商,如卷烟外层5万支卷烟包装的大木箱由天津英商祥泰木厂供应。木箱的里层四周需要用灰板纸和锡纸作为隔挡,以起到防渗漏、防潮的作用。灰板纸由位于咸水沽的振华造纸厂供应。该厂创立于1923年,由中国实业家宁钰亭、倪锡纯、李蔼臣创办。振华生产的"马头牌"灰板纸,质量优良,每月供应大英烟公司200吨左右。

　　大英烟公司卷烟配方基本不使用香精,而是直接使用单体香料。常用的有食糖、蜂蜜、甘油、朗姆酒、香豆素以及一些植物精油等,基本依赖进口。

　　英美烟公司在中国进行了大量的投资,创造了像杜克的美国烟草公司一样高效率、组织良好的纵向一体化经营体系。实现了规模经营,降低了成本,并且有效地利用中国的资源,在中国境内生产供中国消费者的产品。

六、层层节制的内部管理系统

如果一个工厂按照美国的设计建造,装备美国机器,用的美国烟叶,那么该工厂更适用于美国式的管理模式。为了在中国不断地扩张,驻华英美烟公司在中国移植了一整套西方的管理体系。驻华英美烟公司的顶层即上海总公司由董事会和执行委员会、各业务委员会及其下属行政部门、生产方面的组织管理部门等组成,以负责在华企业的决策、组织、管理和发展。

董事会和执行委员会是驻华英美烟公司的最高决策机构,定期召开董事会和经常召开执行委员会。董事十余人,大部分在上海。执行委员会委员 8 人,都由在上海的董事兼任。

执行委员会的职权:(1)执行董事会决定的营业政策;(2)向董事会提出重要营业政策变更的建议;(3)决定公司的一切次要政策;(4)批准各附属业务委员会的建议;(5)批准对外法律诉讼的决策;(6)批准高级职员的任用;(7)批准合同的签订;(8)批准规章制度的改变;(9)批准各级管理人员的升调;(10)批准高级职员薪金的调整;(11)审核财产的买卖等。

执行委员会下辖初级执行委员会、财政审核委员会、制造和烟叶委员会、营业广告委员会、工程委员会等。委员中包括董事、各部部长及助理部长。

董事会和各委员会下属行政部门共有 15 个部,直属董事会的有书记部,直属执行委员会的有法律和税务 2 个部,属财政审核委员会的有会计、审核、电报 3 个部,属制造和烟叶委员会的有制造、烟叶、印刷、定货、材料 5 个部,属营业广告委员会的有营业、广告、运输 3 个部,属工程委员会的有工程部。15 个部都由董事分工直接兼管。有些部下面再设附属部门,如法律部有保单、翻译、调查 3 个部;会计部有成本、工资、出纳、书信、保险、汇总 6 个部,材料部下有文具部。

图 2-6　天津大英烟公司中外职员合影(局部)

驻华英美烟公司天津分公司的组织机构是董事会领导下的总经理负责制,其统领公司在华北地区的各种机构,公司的会计、印刷、机械维修、包装用品独立于工厂之外。

驻华英美烟公司天津部(相当于分公司)设总办(后由颐中运销烟草公司天津分公司经理担任),下设卷烟厂、会计部、工程部、印刷部以及中国装包品分公司等。

卷烟厂设工厂总监、副总监,负责卷烟生产。下设配烟部、烟梗部、切烟部、造烟部、装烟部、大盒部、瓦木部、机器部、发电部、医务室 10 个部门。

1937 年,原印刷部被划分出去,成立首善印刷公司(Capital Lithogra-

图2-7 天津驻华英美烟公司总办柯深史

phers Ltd）天津分公司。该公司总办即工厂总监，下设制版部、印刷部、制造部和维修部。

天津大英烟公司建厂后，驻华英美烟公司天津部第二任总办为柯深史（L. G. Cousins），1878年出生，1913年为英美烟公司服务，先在天津工作，后调到上海总公司担任执行董事，仍然负责天津部的业务，其一直是独身。

第三任总办克特珍（W. B. Christian），1878年出生，1910为英美烟公司服务，1920年担任北方区办事处主任，后任天津部总办，太平洋战争爆发后留在天津，被日军关押在潍县集中营，后交换战俘回国。抗战胜利后回到天津仍担任总办，一年后调到上海总公司担任董事。

泰勒认为科学管理的根本目的是谋求最高劳动生产率，最高的工作效率是雇主和雇员达到共同富裕的基础，要达到最高的工作效率的重要手段是用科学化的、标准化的管理方法代替经验管理。泰勒最佳的管理方法是任务管理法。天津大英烟公司工人的工作，大都是定量的，尤其是包装工人全是计件工作。

英美烟公司对工厂制定了许多管理制度，这些制度依照北洋政府《暂行工厂通则》（1923年3月29日公布，共28条。这是中国第一部工厂法）、国民政府《工厂法》（1929年12月30日公布）制定的。1932年1月英商大英烟公司公布了《英商大英烟公司（有限公司）烟厂工务管理暂行规则》共14章23条，对雇佣工人、工作时间、工人职责及纪律、工资、事假、福利、储蓄金、年老退职及不能工作者或死亡者之利益、奖金、工作契约之终止、惩戒等进行了规定。1934年更名颐中烟草公司后，工厂管理规则更加详细。有雇佣条件、职责与纪律、处罚方法、工作时间、工资、关于增加之规则、厂工之升级、升工及星期日工资、发给面包或津贴、健康疾病及伤害之津贴、住院及医疗手续、生产假、死亡残废及退休金、退职辞职及解雇、告假、特种假期、(计)件工之服务津贴、旷工、放假日、年终奖金、储蓄金、福利烟、职员餐食、荣誉分配、临时工人、保证最低工资等三十多条规定。

七、等级森严的工资制度

天津英美烟公司的职员包括外籍职员和中国职员。外籍职员分为两大类:A 级是受雇于伦敦英美烟总公司,经过业务培训派到中国各地分公司工作的。他们与公司订有合同,工资以英镑计算,由上海总公司直接派发。每四年可享受六个月的归国探亲假,届时除工资照发外,还可以享受旅游费和补助费,已婚者可携带家眷同行,旅费由公司负担。这类职员大多为英美籍人。B 级外籍职员是在中国雇佣的,除英、美人外,还有加拿大、澳大利亚、俄罗斯、葡萄牙、印度、日本、朝鲜等国人,这类人的职员工资以中国的货币计算,虽远低于前一类职员,却超过中国职员的工资。他们一年可以享受三个星期的休假,或四年一次性休假十二星期。天津分公司总办都是由运销公司总办兼任,工厂总监相当于部一级的经理,工厂总监有美国人格兰特(Grant)、皮普尔斯(Peoples),英国人韦伯(Webb),美国人伊文斯(Yeamens),俄国人加赞斯基(Kazansky),英国人希尔柏恩(Hilburn)等。英美烟公司在华各厂的职员工资不一样,最高的为上海通北路工厂,其次是天津厂,最后是青岛厂。其中天津厂总监赫尔明月收入1940 年 3488 元,1941 年 4484 元;职员多德月收入 1940 年 2548 元,1941年 3254 元。

中国职员也有一般职员和高级职员之分。一般职员入厂时为学习监员和学习职员,一年以后转正。高级职员一部分选聘在某方面有经验或一定的社会关系、可供公司利用的人,如买办、退职外交官、大学教授等;另一部分则是从一般职员中提拔上来的。中国职员每年增加一次工资,其中一般职员每次增资 3 至 5 元,高级职员一次则可增加 20 至 30 元,甚至多至 50 元。中国工厂职员较著名的有翻译齐慎斋、魏宣荪,工艺工程师张珍。生产车间工头杨梅章、刘大洋、刘子陞、李福员、张大军,仓库工头陈玉林,还有贾春林、孙西光、张金贵等。

天津英美烟公司雇佣的工人分为临时工(试用工)、长工、短工三种。临时工在录用后有 6 个月的试用期,试用期内公司不满意可以随时解雇,期满可以转为长工,享受长工福利待遇。短工是按日或按周雇用的临时工,除工资外不得享受长工的福利待遇,也不能转为正式工人。据朱宝珍的《天津工业部门的工资》:"大英烟公司熟练工人大约 350 人,他们的工作时间是上午 7 点到 12 点,下午 1 点到 5 点,每天工资 50 分至 80 分。其中约 100 人用机器操作,将烟叶切成碎片,其余工人将碎片卷成纸烟。这些工人至少需要六星期的训练。不熟练的工人就在烟叶中拣出烟梗,并为切烟丝做准备。他们每天的工资是 25 分。"[1]

"实际上该公司所有女工工资是按计件工价支付。他们的工作是将香烟装进纸包,再将纸包装进纸板箱,并用胶水将纸包和纸板箱封闭粘贴。包装成 50 包或 500 支香烟的纸板箱,每一女工装 2 箱得工资 3 分半。一个快手每天能装 45—50 个纸板箱,得工资 80 分或 80 分以上,一个慢手只能得 30 分,平均每天可得 40 分。付给粘纸包和纸板箱(包括纸包内部粘贴)的工人工资是每 500 箱 15 分,每天工资按工人操作快、慢或平均效率,根据上述计算方法可分别获得 60 分、25 分或 40 分。"[2]

公司除雇用成年工人外,还雇用大批男女童工。公司对雇用童工比

① 上海社会科学院经济研究所:《英美烟公司在华企业资料汇编》,中华书局,1983年,第 1039 页。

② 上海社会科学院经济研究所:《英美烟公司在华企业资料汇编》,中华书局,1983年,第 1039 页。

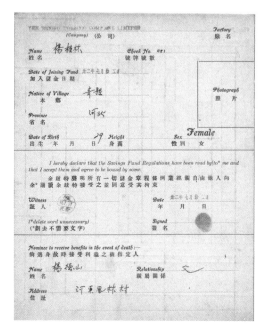

图2-8 颐中烟草公司职工工资卡片

较感兴趣,表面上规定童工年龄为11至15岁,但有人因找不到工作,虽已成年,但仍虚报年龄,公司装作不知,即按童工录用。如老工人杨瑞林18岁时按童工录用,直到23岁仍领童工的工资。

尽管社会上反对雇佣童工,英美烟公司仍明知故犯,1924年7月23日致农商部函:"关于雇用童工,我们竭力防止14岁以下的在厂内工作。无疑的,你所知道所有雇主执行这条规则是困难的。我们不要较小的儿童,但他们的父母却尽一切可能使他们进场。我们唯一的控制办法是规定一个身高的标准,在这标准以下的儿童就不准进厂。"[①]根据颐中档案,1924年天津厂雇用工人3157人,其中年龄在12—18岁的女童工1848人,男童工498人,是各厂使用童工最多的。雇用童工有许多好处,一是童工听话,便于管理。二是工作量不比成人少,而需支付的工资只有成人的一半。

第一次世界大战以后,英美烟公司雇用了25000名中国工人,比1915年几乎翻了一番。1921年底,天津大英烟公司工厂正式开业。此时英美烟公司获取了初期利益,"为赢得工人的支持,英美烟公司成为中国第一家向工人提供宿舍、医疗所、职工子弟学校、储蓄基金和米贴等福利的公司。与纱厂、丝厂及当时中国其他工厂相比,英美烟公司似乎向它的工人

---

① 上海社会科学院经济研究所:《英美烟公司在华企业资料汇编》,中华书局,1983年,第1028页。

提供了较好的工作条件——工作时间较短,工作强度较轻,夜班较少"。尽管英美烟公司向工人提供了这些福利,但仍存在工资相对低,工作无保障的情况。在20世纪初至20年代,"根据合同按日支付工资的非熟练工人为0.2至0.5元,低于当时在重工业和其他轻工业企业中工人工资"①。而且工作不稳定,稍有不服从或违规,就会失去工作,所以"非熟练工整日生活在唯恐失去工作的恐惧中。只有那些技术高超的工人才是按月支付工资的"②。

---

① 高家龙:《中国的大企业——烟草工业中的中外竞争》,商务印书馆,2001年,第212页。

② 高家龙:《中国的大企业——烟草工业中的中外竞争》,商务印书馆,2001年,第213-214页。

八、花红与储金会

英美烟公司除了职工工资支出外,还有其他一些福利性支出。天津分公司于 1927 年至 1937 年发展顺利,产量较高,雇佣工人多达 4000 余人,后随着机械化程度提高,产量减少等原因,长年雇佣工人减少到 1700 多人。

根据《天津分公司雇佣和支付当地雇佣人员条例》,雇佣工人年龄在 16—35 岁。对于一些特殊人员可以酌予考虑。进厂时必须由商家提供担保(即铺保),由本厂职工介绍,经过公司医生体检。进厂后,先经过 6 个月的试工期,合格后为正式职工。实行每周六天工作,每天 9 小时工作。除工资外,还有津贴和食物津贴。加班支付一倍半的工资。病假付给全部工资,但津贴和食物津贴给予一半。还享受元旦 1 天、春节 2 天、端午节 1 天、中秋节 1 天、双十节 1 天、圣诞节 1 天的节日假期,工资照付。妇女产假有享有产假津贴。

天津英美烟公司规定按照每年公司盈利情况,于每年农历春节之前颁发花红。花红类似年终奖,发放奖金,计算上年全年收入所得的百分比。由上海总公司按照公司盈利情况确定,无盈利则无花红分发。

1922 年,英美烟公司还推行储金会制度,先后颁布了《职员储金会管理条例》,并在《英美烟公司在华事略》中讲述了这件事。

图 2-9　颐中烟草公司储金会登记簿

　　夫人生死亡之事皆不能免者也,上至总理,下逮工人,皆有死亡之一日。苟一无所积,则死亡之后,妻子衣食教育之所需,棺椁衣襟之所费,将何以善其后? 每念及此,谁不寒心,故必须有积蓄,然后能安心乐业而无忧。英美烟公司洞悉此中实情,于 1922 年创立一种工人储蓄金,其办法如下:"1922 年 10 月 1 日起,该公司为各工人预备一种储蓄金,其法按工人每月所得工资之数,该公司出资代储十成中之半成(5%),每储户给一存折。自储蓄之日起,5 年之后,如该工人仍在公司服务,该公司即将其储蓄金照数倍加之。倘工人遇有死亡,即将该工人之储金,倍加而给其家属。此种储金,于工人精神上极有裨益。盖因稍有不测,尚不至忧及身后无着也。"①

　　1932 年 1 月《英商大英烟公司(有限公司)烟厂工务管理暂行规则》规定:"本厂为工人利益计设一种储蓄金,凡服务本厂满六个月者均得享

----

　　① 上海社会科学院经济研究所:《英美烟公司在华企业资料汇编》,中华书局,1983年,第 1152 页。

受此项利益。该储蓄金凡系按照各该工人工资百分之五,由本厂自行拨款存储,俟储满五年后,再按所储之款照加一倍。所有储蓄金办法及条例均已详列于发给各该工人之储蓄簿中。"①《储蓄金条例》共 27 条,用中英文书写。

为了有效利用储蓄金,1927 年 2 月 10 日成立储蓄金管理公司。该公司利用储蓄金的资金,投资英国及殖民地、美国政府的公债或股票、中国政府或租借地政府的地方性债券、财产抵押借款、英美烟公司及联合公司股票、对英国及外国银行贷款、由英国法律核准可由信托款项进行投资的任何证券、在英国及殖民地或美国政府投资的股票、债券和其他证券,投资前三年中每年股息年利率不少于 4%。

---

① 《英美烟草公司(中国)及其附属各公司雇员储金会条例摘要》,天津卷烟厂档案室藏颐中档案。

九、以华治华的买办制度

在中国开展的长期经济活动中,英美烟公司充分利用各种类型的买办为其服务,这也是该公司成功经营的秘诀之一。外资企业纵然享有特权和其他优越条件,却不能强迫中国人民同他们做买卖。而且中外条约规定只允许在通商口岸开厂经营和在内地设立栈房,并不允许在内地随意进行活动。要建立收购烟叶原料基地,要购买中国内地外国人无权购买的土地,要把商业活动从沿海城市拓展到边疆地区,就要利用大量各种类型的买办和中国商人。因为英美烟公司雇用买办的目的,除了"以华治华",通过买办达到经济目的,缓和与排除中国人的抵触情绪,还因为买办能够帮助他们实现在不平等条约中所不能取得的特殊利益。驻华英美烟公司董事罗斯曾说:"对我们绝对重要的一件事是有一个人能紧紧跟上中国官场上形势的变化,我担心也许当我们某一天早上醒来时,事情已经发展得不可收拾了。"[①]这句话道破了他们的天机。为英美烟公司服务的最著名的为三大买办,即为英美烟公司交涉税务、代购房地产、套购烟叶的多能买办邬挺生;为英美烟公司奉为"第一块牌子",专门结交官场办理交涉的代理人沈菎三;为英美烟公司推销香烟开疆扩土的永泰和烟草公司经理郑伯昭。

---

① 上海社会科学院经济研究所:《英美烟公司在华企业资料汇编》,中华书局,1983年,前言第19页。

　　这里要说说沈葳三。沈葳三字成式,福建福州人,出身名门。祖父为清朝两江总督兼船政大臣沈葆桢,祖母是林则徐之女,父亲为贵州省巡抚沈瑜庆,胞姐沈鹊应为戊戌六君子林旭之妻。沈葳三留学英国剑桥大学,此间结识了后来的驻华英美烟公司董事罗斯。沈葳三学成后回国,先于北洋政府海军部供职,在北京大学教书,后被罗斯推荐进入英美烟公司。沈葳三与上层社会交往密切,其间为天津英美烟公司处理许多税务上的交涉。沈葳三与国民政府财政部卷烟统税处处长程叔度为好友,1930年初,驻华英美烟公司天津部有5箱老刀牌卷烟漏贴印花,在秦皇岛查出被扣。沈葳三得知河北省卷烟统税局有两个月经费,尚未经财政部卷烟统税处核发,于是致信河北卷烟统税局长周介春,以帮助解决经费为交换,请予破格通融。周介春回复,表示至为感谢,并说漏贴印花"既系一时疏忽,其情不无可原,已将经过情形,呈请总处核示",[①]最后得以圆满解决。沈葳三与负责华北财政的北平政务委员会委员王克敏的关系不一般,1934年春,天津烟酒稽征分局查出英美烟公司两批从广东运到天津的晒烟未报税,准备追缴正税外,再以四倍罚款。沈葳三立即致信王克敏,说明两批烟叶系制造卷烟的原料,并非出售之烟叶,按烟酒公卖条例规定不应纳税。手续上也无过错,到津后已报告统税管理所。沈葳三请王克敏与河北烟酒税局切实疏通,称:"自河北烟酒事务局设立以来,即从未收过英美烟公司之烟叶税,即可见此举完全出于误会,如能俾其了解勿再坚严重处罚之说,以省纠纷。"[②]此次纠纷,最后化解,由此可见沈葳三在北方政坛活动能量之大。除此之外,沈葳三还把几个亲戚安排在驻华英美烟公司天津部,如顾问兼督销售陈伯耿,还有北京办事处主任王继曾。

　　英美烟公司在天津雇佣一些买办。早期的买办李文仲,武清县(今

---

　　① 上海社会科学院经济研究所编:《英美烟公司在华企业资料汇编》,中华书局,1983年,第972—973页。

　　② 上海社会科学院经济研究所编:《英美烟公司在华企业资料汇编》,中华书局,1983年,第973—974页。

武清区)人,毕业于北京卫理公会学校,精通英文。曾在天津都统衙门担任翻译,还去过南非。1905 年回国,被英美烟公司北方代表史尔克招募到天津办事处。此后 10 年,他为推销卷烟,备尝辛苦,到处演讲,竭力推崇,跑遍了天津、沧州、泊头、胜芳、采育、皇后店、塘沽、芦台、唐山、滦州、昌黎、山海关、遵化、抚宁、张家口、宣化、秦皇岛、山海关外、锦州等地区,建立英美烟公司的经销点。为英美烟公司开创北方事业立下了汗马功劳。

图 2-10　买办李文仲

　　英美烟公司在天津雇佣的买办性质的人有两种类型。一种是买办,在工厂和社会替外国人员抛头露面。如大英烟公司"华账房"张筱芳;首善印刷公司买办赵秉元和驻华英美烟公司天津部顾问陈伯耿、北平办事处主任王继曾等。陈伯耿,福建人,父亲陈璧是清政府邮传部尚书,妻子沈蘋应为沈崑三的妹妹。王继曾也是福建人,是沈崑三的表兄。陈伯耿早年留学英国伦敦大学,回国后曾在北洋政府财政部和中华懋业银行任职,对官场很熟。1920 年被沈崑三推荐担任天津英美烟公司顾问,负责与政府各个部门接洽联络,其中主要与税务局交涉税务工作。1932 年天津部扩充阵容,督销改为三人,又被委任为"督销"。但仍然以交涉税务为主,他以绅士的风度博得公司内外的信任。王继曾字述勤,福建闽侯人。其出生于著名的西清王氏家族,早年留学法国,在法国高等学校及巴黎政法大学读书。归国后先后在清政府、北洋政府担任外交官,曾出任中国驻墨西哥公使兼古巴公使,北洋政府国务院秘书长。1931 年,被沈崑三推荐任英美烟公司天津部北平办事处主任。其一子王世襄为著名的文物鉴赏家;另一子王世富为外交家兼大学教授。王继曾与陈伯耿也是亲戚,陈伯耿退休后,推荐王世富继任颐中运销烟草公司天津分公司顾问。另一种是买办商人。如英美烟公司督销王者香和赵卓甫。王者香是华北地区卷烟推销的开创者,出身北京名门,懂英文。宣统元年(1909),担任清东陵工程处委员。1912年英美烟公司设立天津办事处,经买办商人崔尊三介绍入职,起初担任石家庄英美烟公司的翻译,后调到天津办事处。其富有商业经验,又懂英语,与欧美籍人士共事不下数十人,无不感情融洽。他深得分公司总办柯深史的赏识,遂于1921年升任天津部的华人段长,两年后调到北京组织同益公司。1924担任天津部北方区首任督销,在商业上充分展示了他的才能。1925年他同朱西岑、李景铭三人共同投资北京泰和烟行,成为北京最大的经销商。1931年任北京纸烟公会主席、北京市商会监察委员。赵卓甫,天津人,早年毕业于英国伦敦大学,归国后任南开大学英语教授。1922年经朋友介绍加入英美烟公司,最初在《英美烟公司月报》担任编辑,编了第2卷至第4卷,由于待遇问题与公司发生矛盾,于1924年辞职。其后任北洋政府交通部唐山总务局局长,并兼任唐山交通大学教授。1929年初,天津大英烟公司工人罢工,得到各地学生的响应,特别是唐山学生抵制运动尤为猛烈,烧毁卷烟,破坏仓库。为此公司委托赵卓甫出面进行劝阻,由此再度与公司发生联系。1929年天津部扩充,被委任三个督销之一。其渊博的知识和聪明的头脑以及同政府要人有交情的因素,得到了公司的器重。

　　为了拉拢买办,英美烟公司使他们享受优惠的物质待遇。一是高薪,如张筱芳月薪640元,陈伯耿月薪900元。二是优厚的生活待遇。如张筱芳在天津有四处楼房,仅在天津特三区就有两幢楼房,还有私人汽车;赵秉元住英租界黄家花园一所楼,而且拥有私人小汽车和游艇。不仅如此,这些买办还进行房地产投资。黄家花园原为广东人黄荫芬所有,后转手北洋政府参政院议长李盛铎。1936年,李盛铎去世,导致花园衰败。1940年,王者香斥资收购后,将旧楼拆除,重建三层楼房,取"宁静致远"的含义,命名为"静远里",对外进行出租。

十、天津英美烟公司"华账房"张筱芳

在天津英美烟公司众多的买办中,在工厂服务的"华账房"张筱芳十分著名,服务时间也长。

张筱芳名桂堂,家住天津西北角城隍庙一带,清光绪年间出生于贫寒之家。天津开埠以后,大量的新生事物涌入城市,张筱芳幼年进入天津一家钟表洋行学习生意,爱上了洋货,也学会了简单的英语。1912年不满20岁的张筱芳,跑到沈阳充当英国人的伯役(服务员)。由于聪明、勤快颇得英国老板的赏识,经与英美烟公司联系,推荐张筱芳到山东潍县充当英美烟公司的译员。

英美烟公司来华后,卷烟原料最初依靠进口美国烤烟,后经十年的调查,衡量了土壤、气候、地价、烤烟叶用煤、运费等,决定在山东潍县坊子二十里铺试种美种烟叶,结果获得成功。但是如何让祖祖辈辈种惯粮食的中国农民改种不能当饭吃的烟叶,这对于美国人来说是个难题。尽管英美烟公司的烟叶专家,向农民广泛宣传,但收效甚微。作为译员的张筱芳见美国烟叶专家一筹莫展,于是提出了将烟草种子、化肥、技术无偿传给农民,烟叶收购时再还。另外还需找一位在当地有影响的带头人。张筱芳来到山东潍县坊子后,物色了居住在坊子车站的杂货商田俊川(即田联增)。田俊川,原籍保定,早年为胶济铁路职员。1912年辞去工作,在坊子开设了同益号,经营烟酒罐头食品,与张筱芳有了接触。张筱芳向他承诺试种美种烟叶是一种承包性质,不会有风险。

田俊川熟悉当地情况,又有一定的活动能力。便租用铁路公司附近的 60 亩地开始试种美种烤烟,经过一年试种,成效显著。鉴于种烟收益优于种粮,附近农民纷纷改种烤烟。在潍县,张筱芳与田俊川配合,低价收购烤烟种植配置的豆饼(肥料)和烤烟所用的煤炭(博山煤矿),然后高价卖给烟民。不几年,潍县的坊子成为英美烟公司在华的原料基地,张筱芳也发了横财,得到了英美烟公司的重视。不久将他调到天津,继续为公司服务。

英美烟公司在天津筹建烟厂,看中了俄租界靠海河的一片土地,由张筱芳出面征集了 45 亩地。自 1919 年开始利用两年时间,建成了大英烟公司天津工厂。工厂开工后,张筱芳被公司委任为"华账房",坐上了买办的宝座。据史料记载,当时张筱芳当上买办,还是田俊川二十里铺的同益和行出面担保。

大英烟公司开办后,张筱芳在工厂管理过程中发挥了重要作用。其负责卷烟材料的采购、协助制定相关的规章制度、核定工人工资、招收新工人等工作。自 1925 年开始,还协助公司建立了储金会制度,将工人每月工资扣除一部分,作为投资股份,于年底发放花红。1928 年天津英美烟公司工人为争取权益举行大罢工,洋总办束手无策。张筱芳出面,一方面与工人代表谈判;另一方面联系市政当局斡旋进行镇压。工会代表对准了张筱芳,称其"克扣工资、暗杀工会代表、开除工人,依附帝国主义卖国求荣",呼吁政府拘捕张筱芳。洋总办害怕事情闹大,将张筱芳藏起来。罢工持续了一个月才平息,张筱芳也为英美烟公司费尽了心血。

在为英美烟公司卖力的同时,张筱芳也获得巨大的利益。20 世纪 20 年代每月工资高达 640 银圆,是普通工人的 30 倍。还有专用小汽车接送其上下班,在天津建有四所住宅,其中在河东六纬路与九经路交口有一座二层花园洋房小洋和十几间平房(后为河东区人民法院),院内有花廊、养鱼池。雇佣佣人七八名,极尽奢华。

1941 年太平洋战争爆发后,日本派遣军占领了天津颐中烟草公司,外籍职员都被送进了潍县集中营。日本人打算让张筱芳为他们效劳。但张筱芳对公司表示衷心,拒绝与日本人合作,主动辞掉"华账房"之职,还卖掉了汽车,出让了小洋楼,躲在家里静待时机。

1945 年抗战胜利后,英商颐中烟草公司恢复经营。张筱芳官复原职,并以护厂有功,获得了奖赏。随着解放战争爆发,颐中烟草公司经营紧张,不久英美烟公司在天津总办找来张筱芳,给他一笔巨资,让他辞去了买办的职务。

自颐中烟草公司退职以后,张筱芳用辞职的巨资,投资了益行珍钱庄、新合龙油行、老众记五金行等。不久天津解放,张筱芳发现当时物资短缺,囤积了大量的石油,发了一笔小财。但在不久后的"三反""五反"运动中,张筱芳的投机行为被视为不可饶恕的罪行,被群众揭发。其见势不妙,某一天在其法租界马家口的住宅跳楼自杀。

图 2-11　张筱芳辞退日军管理

颐中烟草公司的费用单

第三章

卷烟生产扩大与技术领先

产品是企业的生命,是市场竞争的决定因素。作为跨国的托拉斯企业,英美烟公司十分重视产品质量的稳定与提高,而这一前提要依靠技术优势,即有先进制造技术为保证。天津英美烟公司有先进的生产线、先进的工艺技术和先进的设备,还有稳定的烟叶、卷包材料的供应,确保其产品的质量,这是其产品长久不衰的主要原因之一。

一、先进的卷烟制造工序

　　20 世纪 20 年代,天津工业还以三条石打铁铸造而闻名,即便有东亚、正昌等外资烟厂,但多半都是手工操作。而天津大英烟公司工厂是"公司在华北的第一家大型卷烟厂"①,是当时天津最大的外资工厂,也是英美商人在津投资的少数几家工厂之一。该工厂按照西方生产线设计,使用西方的设备和加工工艺,在当时可谓比较先进。

　　大英烟公司将美国制烟工艺和先进的流水线引进中国。在工艺排布上,分成若干工序,其中烟叶处理放在生产主楼的二层,使用的烤烟烟叶都是三年以上的陈烟。加工烟叶一定要抽去烟梗,然后将烟叶整理好,进行切丝。制丝工序在生产主楼的一层(半地下室)。最早的切丝机为莱格(Robert Hegg)复式切丝机(也称上下式切丝机),每分钟三百次,每小时切 160 磅;切好的烟丝,送到蒸汽旋转烘丝机上烘制。这种烘丝机有一排蒸汽管拴在里面的一些划板上,旋转时,烟丝便从一个划板落到另一个划板,使得烟片一面松散,一面烘干。烘丝完毕,将烟丝放在晾烟器上,随后装入衬着锡皮的大木箱中。这种木箱下有万向轮,由人工用电梯,运到生产主楼的四层储丝房。房间是密闭的,温度高,使烟丝保持一定的水分,烟丝贮存发酵 24 个小时后,供应卷烟机使用。四层是卷烟工序的操

---

　　① 高家龙:《中国的大企业——烟草工业中的中外竞争》,商务印书馆,2001 年,第202 页。

图 3-1 英美烟公司天津工厂蒸烟工序

作间,由一个特大的电机,用皮带带动天轴,来解决几十台卷烟机的工作。工厂最初使用当时最著名的邦萨克(Bonsack)牌卷烟机,这是英美烟公司在华使用的专利。"这种机器是用的连续操作法;制好的烟丝称好分量并放在传送带上一定大小的槽里,经过多次'梳轮',对烟丝作进一步的调整,当其顺着机器梳成必需的形式时,便巧妙地裹在一张法国薄纸的纸带(类似布带)里了。纸带是由一只卷有足敷 2 万支卷烟之用的纸的卷轴(盘纸)供送到机器里去的。这时烟丝已用纸卷成一根长筒形状,又顺着下去,由机器予以粘贴,并打上烟牌印迹,而恰好在它出机时,便用设计非常精巧并且非常快的刀将它切成一定的长度。每分钟有 230 支制好的卷烟从机器上落入接烟箱(后改成铁架子,挂在车上),每箱能容 1200 支。"①制好的卷烟,要用烟车送入焙烟房,贮存 24 小时。然后送到三层的包装工序。包装工序全部为女工,包装材料全部是由工厂印刷部印制

---

① 孙毓棠编:《中国近代工业史资料》第一辑,科学出版社,1957 年,第 150-151 页。

的软纸烟盒和卡纸烟盒。"她们非常灵巧。一个工能装大小包卷烟3000至15000支。"①包好的小盒放在一个大纸盒内(形状像今天的鞋盒),然后送到装箱工序。装箱工序使用大木箱子,每箱5万支卷烟,用铁质拖车(俗称地牛)拉走,通过天桥放进成品周转库。

图3-2　英美烟公司使用的莫林斯卷烟机

工厂除生产车间外还设有配套的发电厂、印刷厂、锅炉房、自来水塔以及维修车间。随着卷烟制造技术的进步,工厂又添置烟叶真空回潮机、蒸叶机、润叶机、筛梗机、压梗机、切烟梗机、筛灰机,还引进了英国莫林斯旋转式切丝机。卷烟工序引进了英国莫林斯公司标准式卷烟机(1950支/分钟),而包装工艺开始使用罗斯式立型包装机(10支软包,5-5排列)、小匣机、制听机等。后来引进了英国莫林斯公司直式包装机(20支软包、7-6-7排列、80包/分),日本平行包装机(62包/分)等。这些先进的机器使其产品质量、生产效率始终保持在先进的水平。而工厂附设的

① 孙毓棠编:《中国近代工业史资料》第一辑,科学出版社,1957年,第150-151页。

印刷厂无论是制版、印刷、切纸都是当时天津市最早、最先进印刷厂。《字林西报》记者卡尔·克罗参观英美烟公司印刷厂时,曾说这是"世界上最大的最好的彩印厂之一"。①

　　烟叶真空回潮机是通过高压蒸汽及真空箱体中的空气抽出,让真空状态下的烟叶自然吸收混合气体,使烟叶含水率达到饱和状态。这种设备体积大,设备相对复杂,当时仅有英美烟公司工厂使用。另外,卷烟机是卷烟生产的核心,1902 年英美烟公司来华以后,就取得了美国邦萨克卷烟机在华的独家使用专利权。20 世纪初,又采用英国莫林斯标准式卷烟机,英美烟公司仍不将淘汰的机器作价出卖,而是将机器砸烂,当废铁处理。公司规定:"中国雇员离开工厂时,如发现带有粗描或细绘的厂内机器图纸,应立即予以开除处分。"②就机器而言,旧中国最大的民族企业南洋兄弟烟草公司自叹不如,指出:"况彼(英美烟公司)所有卷烟机及其附属机械,俱最新式最犀利之器,故能用种种方法减轻其原料之成本及消耗之损失。"③南洋兄弟烟草公司直到 20 世纪 30 年代才使用美国的机器。

---

　　①　高家龙:《中国的大企业——烟草工业中的中外竞争》,商务印书馆,2001 年,第 202 页。

　　②　上海社会科学院经济研究所:《英美烟公司在华企业资料汇编》,中华书局,1983 年,前言第 15 页。

　　③　中国科学院上海经济研究所,上海社会科学院经济研究所:《南洋兄弟烟草公司史料》,上海人民出版社,1958 年,第 414-415 页。

二、烤烟的引种与收购

英美烟公司初来中国之时,卷烟所需的原料烤烟叶皆来自美国南部。在生产、销售稳定以后,英美烟公司开始在中国试种烤烟。烤烟原产于美国,旧称薰烟叶、美烟或弗吉尼亚烟。英美烟公司为获得廉价的原料,从1904年开始,分别派出技术人员到中国各地开始长达10年的调查,收集了土壤、气候、地价、烤烟用煤价格、运输费等数据。1906年,杜克派遣美国北卡罗来纳农业专家到中国各地,培训农民种植和烘焙烟叶。20世纪20年代,美国烟叶专家牛森被公司派到河南许昌从事推广烤烟工作,同时被国民政府财政部税务署聘为烟叶改良委员会顾问。其为烟农撰写了《美种烟叶指南》,普及烤烟种植。1913—1914年开始,先后在山东潍县(今潍坊)、河南许昌、安徽凤阳等地试种烤烟并取得成功。英美烟公司无偿提供种子、温度计和烤烟管,烟叶收获以后,直接收购,以此鼓励农民种烟。随着卷烟工业的发展,烤烟种植面积不断增加,在中国形成以鲁豫皖三省为主的黄淮烟区,1915年收购烤烟49万磅(1磅等于0.454千克)。1924年收购5780万磅,1935年高达9049万磅。大约有30万户农民种植烤烟。1937年烤烟收成近200万担(1担等于50千克)。

引进烤烟成功后,英美烟公司建立了在华烟叶采购体系。原料采购工作由英美烟公司烟叶部负责,1937年成立振兴烟叶公司(天津设分公司)。烟叶的采购程序为,负责卷烟生产的颐中烟草公司,按照颐中运销烟草公司提供的市场销售牌号,制定生产计划;振兴烟叶公司根据颐中烟草公司生产计划,制定各等级烟叶采购计划。

图3-3　英美烟公司在山东潍县的烟叶收购站

　　英美烟公司十分重视原料的采购,这也是卷烟质量的保证之一。正如英美烟公司自己说的:"应当牢牢记住,能直接从农民那儿收购总是更好些。"[1]"为了使农民能够安心地栽植种烟叶也好,使收购工作能够有计划的效率都较代理收购要高得多。"[2]英美烟公司在这些原料基地都建立了组织严密的收购网和大规模的复烤厂。由外籍专业人员直接在收购站征收,更符合卷烟厂产品配方的需求,更能控制收购烟叶的等级和数量,以保证原料按计划需求供应。山东的益都(今青州市)是天津英美烟公

　　①　上海社会科学院经济研究所:《英美烟公司在华企业资料汇编》,中华书局,1983年,前言第17页。
　　②　华北综合调查研究所:《英美托辣斯烟叶收集工作》(日文),1943年油印本,第121页。

司主要原料供应基地,在潍县二十里铺设有两个大规模的复烤厂,旺季时雇用临时工 1600 余人。二十里铺原本是胶济铁路线上的一个小镇,由于有了烟叶运输,每年货运收入竟占全线的第二位。

牛森在《美种烟叶指南》记述收购过程:

> 烟农用驴车或小车,将烟叶携至烟行,依次陈列于栈房场地上,烟行备有购货单一种,上书烟农姓名及烟叶摊数,以下留空白,以便填入价格及磅数。
>
> 届时,烟师前来看货划价,如价格不合。烟农可拒绝出售,惟须当时声明,一俟价格填入购货单,买卖就算成交。烟叶划价后,连同购货单送去过磅、计价,当由烟行签发取款单一纸,烟农可持此单向会计处领款。[1]

英美烟公司的收购价格是参考进口美国烟叶的价格、国产烟叶的供求关系以及产区其他农产品价格而决定的,农民的生产成本不是考虑的主要因素。因为种植、初烤烟叶需要付出大量的劳动力,只要烟叶价格比其他农产品高,就能调动烟农的生产积极性。英美烟公司收烟的价格是随行就市,如山东各收购站外籍人员每周六集中二十里铺研究下一周的价格涨落,除估计上市烟叶的数量,还考虑其他烟厂的收购价格。由于英美烟公司拥有雄厚的资本来控制市场、价格,一直坚持数十年,特别是抗战初期,英美烟公司基本垄断了烟叶市场,1935 年,英美烟公司烟叶收购量占中国主要烟叶产区全部烟叶总产量的 60%,有的地方甚至达到 90%。该公司确立了在收购烟叶方面的垄断地位。

---

[1]　上海社会科学院经济研究所:《英美烟公司在华企业资料汇编》,中华书局,1983年,第 380 页。

三、卷包材料的配套供应

天津英美烟公司的卷烟包装材料皆由所属中国装包品公司天津分公司供应。该公司设在天津颐中运销烟草公司办公楼内,根据颐中烟草公司的生产计划,提供卷包材料供应。

1922 年 1 月,中国装包品公司成立,主要经营锡纸、箔纸和其他种类的包装材料。还进行钢精纸、纸箱、木箱加工。

卷烟使用的卷烟纸(也称盘纸),起初主要依靠进口,当时中国对卷烟纸的进口没有限制。国民政府实行卷烟统税以后,加强了卷烟纸的管理。1931 年 12 月,国民政府财政部公布的《取缔卷烟规则》中,规定经营卷烟纸商号一律向统税署登记核照,进口卷烟纸需取具银行担保,海关验收。凡正式注册的卷烟厂向纸商购买卷烟纸,要填具申请书,经当地卷烟同业公会盖章核明后,转报统税机关审核。为进一步加强管理,1933 年11 月,财政部修正公布《卷烟用纸购运规则》规定:上海、汉口、天津、青岛为卷烟纸进口口岸;卷烟纸商申请登记,先缴足 5 万元保单,经税务署核准后,方得购运;纸商或卷烟厂进口卷烟纸,应将所运箱数、卷数、长宽度及原产国名、牌名填具清楚,报税务机关查明盖章后,经海关核验进口;统税区、未统税区内购运卷烟纸,都要报请统税机关转税务署核发卷烟纸运照。1935 年,国民政府税务署为加强卷烟纸的集中管理,防止私售,设立卷烟用纸公栈。税务署派员常驻公栈,办理卷烟纸进出公栈的登记及稽查事宜。

　　1934 年杭州民丰造纸公司研制成功国产卷烟纸后,英美烟公司也开始逐渐使用国产卷烟纸。1935 年 4 月 22 日,国民政府实业部为鼓励民丰造纸公司研制卷烟纸,核准其在四省(浙江、福建、山东、河北)三市(上海、青岛、天津)享有卷烟纸专利权 5 年。1936 年,民丰造纸公司研制的卷烟纸,在天津各卷烟厂均使用。国民政府财政部为保证税源,加强对国产卷烟纸的控制,于同年 5 月公布《制造卷烟用纸管理规则》,规定卷烟纸的产量、销售量,每月报税务署备案。由于抗日战争爆发,卷烟纸专利权实际停止。1947 年 1 月,国民政府重新审核后,准予民丰造纸公司"船牌"卷烟纸在浙江、福建、山东和上海、天津市延展专利权 3 年。

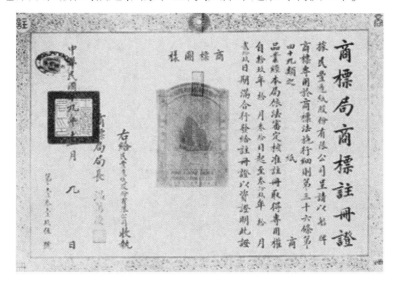

图 3-4　民丰造纸公司船牌商标注册证

　　由于民族卷烟工业发展很快,国产卷烟纸不能满足需要,还需大量进口卷烟纸,而进口卷烟纸受到国民政府进口外汇限额分配制度的限制,需要中信局实行限额输入。因此,协调盘纸配额成为各地卷烟工业同业公会的一项重要工作。

　　卷烟包装内衬纸,有"锡纸""蜡纸""柏油纸""铝箔纸"。中国包装品有限公司于 1922 年在上海浦东开办,最初仅为卷烟工厂采办原材料。1924 年增资建厂,购置设备加工烟用"锡纸"。钢精纸是购进钢精板及铸块,碾压成卷烟包装需要的尺寸,形成纸盘。早期的钢精纸皆为双裱纸,即钢精纸和内衬纸分开的。最初的锡纸含锡 80%、铅 20%。后来减少了锡铅原料,增加了铝的原料。1935 年后,瑞士商人在上海成立华铝钢精厂,生产烟用铝箔纸,成为英美烟公司主要供货商。

四、先进的彩印设备及技术

　　英美烟草公司在中国设厂制造卷烟之初,卷烟商标纸印刷,委托日商承印。1919 年,英美烟草托拉斯在上海设立印刷厂。大英烟公司在建成六经路天津工厂后,1922 年又在厂院内建筑了 2500 平方米两层楼房的印刷部,其中一楼 1265.78 平方米,二楼 1228.28 平方米,装置了当时最先进的彩印设备和全套的照相制版设备和切纸设备。有印刷机 9 台,其中竖开四色套印全开印刷机 1 台,竖开单色套印全开印刷机 2 台,竖开双色套印全开印刷机 2 台,胶版双色套印印刷机 2 台,胶版双色套印印刷机 1 台,凹印单色套印印刷机 1 台。全开烫金机 4 台。64 寸切纸机 2 台、56 寸切纸机 2 台、44 寸切纸机 4 台。还有金粉过筛机、白纸烘干、润色机、研磨机、打眼机以及车床等设备。该印刷厂不仅印刷卷烟商标纸、外包装大盒、印花、条包堵头,还印刷卷烟广告所用的广告宣传画、烟画片,不仅承担天津烟厂的印刷,还承揽英美烟公司在东北沈阳、营口、哈尔滨各烟厂的印刷业务(1933 年营口工厂附设印刷部,故结束东北的业务),还承担社会上的扑克牌、名片、火车票、贺年卡以及连环画的印刷。9 台印刷机,其中 2 台作为烫金印刷之用,其他 7 台作为套色印刷之用。其生产能力为月生产 15000 箱的卷烟包装印刷品。1934 年随着英美烟草公司在中国机构化整为零,大英烟公司更名为颐中烟草公司后,1937 年 8 月 1日,将在华的 6 家印刷厂独立,成立首善印刷公司,总公司设在上海,取得

图 3-5　英美烟公司印刷部双色胶版印刷机

英美烟草公司在华印刷业务的专利权。首善印刷公司天津分公司同时成立。

　　首善印刷公司天津分公司的组织十分特殊,其即受首善印刷公司上海总公司领导,并在天津颐中分公司总经理的直接领导下工作。首善印刷公司设经理1人,经理之下设洋人总监和华人总监各1名。总监下设四个部:制版部、印刷部、制造部和维修部。制版部又分为冲洗、擂墨、研磨工序,印刷部又分开纸、胶版、凸版、烫金、烘干、调油工序,制造部又分裁切、检品、外壳、内壳工序,维修部又分车钳工、电工、木工、废品再生工序。最初的印刷制版材料一直由上海提供,由于天津属于子公司没有独立的商标,因此印刷厂也没有专业的商标设计师,所有墨图都由上海提供。日本军占领时期,商标设计由天津当地华中印刷公司的设计师承担,制版材料由日资协和印刷公司提供。

1941 年 12 月太平洋战争,日本派遣军接管了英美烟草公司在津机构,更名为日本军管理颐中烟草公司,首善印刷公司又复归颐中烟草公司管理。

1945 年抗日战争胜利后,英美烟草公司重新恢复首善印刷公司,当时共有职工 197 人,其中包括美、日、葡、俄籍职员 5 人,男工 175 人,女工 16 人。

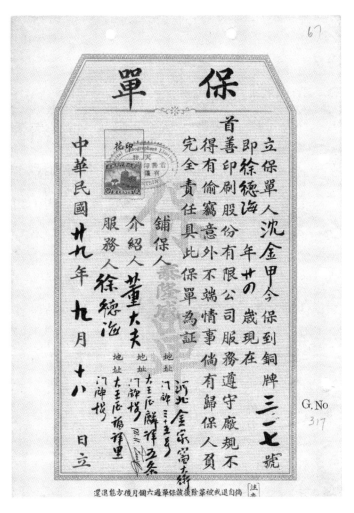

图 3-6　首善印刷公司工人入厂工作保单

五、产品结构及规格

根据档案记载,天津英美烟公司历史上生产的牌号有数十种,有高档烟,也有低档烟,其主要品牌有爱罗、人球、大婴孩、美鹰、华芳、桥牌、象棋、中国、多福、双马、快乐、黄金、仙岛、翡翠、金砖、哈德门、欢迎、顺风、翠鸟、钦差、双刀、五华、商神、第一、孔雀、品海、老刀、古印、红印、名人、红狮子、大鸡、玉叶、红锡包、金章、地图、司太非、香草、惠乐、锦扇、仙女、华道、风车、大前门。

在包装规格上,盒烟有硬盒、软皮和铁听装之分。同一牌号还有粗支和细支之分,通常为 10 支、20 支盒装,日本军管理时期出过 100 支盒装的。条装有 200 支、250 支及 500 支三种。箱装以 50000 支为计量单位,实际箱装有 10000 支、25000 支、40000 支和 50000 支等几种规格。

不同时期,生产的牌号不同,而商标的来源也是多种多样。有的品牌来自海外,如在 1902 年英美烟公司成立前,美国烟草公司的"品海""小美女"以及收购的日本村井株式会社"孔雀"等品牌,委托美商老晋隆洋行在中国经销。英国惠尔斯公司的"老刀""三炮台""皇后"品牌委托上海公发英行在中国经销。英美烟公司进入中国后,将这些品牌统一由驻华英美烟公司生产与经销。有的品牌在中国创立,如"哈德门""大前门""紫金山""中国""象棋"等。无论是来自海外,还是在中国创立的商标,皆经北洋政府实业部、国民政府经济部所属商标局注册。此外还使用其他公司的商标,如购买上海大昌烟草公司的"小囡""五福""大中国"的商标使用权等。

日本军管理时期,颐中烟草公司又增加了"共荣""旭光""太阳神"等带有日本军国主义色彩的牌号。中华人民共和国成立后,颐中烟草公司将一度中断的商标使用权继续续展,向中央税务总局呈请备案,还将各牌商标遵令全部用中文替代英文。并根据税务机关对卷烟商标登记管理的规定办法,将天津颐中烟草公司现行生产的"红锡包""哈德门""大前门""大婴孩"各牌商标图样及烟支印模,呈送天津人民政府工商局商标科暂准登记制销,使这些商标获得保护。

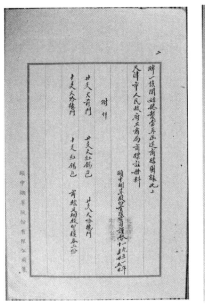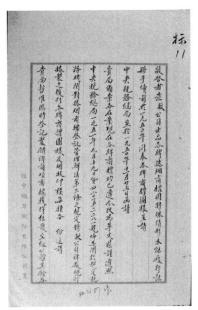

图 3-7 颐中烟草公司致天津工商局函

六、主要产品介绍

品海牌卷烟

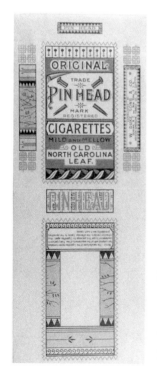

图3-8 品海牌卷烟商标

"品海"的英文为 pinhead，中文含义是钉子。商标图案是两只交叉的钉子，据说这种钉子是用于造船的，是美国烟草大王杜克主持的美国烟草公司的产品，也是最早输入中国的卷烟品牌。

清末，美国人向中国出口品海牌卷烟，专门制作了12张宣传小卡片，俗称"品海小书"。画片分成《美国地方收取品海烟叶图》《品海烟（烟叶）栈房图》《品海烟制造厂图》《品海烟装在火车图》《品海烟铁路运货图》《品海烟轮船上货图》《品海烟轮船在大洋内图》《品海烟运至上海图》《品海烟（成品）栈房图》《品海零售商》《富贵之人吸品海烟图》《诸君须知》。这些图将品海牌卷烟自美国采收烟叶，入厂分拣、卷烟制造、装运火车、火车运输、轮船装货、轮船运输、品海烟至上海、品海烟批发送货、品海烟零售、达官贵人吸烟以及美女广告依次加以描摹。特别是《诸君须知》一张，注明"品海香烟箱内，每箱均有此本图样，使人一目了然"。当时若能收集50个"品海"烟盒，送至老晋隆洋行，就能获赠一套宣传画片。

早年传入中国的"品海"为10支硬盒包装，上注"美国烟草公司"主标与副标全部用英文书写。1902年，英美烟公司进入中国后，先后标注过美国香烟公司、大英烟公司和颐中烟草公司。其间，生产过10支装竖包软包装卷烟、20装竖包大号软包装和50支听装。1934年，英美烟公司在华的卷烟制造机构更名为颐中烟草公司。这两款烟标的副标上，都印有中文"品海"字样，制造厂家标注"颐中烟草公司"。

天津建厂后就生产该牌号，原材料及包装材料均来自美国，只是在天津完成卷制和包装。在天津生产之前，老晋隆洋行已经在中国贩卖品海牌香烟，并在建立了销售网，在城市、乡村张贴广告画。品海牌香烟以"品质第一、海外无双"为广告语，逢人赠送"试吸香烟"，使平时吸旱烟或水烟的人，也人手一支，改吸纸烟了，销路较广。品海牌香烟是一种中低档卷烟，民国时期《天津地理买卖杂字》中有"卖烟卷，吸品海，顶球飞艇数刀牌"的说法，①说明天津人对这种烟的印象颇深。

老刀牌卷烟

老刀牌卷烟商标，英文Pirate，意为"海盗"，是英国惠尔斯公司的卷烟商标。清末进入中国，最初通过上海公发英行代销。1902年，英美烟公司进入中国后，由浦东工厂生产，老刀牌卷烟是他们打入中国卷烟市场的早期品牌之一。1921年，天津工厂开工后亦生产此牌号。

---

① 《天津地理买卖杂字》，天津华北书局，1937年，第15页。

图 3-9　老刀牌卷烟听装烟标

英美烟公司为了扩大销售,不仅开展试吸、送吸香烟等活动,还印刷了大量的烟草广告进行宣传。虽有一些刚成立不久的中国民族卷烟厂与其竞争,但完全无法与之抗衡。所以老刀牌香烟传入中国后,销量逐年上升。

当时老刀牌香烟烟标采用全英文印刷,印有"Pirate Cigarette"(海盗香烟)文字,故其正式名称应为海盗牌香烟。烟标以大海为背景,一名水手站在甲板上,右手叉腰,左手持刀,露出得意的笑容。副图则分别显示放炮手的动作和炮弹溅落在船只中的水花——与其"海盗"名称相呼应。由于海盗牌香烟的价位定在中下档次,很多人又不认识英文,加上"海盗"烟商标突出"刀"的描绘,便衍生出一个俗名"老刀牌"。长此以往,约定俗成,其注册商标"海盗"反而不为人知。除"老刀牌"这一俗称之外,还有"派律""派力""派律脱"等音译的叫法,也有简称"刀"牌的,但称呼"老刀牌"的占多数。

由于国情和文化背景不同,被欧美国家视作英雄的海盗形象,在中国人看来就是侵略的代名词,所以,也有许多中国人看到这个"海盗"广告形象后颇为反感。1919 年以后,由于五四新文化运动及五卅运动的促进作用,中国人民的民族和爱国意识热情高涨,并开始了对海盗牌香烟的抵制。海盗牌香烟销量一度下降。

三炮台牌卷烟

老天津对老烟标"三炮台"并不陌生,大家习惯称其为绿锡包,在《大公报》《益世报》经常看到它的广告,甚至还有一家以"三炮台"冠名的电影院。

图 3-10　三炮台牌卷烟 50 支听装烟标

"三炮台"的英文为 Three battery cigarettes,是总部设在英国布里斯托尔及伦敦的惠尔斯公司生产的卷烟商标,该产品在英美烟公司来华前,由上海英商公发英行经销。英美烟公司进入中国后仍委托公发英行经销,后来干脆购买了三炮台牌卷烟商标使用权。最初,市面所见都是 10 支卡硬盒装英文烟标,后来又有了 20 支大号粗支中文烟标。烟标的正面绘有三个炮墩的盾牌状司徽,边书"惠尔斯—布里斯托尔及伦敦",并有"塞格兰说:……没有比三炮台更好的香烟"字样。副标上有在伦敦、安特卫普、阿姆斯特丹、新西兰等地获取的 17 枚奖章,并书"真正三炮台香烟每支上有此名称惠尔斯"。还写有"本品属于布里斯托尔及伦敦惠尔斯为总承人,由颐中烟草股份有限公司为所有人在华制造"的字样。

三炮台牌卷烟属于高档卷烟,1921 年英美烟公司所属天津大英烟公司开工后,就生产该牌号,销量一直很好。

红锡包牌卷烟

图 3-11 红锡包卷烟商标

卷烟输入中国后,商标多数写英文。大多数中国人不明白烟标的含义,不同的烟统统以颜色区分,于是出现了"红锡包""黄锡包""绿锡包""蓝锡包"的称呼(由于卷烟都是用锡纸包装,南方人习惯称卷烟为"锡包")。后来"红锡包"成为卷烟的正式牌号,名噪一时。

"红锡包"英文为 Ruby Queen,含义为"红宝石皇后",其原是英国惠尔斯公司的产品,由公发英行在华经销。英美烟公司来华后就购买了该牌号的商标使用权。光绪三十年(1904),发生美国政府虐待华工事件,上海、天津等地展开抵制美货运动,"皇后"牌卷烟也在抵制行列,当时经销英美烟公司卷烟的永泰栈经理的郑伯昭将皇后牌卷烟改为"大英牌",伪装成英国产品,使大英牌香烟销量直线上升,永泰栈卷烟的销量也成为同行之冠。1912 年,英美烟公司把大英牌香烟在中国的经销权全部交给郑伯昭。郑伯昭成为英美烟公司买办后,大英牌香烟越做越大,甚至渗透到边远的农村。当时上海《申报》载:"许多的乡村中不知道孙中山是何许人,但很少地方不知道大英牌卷烟。"①

　　1925 年五卅运动爆发,群众爱国热情高涨,抵制英国货的运动迅速展开,"大英牌"卖不出去了,平时门庭若市的柜台,骤然变得门可罗雀。同时,"大英牌"只得变相跌价。五卅运动的高潮过去后,郑伯昭又在商标和广告上打主意,宣传他们的香烟是"真正老牌美国货",接着又大力宣传大英牌也是美国货。当初他把"皇后牌"改为"大英牌",是为了抵制美货运动,这次则将"大英牌"改为"红锡包",并大力宣传这是美国制造。其翻手为云,覆手为雨,主要抓住人们迷信洋货的心理。

　　红锡包牌卷烟商标为粉红色色底,天津人也称"粉包"。主副标都用中文标识。主标图案书"大号红锡包·惠尔斯","创立者布里斯托尔及伦敦惠尔斯,颐中烟草股份有限公司为所有人,在华制造"。副标图案为 1885 年安特卫普名誉奖章、1897 年布鲁塞尔最高奖章等 14 枚奖牌,还印有"真正红锡包香烟每包烟上有此图记"。后押"惠尔斯"的篆字图章。无论"大英牌",还是"红锡包",天津颐中烟草公司一直生产。

大前门牌卷烟

　　"大前门"英文为 Door cigarettes,是英美烟公司在华生产的著名卷烟品牌,已奇迹般地走过了 100 多年的历程。从烟标的历史看,一种商标能经历 50 年者已属少见,"大前门"至今仍在生产销售,其影响力不言而喻。

　　1902 年,英美烟公司进入中国后,多采用原来美国烟草公司、惠尔斯公司和已经被收购的日本村井株式会社的商标,如"品海""绞盘""大英""老刀""炮台""孔雀"等。但这些商标的知名度不大,特别针对中国

---

① 　上海社会科学院经济研究所:《英美烟公司在华企业资料汇编》,中华书局,1983年,前言第 15 页。

图 3-12　大前门香烟广告

人民民族意识的不断增强,英美烟公司开始在卷烟商标上追求本土化。1916 年设计推出了"大前门"商标。

　　大前门即位于北京天安门广场南侧的"正阳门",北京人俗称"前门楼子"。这是明清两代北京内城的正门,建于明永乐十九年(1421)。"大前门"的牌名即是取之于此,其图案亦正是正阳门的雄姿,副标是建于明正统四年(1439)的箭楼。在前门加了"大"字,也许是为朗朗上口。民国时期的烟标中以"大"字为头的不少,但"大前门"从产生以来,可说是最响亮最成功的牌名了。"大前门"烟标设计随着时代变迁,几经变化。最早由大英烟公司生产时,烟标通体都是英文。主图前门楼子下面,站着许多穿着长袍马褂的人,还有扛着枪的士兵,一幅民国早期北京的市井风俗图。1934 年,更名颐中烟草公司后采用了中文,副标缀有"特选极品烟叶"的字样。1949 年中华人民共和国成立后,"大前门"商标图案中的人物取消了。民国时的报纸上,经常见到一条广告语:"大人物吸'大前门',落落大方。"这或许也为"大前门"深入到千家万户起到了推波助澜的作用。由于牌名和图案的长久不变,"大前门"以"稳定"著称而被消费者所接受。

民国时期,"大前门"是英美烟公司最坚挺的产品之一,与"哈德门""老刀""红锡包"等牌号一样受到人们欢迎。为了能在华求得更大的发展和争取更大的产销量,又少交税款,英美烟草公司采用化整为零的手法,1934年成立颐中烟草公司后,继续在上海、天津、青岛等地生产"大前门",产品遍及全国。1952年颐中烟草公司转让人民政府,"大前门"收归国有,商标仍为上海、青岛、天津("上、青、天")三烟厂共同拥有。

哈德门牌卷烟

提到哈德门牌香烟,当年人人皆知。而哈德门在哪里?恐怕许多人搞不清楚。

哈德门又称文明门、海岱门,始建于元至元四年(1267),历经元明清三朝近800年历史,由于是向皇城内运酒的专用通道,被称为"酒门",又称"酒道",因之闻名于世。谐音又称为"哈达门",官方称呼为"崇文门"。因为才子赶考必经之门,被称为"幸运之门",又因明清时期在此设立税务司,又被称为"财富之门"。哈德门是京都九门之中颇具声名的名门之一。

于敏中等编纂《日下旧闻考》

图3-13 哈德门香烟广告

引《析津志》说:"文明门即哈达门。哈达大王府在门内,因名之。"[1]哈达大王为何许人,已不可考。在元朝,哈达门这种称呼,已超过了文明门。"哈达"又讹传谐音为"哈大""哈德",由于哈德门牌香烟而声名远扬。哈德门原有城墙、城门、城楼,还有瓮城共两门楼,20世纪50年代拆了门楼,20世纪60年代又拆了城墙,还有城墙外的环城铁路和护城河,建成了现在的地铁和崇文门西大街、东大街。

民国初年,哈德门在北京知名度比较高,大英烟公司在中国开展业务,借助哈德门在民间的知名度开发此商标,由英商设计,并在中国注册。"HATAMEN"作为哈德门(哈达门)的英文名称,与烟标中部的英文"CIGARETTES"(卷烟)相呼应。(注:在大英博物馆里面发现的有关哈德门的老照片拍摄于1900—1903年,标注的是"海岱门",英文有"hatamen",估计是1901年皇帝、皇太后回銮之前拍摄的)天津大英烟公司1921年开工,就开始生产哈德门牌卷烟。"哈德门"属于英美烟公司的品牌,由于驻华英美烟公司的生产厂家名称几经变动,哈德门牌卷烟商标的下部曾分别出现过"大英烟公司""颐中烟草股份有限公司""启东烟草股份有限公司"等英文名称,商标设计也有过细微的改动,但"HATAMEN"作为"哈德门"(哈达门)的英文习惯用法,却一直沿袭下来。哈德门早期烟标为10支卡标和20支软烟标,主标最初都是英文,后来加上"大号"二字;副标标注中文"芬芳哈德门香烟,大号中国制造,精选上等烟叶由专门家监制,吸时甘凉清香,英商大英烟公司有限公司"。

中华人民共和国成立后,由于带有殖民主义嫌疑,该商标上的英文全部取消。商标的英文圆心改为"20",副标中文则改为"芬芳哈德门香烟大号,精选上等烟叶用科学方法制造,质地纯净,气味芬芳,中国烟草工业公司监制"。

---

① 于敏中等编纂:《日下旧闻考》,北京古籍出版社,1981年,第704页。

大婴孩牌卷烟

　　"大婴孩"英文商标为 The Baby，生产历史较长。其实这个牌号，最初叫"小囡"，创牌时还有一段轰动社会的广告故事。

　　早年上海滩有一位著名的商人黄楚九，其以行医起家，后放弃中医，改营西药，为了迎合人们崇洋媚外的心理，将安神健脑的滋补药方，洋化为"艾罗补脑汁"。此药一出，风行一时，使他发了一笔大财。随后投资中法药业公司，经营中法药房和中西药房。自在药业取得进展后，又经营了中国近代第一家屋顶花园——楼外楼；中国近代第一家综合娱乐场——新世

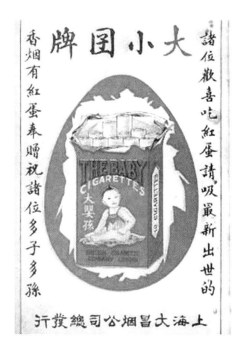

图 3-14　大婴孩暨小囡香烟广告

界；远东第一大游乐场——大世界；中国近代第一家发行量最大的娱乐企业报——《大世界报》。有人说他是中国近代西药业的先驱和中国近代娱乐业的先驱，此说法虽不准确，但也表明其一生创业且横跨诸多领域，人称"百家经理"。在经营药业和娱乐业成功以后，他又把目光投向了卷烟业。

　　黄楚九看到舶来品卷烟比传统的水烟、旱烟吸食方便，还能体现出一种绅士风度。于是老谋深算的他，于1915年投资了大昌烟草公司，出品了"五福""小囡""大中国"等牌香烟。特别是"小囡"牌香烟问世时，他

巧妙地运用了广告效应。1917年的一天,黄楚九在上海各大报纸第一版,同时刊出无文字说明广告。广告内容是一只套红的大红鸡蛋。这一广告引起人们的好奇,着实让大家费了脑筋。两天后,各大报纸又同时刊出广告,大红鸡蛋中,衬托着"大婴孩"卷烟,两边有字"诸位欢喜吃红蛋,请吸最新出世的大小囡牌香烟,有红蛋奉赠,祝诸位多子多孙"。原来大昌烟草公司为小囡牌香烟问世,而送大红鸡蛋。

这一新颖广告,利用人们生小孩送红鸡蛋的风俗,扑朔迷离,吊住大家胃口。这一奇特的广告构思,震惊了大上海,也为此刺激了"小囡"牌的销售。这一做法,也让英美烟公司赞叹不已,遂斥资20万元买下了"小囡"牌商标的使用权,从此黄楚九也与英美烟公司建立了联系。

1919年5月,英美烟公司针对中国人民抵制日货的运动,唆使黄楚九状告南洋兄弟烟草公司董事长简照南是日本人。黄楚九到北京向北洋政府诬告南洋"纯为日货",应撤其登记,结果北洋政府农商部勒令"南洋"停业,简照南去日本脱籍,才使"南洋"得以复工。1925年后,黄楚九又与人合办福昌烟公司、九星烟公司。1925年"五卅"运动爆发,英国产品受到抵制,于是英美烟公司又找到黄楚九,将自己的卷烟改装成福昌公司的牌子,又使他大赚一笔。后来英美烟公司将黄楚九旗下的"小囡""大中国""五福"等牌号统统买断。

"小囡"是南方人对婴儿的称谓,而到北方则称"大婴孩"。为此,英美烟公司在北方生产大婴孩牌卷烟。"大婴孩"为粗支烟,有10支装,20支装。起初图案是可爱婴儿的形象,穿着红兜兜,梳着朝天杵的小辫。后来取消了小辫,改成北方胖娃娃的形象。该牌号一直在天津生产,并享有商标使用权。

第四章
销售市场控制与垄断

英美烟公司在将资本和技术引入中国生产卷烟的同时，还派遣销售人员到中国推销卷烟。他们按照詹姆斯·杜克的旨意，在中国建立了代理人组织，建立了覆盖全国的销售网。在天津设立工厂之前，英美烟公司从上海经大运河及津浦铁路将卷烟运到天津，再从天津分销至华北各地。随着天津工厂的设立，按照英美烟公司划区管理的要求，天津成为华北地区的产销中心。为了支持华北销售体系，驻华英美烟公司在华北地区开展广泛的广告宣传，渗透到每一个地区，增强了老百姓对其香烟品牌的认知。

一、遍布华北地区的销售网络

英美烟草公司在津销售机构最初名为驻华英美烟公司天津部,1934年更名为天津颐中运销烟草公司。1941年太平洋战争爆发后,该公司被侵华日军军管更名为"日本军管理颐中烟草公司事务所",1945年抗战胜利后恢复原名,1948年改组为颐中烟草公司营业部。

天津部总办对上海总公司负华北全部业务的责任。作为英美烟公司机构阶层组织特色,天津部总办虽对业务负责,可是毫无自作决定的实权。所有重要事务几乎必须等待上海总公司的指示,才能作出决定。天津部内设四个部:(1)订货部,负责向工厂订货、配货及出厂事项,负责各地库存数量调查以及编制各种产品库存统计事项。(2)广告部,负责广告有关事项,负责监督公司外面用于广告的各种物料以及有关库存广告材料、涂料、木匠等事项。广告业务直接受上海总公司管辖。(3)运输部,负责工厂产品的输送,产品原材料的输出和输入。负责对运输车辆的监督及有关保险事务。负责各地仓库的管理,有关搬运工人的事务以及职员旅行等事项。(4)会计部,负责有关各种账簿、记录类的登记和整理,负责现金出纳,银行来往,各种捐税上缴。负责各种保险费以及员工工资的支付等事项。

天津部作为驻华英美烟公司华北地区的领导机构,其下辖北方区(总部在天津)、芦汉区(总部在石家庄)、蒙疆区(总部在张家口),还有

图4-1 驻华英美烟公司天津部及北方区域全体职员合影

山东区(总部在青岛),而天津部则直属上海总公司。

北方区与天津部一起办公,另在北京设办事处,销售区域为京津、冀东全部、津浦线北段沧州一带,其中北方区下属天津段(在天津、塘沽、廊坊、胜芳、王家口设有仓库)、沧州段(在沧州、泊镇、连镇、庆云、柴胡店设有仓库)、唐山段(在唐山、古冶、林南仓、乐亭、遵化设有仓库)、秦皇岛段(在昌黎、山海关、秦皇岛设有仓库)。北京办事处下设北京段和通州段(在通州、海淀、宝坻、蓟州、密云设有仓库)。

区的业务是对所属各段的管辖,"对来自各地的订货树立最有效的,也就是能获得最大利润的香烟品种和数量的配货对策"[1],并向天津部提出这项对策,严格执行天津部的命令。段设办事处,下设分段与仓库,仓库设在段管辖的主要县城和乡镇。分段不设办事处,只设经理。仓库都

① 上海社会科学院经济研究所编:《英美烟公司在华企业资料汇编》,中华书局,1983年,第521页。

是向当地的大经销商租用,公司收取大经销商的押金和保单后,委托大经销商办理卷烟的出入库和验收点交。段办事处任务主要向经销商推销卷烟,将卷烟运到各地方城市。报告每周、每月的地方情况,周报和月报的内容包括(1)地方政治经济情况;(2)农作物的收成和上市;(3)卷烟和主要商品的市场价格;(4)经销商的各种情况和办事处内部问题;(5)汇兑行市等。分段经理和推销员任务主要与经销商接洽订货,收取货款,监督委托大经销商经营仓库业务。北方区每月销售卷烟在 4000—6000 箱(50000 支)左右,北方区设经理(顾问)1 人,督销 3 人。

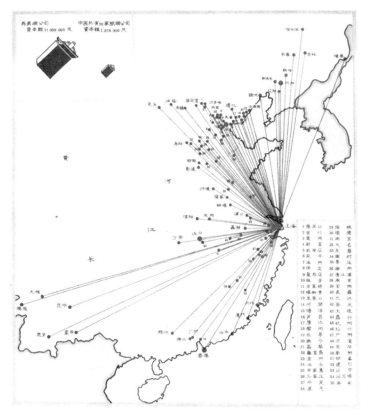

图 4-2 英美烟公司在中国的销售网络

英美烟公司的销售组织分为两条线:一条是管理系统,即以上介绍的部、区、段、分段,相当于公司管理销售的行政机构,其本身并不直接经营业务。"分段"以上均设有仓库,并负责各地区的广告、运输、收款、发货等工作。推销员系由公司雇用,属于管理系统。部、区经理皆由外籍人员担任,段长以下由中国人充任。另一条是经营系统,设有督销、大经销商、小经销商、零售商,相当于公司从事销售业务的营业机构,直接开展经营业务。督销有以个人名义担任,有以公司组织形式出现。督销按批发销售额每月领取佣金。其主要职责:一是保证赔偿大、小经销商的坏账损失;二是负责开拓本区业务。大经销商由督销保举,小经销商由大经销商保举。佣金为批发销售额的 0.45%。经销商实际上为批发商,之所以分大小,是按照批发量来说的。北方区天津段的大经销商最初为玉盛合一家,后来五家(老德记、华美、庆昌、东兴、玉盛合),再后来为两家(公兴存、华美),最后为庆丰合独家包销。20 世纪 30 年代,英美烟公司北方区天津段,仅天津一地就有两家大经销商,84 家小经销商,1200 家零售商,组成了一个广泛、深入且控制严密的销售网,几乎控制了整个天津卷烟市场,其中 1938 年销售量占全市总销售量的 81.37%。

表 1　1936 年 10 月—1937 年 9 月年英美烟公司在各地区销售量

单位:箱(5 万支)

地　区	销售量	百分比%
上海部	194978	17.7
南京部	146885	13.3
汉口部	223708	20.3
天津部	241972	21.9
华南部	65656	5.9
满洲部	231018	20.9
总计	1104217	100

此表根据颐中烟草公司档案编制

　　从这张表看出,1937 年天津部是整个英美烟公司在中国各地区中卷烟销售量最多的,达到了总销售量的 21.9%。

　　英美烟公司的卷烟销售得益于经销商,他们利用旧有的复杂的关系渠道,为英美烟公司获取了极大利益。天津玉盛合号总经理马玉清自1903年起就担任英美烟公司天津地区的代理人。当时玉盛合号已有50余年历史,主要经销各种杂货,在直隶和山东的许多城镇都设有分号,1908年在张家口设立专门经营英美烟公司卷烟的分号,又在西北打开市场。马玉清凭借自己的名声、社会关系网推销卷烟,一方面借助中国传统商业模式;另一方面又融入西方的现代销售模式。华

图4-3　英美烟公司大经销商之一
庆丰合烟行

美烟行总经理王泽朴,世居津门,光绪十五年(1889)开始在钱庄学习。1900年,庚子事变爆发,市面一片凄凉,王泽朴不畏危险,与洋商交易。后接触卷烟销售,预见该行业有发展空间,便集资开设烟店。随着天津成为华北商贸中心后,不时有外地客商来此订货,其经营的卷烟生意迅速发展。1912年驻华英美烟公司在天津设立办事处,他被委任为大经销商之一,此后获利颇丰。其经营的华美烟行几次扩建,后设在南市大街,装潢华丽,清雅宜人,路过者无不注视,其生意兴隆可见一斑。法租界的汉增德鲜货庄,老板刘镇芳为盐山人,光绪年间在津设店,由于店铺位置好,有固定的客户,1906年被英美烟公司委任为小经销,开始经销该公司各牌卷烟,收入超过原来经营的水果。

图 4-4　法租街汉增德鲜货庄

　　天津人不仅在本地干得红火,在外埠也大展身手。天津公合生掌柜尤少增,在京津两地经商。光绪二十七年(1901),由天津自运孔雀牌、品海牌、自行车牌等卷烟到北京批发。当时北京尚没有卷烟批发,故各商铺纷纷与公合生零整批买,生意日益发达。短短几年中,英美烟公司天津办事处在北京孝顺胡同设立公事房,储运大宗货物直接批发,尤少增被委任为大经销商。光绪三十三年(1907)又被委任北通州栈房经销,为公司向四乡推销。其周游京城各乡镇,开拓了市场。宣统元年(1909)至宣统三年(1911)公司派其创设海淀栈房、采育栈房,成绩绝佳。1913 年,尤少增在北京推销燕牌、惠斯民各牌卷烟亦有成效,成为北京地区首屈一指的大经销商。

　　在华北地区类似马玉清、王泽朴、尤少增这样的大经销商很多,如山西太原的孔祥熙(后成为国民政府财政部长),保定地区的崔尊三等。他们不从英美烟公司领取薪水,成为公司代理人后,除经营卷烟外,还经营一系列商品,包括美孚油行的煤油、蜡烛和煤炭等。驻华英美烟公司执行董事唐默思最初根据自己的想象来计算香烟的可能的销售量,在他的想象中,中国的 4.5 亿人口将来平均每人每天会吸一支烟。这些说法过高估计了中国卷烟市场的潜力。不过,实际情况并没有让唐默思和其他美国人感到失望。从光绪十六年(1890)开始,中国卷烟的销售量最初仅是逐渐小幅增长,但到了 20 世纪初期却飞速上升,全国销售量从 1902 年的 12.5 亿支增加到 1912 年的 97.5 亿支和 1916 年的 120 亿支。在 1910—1920 年的 10 年里,除有一年例外,美国每年销往中国的卷烟比销往世界其他国家卷烟的总数还多。

图 4-5 尤少增与北京公合生烟店

二、督销制度及经销代理人

为了扩大中国的卷烟销售,驻华英美烟公司在销售方面采取了督销制度。英美烟公司最初由欧美籍工作人员到内地设立经销店,但这个方法不容易控制地方华商,而且管理也有限。

1915年,英美烟公司起用中国商人郑伯昭成立永泰和烟草公司,单独经销大英牌卷烟,在华中、华南占据了坚实的地盘,从此英美烟公司将永泰和作为一个成功的范例在全国推广。

图4-6 天津早年的街头烟摊

天津作为英美烟公司华北区的销售领导机构所在地,其在销售策略上广泛利用华商,寻求经销代理人。崔尊三,河北新河县人,杂货商人,长年往返于天津、保定之间,1907年在保定承办英美烟公司烟栈,为京汉铁路沿线之首创。自此以后,对各种卷烟推销有一定的研究和方法,使英美烟公司在保定销路大增。1912年又开辟河间烟栈,营业额与日俱增。1920年驻华英美烟公司天津部出资邀请崔尊山和商人龚和轩,赴欧美各国游历 6 个月,考察政治经济情况,特别是烟草工业和销售情况。1921 年回国,英美烟公司立即叫他们设立横跨山西、河北两省的销售机构——三和烟公司。三和烟公司与英美烟公司订立合同,代理翠鸟牌和鸡牌卷烟,确定销售量,按照销售额,获取一定的佣金。这是初次实行的督销。开业第一年遇到华北水灾,但二人不辞劳苦,赈济灾民,颇得好评,第二年三和烟公司取得了惊人的业绩。由于三和烟公司的典型,天津部开始委派各地大烟商将督销制度广泛运用。华北已经有了三和烟公司,销售覆盖山西和河北南部即芦汉区为主要市场,又是该区的督销。以北京、天津为中心北方区,1923 年以北京同益公司的经理齐耀堂、尤少增、王俊卿三人为督销。次年天津也设置了督销。此后督销成为了一种制度,具备了完整的形态。

督销制度形成以前,天津各段办事处皆用欧美籍职员。实行督销制度后,段经理改用中国人,这样一来销售费用的人力成本减少许多,销售额的增加而省下的费用抵消督销的佣金而有余。

督销制度是与英美烟公司扩充销售网、建全组织相结合而逐渐完善的。每区设督销 1 人,1934 年改组成颐中运销烟草公司以后,销售网日益扩大,各区的督销也增加至 2-3 人。这些督销与颐中运销烟草公司订立直接合同,在公司中有特殊地位。他们不属于区经理管理,而直属天津部总办直接领导,与区经理处于同等地位。他们不是职员和工作人员,而是不领薪的经销人员,在公司的办事处中单独有一间办公室。公司选择督销要具备几个条件,对烟草业有相当的知识和经验,或在政治上有重要地位乃至同政府官员,社会名人有密切的联系,实际上是当地社会、政治、经济上的名人。也就是那些在经济上有控制地方商人阶层的势力,在政治上处于有利于税务部门,政府部门折冲的地位,在社会上还有能力替公司做宣传的人物。

公司同督销订立合同,主要内容:(1)权限的内容;(2)分管的地方;(3)佣金;(4)期限为 2 年,无需保证金和请人担保。督销的权利,首先有

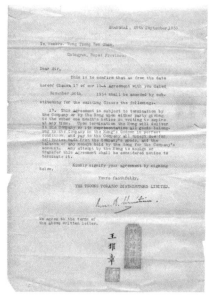

图 4-7　卷烟销售合同

设立和变更经销店的发言权,由于督销熟悉当地烟商并精通交易之道,关于经销店设在何地、由何人开设、成绩不好取消经销资格等问题,具有最大的发言权。督销在地方上有支配能力,与经销店在人事、经济上有紧密的联系。其次督销提出对辖区的卷烟品种和数量计划以及所担负的责任。英美烟公司销售计划周期比较短,大约 2 个月变更一次。督销集中各经销店的订货单,作为依据,这也是整个销售计划的基础。

作为对责任销售的报酬,公司从该区一个月的销售总额中扣除捐税后的余额,交给督销 1% 的佣金。督销没有固定工资和津贴,佣金即是全部收入,其与销售额直接挂钩,天津部的总销售额 1939 年为 36763222 元,1940 年为 81054766 元,1941 年为 74814210 元,1942 年为 21959560 元(仅为一季度数字)。这些费用扣除捐税,1% 的佣金报酬也是十分丰厚的。

表 2　1939—1942 年天津部督销佣金情况

年　份	佣金总额(元)	占总费用的%
1939	629110	15.5
1940	1139262	15.8
1941	852587	20.2

资料来源:小林庄一《英美烟草托拉斯及其贩卖政策》

此外,这些督销也有自己的经销店,又有额外的利润。天津区督销的收入总额每年达百万以上。正是在这种多销多得的利益机制的刺激下,经销商们深入各地,无孔不入地开展销售业务,成为英美烟公司卷烟销售的主要力量。

三、品牌专销总代理
——永泰和烟草公司

英美烟公司在天津的销售机构,除了驻华英美烟公司天津部外,还有永泰和烟草公司天津分公司。"永泰和"是英美烟公司在旧中国最早的经销商之一,是"大英牌"(即"红锡包")等香烟在中国的独家经销商。"永泰和"总经理郑伯昭是英美烟公司的著名买办,以包销"大英牌"卷烟而成名。

郑伯昭,广东香山(今属中山市)人。曾进上海中西书院学习英语,30岁进上海永泰栈当职员。永泰栈是一个推销雪茄烟的合伙组织,股东都是广东人。永泰栈在菲律宾还开设一家泰记烟厂,利用当地烟叶制造绿树牌和真老头牌雪茄烟,运到上海销售。永泰栈一面推销雪茄烟,一面推销美国烟草公司的卷烟。1902年,英美烟公司进入中国后,郑伯昭随即推销英美烟公司产品。

光绪三十年(1904),发生美国政府虐待华工事件,上海、天津等地展开抵制美货运动,皇后牌卷烟也在抵制行列,其时任永泰栈经理的郑伯昭将英美烟公司出品的皇后牌卷烟改为大英牌,伪装成英国产品,使大英牌卷烟销量直线上升,永泰栈卷烟的销量也成为同行之冠。当时经销卷烟的烟行大多在本埠零售上打主意,郑则注意向外埠发展,利用上海附近地区船户与永泰栈经销雪茄烟的业务关系,托他们将大英牌卷烟带去当地试销,结果销路越来越大,并开创了英美烟公司派货销量最高纪录。此时郑伯昭这个人物引起英美烟公司注意,1912年,英美烟公司把大英牌烟在中国的经销权全部交给郑伯昭。郑伯昭成为英美烟公司买办后,大英牌卷烟越做越大,甚至渗透到边远的农村。不久,郑又受英美烟公司邀请与另一买办邬挺生同赴英国游历,并与英美烟总公司负责人接触。1919年,郑伯昭创办了永泰和烟行,1921年又改组为永泰和烟草股份有限公司。该公司股本定为100万元,英美烟公司占51%,郑伯昭占49%,郑任董事长兼总经理,主要精力放在推销卷烟上。除经销大英牌卷烟外,还经销"锦扇""仙女""紫金山""第一""黄金""老刀"等牌号。

图4-8 海河边上的广告

永泰和烟草公司总部设在上海,下设天津分公司和东北分公司。1922年,永泰和烟草公司在河东六纬路英美烟公司天津部院内设立天津分公司。天津永泰和烟草公司业务范围与英美烟公司天津部相同,在北京、张家口、石家庄设办事处,实行大经销、小经销、零售商三级销售方式,并在一些重要城镇设立烟栈,形成自己的销售系统。每年销售量在

20000 箱至 30000 箱之间。永泰和烟草公司的一切开支包括员工工资，均由驻华英美烟公司承担，另外按照经销量支付 1% 至 2% 的佣金。

　　1925 年五卅运动爆发，群众爱国热情高涨，抵制英国货的运动迅速展开，"大英牌"卖不出去了，平时门庭若市的柜台，突然变得门可罗雀。同时，"大英牌"只得变相跌价。五卅运动的高潮过去后，郑伯昭又在商标和广告上打主意，宣传他们的香烟是"真正老牌美国货"。接着又大力宣传"大英牌"也是美国货，但还是被人们所识破。据 1925 年 8 月《察安日报》报道："永泰和烟公司近日种种笼络营业之手段，已志昨报。顷闻该公司又将大批天津益世报，用人夫分散各家，及用邮寄往口北各地。因该报登有律师巢某代表之宣言一段，言大英烟(即粉包烟)确为美货等语。按大英牌烟字迹及一切之标志，与英商之三炮台等烟无异。且该种烟既为美国出品，何不名为大美牌，而名之曰大英牌，则英字系根据何种意义，不难一语指破。京中某报前曾论及之，并闻该公司因大英牌名称有自露马脚之处，又将所分寄之报纸一律停寄，俟将广告上之大英牌字样改为红锡包后，再分送各处，庶不致为人看破。惟此等手术愈弄愈糟，终恐以欺人者而自欺云。"①

---

　　① 上海社会科学院经济研究所编：《英美烟公司在华企业资料汇编》，中华书局，1983 年，第 1467 页。

四、由卖烟发家的经销商"公兴存"

英美烟公司在天津物色大经销商是十分重要的工作。最初,英美烟公司设立了五大经销商,销售并不见起色。后来物色了两家即华美烟行和公兴存米庄,立马见效。华美烟行及经理王泽朴前面已作介绍。公兴存是一家以经营粮食为主的老字号,全名公兴存米庄。名为米庄,实际上是一家多种经营,并由商转工的工商企业。如果谈起这家企业的发家,还与经营英美烟公司卷烟密切相关。

公兴存米庄开业于宣统元年(1909),经理李少波颇有经营头脑,公兴存成立之初,以经营面粉、大米、杂粮购销业务为主,既由河北、河南、陕西等地收购粮食运到天津批发零售,面粉在上海设庄收购运到天津销售。

公兴存购销渠道畅通,网点遍布各地,在河北、河南、山西、北京、安徽、山东、江苏以及东北三省,设有公裕存、中裕存、中和存、中兴存、中发存、源记号、豫兴存、公孚号、裕记号、裕兴合、庆兴号、益兴存、益和号、冶兴号、协记号、益兴恒等分号,有健全的销售网络。经理李少波营业经验丰富,熟悉中外商业模式,富有学识,其不满足于经营粮食,并开始利用自己的网络,先后经销亚细亚煤油、洋烛,太古砂糖,卜内门洋碱,利华肥皂,瑞中火柴等。1918年,英美烟公司天津办事处鉴于公兴存资本雄厚、销售网络健全,便邀请经销翠鸟牌卷烟。起初每月不过数小箱,几个月过后增至每月300大箱,成绩斐然,从而得到英美烟公司的赏识,他们总结了公兴存的经营："一因公兴存在天津名望最隆,资本充裕,与市面感情最厚;二因富有中外营业经验,出奇用智,以种种新商法推广生意;三因商业交际愈广,主顾辅号愈多,津地各商号几无不有货物来往。"①当时天津卷烟销售比较平淡,最初英美烟公司以玉盛合等五家大经销商为天津的总代理,业绩平平。于是由五经理改组为两经理,即公兴存和华美烟行。公兴存最初仅经销"翠鸟",后来又扩大到"红锡包""哈德门"等各种牌号,一年比一年销量增加。1921 年,在英美烟公司的授意下,公兴存约同华美烟行,婉劝各分经销商签订专卖英美烟合同,其他杂牌烟一律不予代售,由此控制了整个天津市场,英美烟公司卷烟销售量占全市的80%以上,这与公兴存对英美烟公司贡献密不可分。

图 4-9　公兴存位于遵化的裕兴合分号

由于销售卷烟可以获得巨大的利益,因此许多商人申请当大经销商,但英美烟公司在选择大经销商时十分慎重。这些经销商都由英美烟公司

---

①　上海社会科学院经济研究所:《英美烟公司在华企业资料汇编》,中华书局,1983年,第 595 页。

的区经理(督销)推荐。一般大经销商可获货物的 0.5% 的佣金,除派货给分经销商 0.2% 的佣金外,可获 0.3% 的佣金利润,如果业绩好,年终英美烟公司还有花红重奖。大经销商拿货往往是先款后货,而给小经销派货往往赊销半个月或一个月,可见销烟也有风险。由于公兴存有自己的网络,费用大大减少,风险也就更少。

随着资本的积累,公兴存发展到由商转工,首先开办面粉厂。公兴存由最初运销上海面粉,由于价格与销路均听命于面粉厂,李少波不愿意仰人鼻息,于是在天津合资开办大丰面粉厂和嘉瑞面粉厂。其次开办打蛋厂。为了打破英商和记洋行垄断天津及华北蛋业市场的局面,李少波先后在桑园、丰镇、保定、榆次开办了四家蛋厂,收购鲜蛋,运到天津销售。在此基础上,公兴存还积极发展进出口贸易,鲜蛋出口国外,最初通过天津外商永兴洋行、宝隆洋行及华商兴隆洋行。后来,李少波凭借与英美烟公司等外商合作积累的商业经验,建立出口部,聘请专家,注册鲜蛋商标"鸡牌",开始自营出口贸易,先后销往西欧、北美,获得成功。与此同时,又利用出口获取的外汇,向加拿大、澳大利亚购买面粉,定名"水牛"牌商标,获利较丰。

公兴存由卖烟起家,业务兴旺,持续发展四十余年,公司也由天津城里迁到法租界海河沿岸的三层大楼。1939 年,李少波因病去世,享年 67 岁。此后,由于公兴存业务范围大,分支机构多,没有一个像李少波总揽全局的人,事业难以为继,遂宣告停业。

五、疯狂的商业竞争

英美烟草公司对其他卷烟厂家的产品一律视为"敌牌"。营业部门的销售人员首先对"敌牌"产品进行全面研究,并作月报分析,然后交公司研究制定对策,其排挤其他厂家品牌的方法是多种多样的。

首先是搜集情报,英美烟公司对于情报搜集是无孔不入的。驻华英美烟公司天津部对天津各家卷烟厂的情况了如指掌,如各家烟厂老板、设备、人员、产品、产量、销售情况、代理店等,每个销售人员都有月报,甚至将竞争对手的年报报表报到上海总公司,然后根据情报制定对策,采取应付手段。颐中运销烟草公司还印一种专门的表格,由各段段长及分段段长按月详细填写上报。凡"敌牌"卷烟每月销量达 25000 支时,即必须详细填写,以备公司参考应对。这个调查表有:卷烟品牌、厂名、每包支数、每条支数、粗支或细支、每大箱净价、税额、大经销商的批发价和利润,分经销商的批发价和利润,每小包零售价及摊贩利润,有无其他抽彩、奖品等,十分详细。不仅自己的业务人员收集情报,还雇佣一些"情报"人员。经常派人到火车站贿赂铁路工作人员,提供其他烟厂来货的转运情况等。20 世纪 30 年代,得知南洋兄弟烟草公司自上海运来爱国牌卷烟 100 箱,在天津站卸下 50 箱,其余 50 箱运到沈阳。他们获得这一消息后,一方面电告沈阳办事处;另一方面打探在天津由谁经销,并分销到那几个代销店。以后这批爱国牌卷烟每天售出多少,都有详细记录。由于正值九一八事变之后,爱国牌卷烟很受广大群众的欢迎,销路顺畅。见此,英美烟公司联合上海福昌烟草公司,购买了他的"大中国牌"商标,售价比"爱国牌"低,而且顶着福昌烟草公司的名义,以"国货"对国货。经过大肆宣传,市场倾销,没有多长时间,"爱国牌"就被"大中国牌"逐出市场。

图4-10 位于滨江道的天津南洋兄弟烟草公司

其次是用一个相同的牌子进行降价倾销。以低价倾销来打击对手是英美烟公司经常采用的手段。例如河北省乐亭县属于天津部北方区唐山段管辖区域。1934年颐中烟草公司生产的象棋牌卷烟在乐亭销售顺畅,平均每月300大箱。1934年6月,上海华成烟草公司生产的三鲜牌卷烟运来乐亭销售,因为物美价廉,十分畅销,不到两周,就迫使"象棋牌"减少了95%,一蹶不振。天津颐中运销烟草公司为了挽回颓势,立即采取跌价倾销的毒辣手段,将"象棋牌"售价由每一大箱81元,消减为

62元,另外还加赠200块肥皂。由于"象棋牌"价格的调整,使"三鲜牌"销路受到打击,很快退出市场。没有多久,"象棋牌"价格回升,销路顺畅,此外还有以"哈德门"打击南洋兄弟烟草公司的"飞艇牌";以"天桥牌"打击华成烟公司的"金鼠牌",等等,都是以低价倾销来打击对手的事例。

再次,收买"敌牌"使之霉变。为了破坏其他烟厂的销路,颐中烟草公司凭借其雄厚的财力,勾结经销商,暗中囤积"敌牌"卷烟,俟其腐烂后,再在市场上低价出售,同时用舆论贬低这个品牌,用以打击该生产厂

家的信誉。如某厂生产的人参牌卷烟,在唐山一带比较畅销,便由买办出场收购了"人参牌"连续三年的产品,放到仓库中使之霉变,这些产品不仅被挤出唐山市场,而且信誉扫地。

最后,以商标保护为名来扼杀民族品牌。由于英美烟公司是纳税大户,与清政府、北洋政府、国民政府保持密切关系。反过来又利用这些关系,以商标保护为名,指控中国烟厂"冒牌",或是"近似""影射",以达到扼杀民族品牌的目的。在英美烟公司档案中,有向北洋政府商标局状告美星烟草公司制造的麻雀牌卷烟仿冒翠鸟牌卷烟的案卷。结果胜诉,责令将美星烟草公司不得再生产麻雀牌卷烟,并将印模、商标纸、卷烟纸、条包纸、广告品及存货一并销毁。此外南洋兄弟烟草公司在华南一带畅销的"白鹤牌""三喜牌"卷烟也遭遇同样的命运。不过也有例外的情况。20世纪30年代,阎锡山在山西开办晋华烟厂,采取地方保护主义,抵制英美烟公司产品进入山西市场。开始英美烟公司采取了种种手段拉拢阎锡山,如送礼,派人拍摄山西风光片在天津、上海放映等,都未使阎锡山所动。最终,英美烟公司向南京国民政府提出控告,经过几次交涉,阎锡山有所让步,但是限制英美烟公司卷烟每月投放660箱,而且由山西烟酒公卖局代销。办法是由英美烟公司自报成本、价格,然后由山西烟酒公卖局在此基础上另行定价,再分配各销售点销售。这样一来英美烟公司的卷烟价格高于晋华烟厂的卷烟,而且导致其卷烟库存时间长、包装变了色也卖不出去,不仅销量上不去,还导致许多退货。结果英美烟公司一直没有打开山西市场。

六、享受优惠的捐税特权

　　英美烟公司在纳税上一直享有"协定烟税"的特权。清代末年,英美烟公司来华以后,清政府计划对英美烟公司在华制造的卷烟开征 5% 的关税,受到强烈反对,并通过英、美驻华公使提出交涉。光绪三十年(1904)十二月二十六日,清政府外务大臣庆亲王致英国公使萨道义的备忘录(史称《庆亲王和约》),确定英美烟公司生产的各种卷烟名正言顺地按烟丝抽税,税率由值千抽三上调到值千抽七。这些在中国制造的卷烟虽不是进口货物,却凭借不平等条约规定的"洋货素不完厘"的特权,抗缴中国内地的各种烟酒厘税。原天津北洋烟草公司工场总董秦辉祖在《烟草刍议》中指出:"我国税则本较各国为轻,而(光绪)三十年美领事忽咨外部,所有英美烟公司在上海所造之孔雀、鸡牌、鼓牌等烟,须照咸丰十年天津条约按石(100 斤)完烟丝税银四钱五分。此条约注明系黄烟、水烟,其指出口烟丝,不应牵混于纸烟可知。乃部中不加细察,竟被其蒙混照准。查孔雀每箱时值 120 两,报烟丝 75 斤,仅完税三钱四分,运进他口再完半税一钱七分,是值百抽三也。鸡牌、鼓牌、秤人牌约值 50 余两,每箱亦报烟丝 75 斤,亦完税三钱四分,是值千抽七也。烟税本应加重,而反轻至如此不可思议,殊属不合。"①

　　① 　上海社会科学院经济研究所:《英美烟公司在华企业资料汇编》,中华书局,1983年,第 751 页。

北洋政府时期,一些地方政府开征卷烟税费,英美烟公司通过英、美使馆加以阻挠。后仅缴 2.5% 的内地捐,不肯再缴其他各税。1921 年 8 月 1 日,北洋政府全国烟酒事务署正式公布《征收纸烟捐章程》,对卷烟征收出厂捐和 2.5% 统捐。同月 3 日,英美烟公司与全国烟酒事务署订立《声明书》11 条,同意遵章纳税,有效期 8 年。

1925 年 9 月,天津大英烟公司生产的卷烟运往国外,被全国烟酒事务署天津税务处委员扣查,要求不仅贴出厂印花,还要加贴内地印花,遭到英美烟公司的反对。英美烟公司致函全国烟酒事务署,称按照《声明书》条款,凡在华制造行销各省之纸烟,须纳出厂捐。这批纸烟拟定运往中国境外,与在中

图 4-11　纸烟出厂捐印花税票

国境内销售不同,当然无须完纳出厂税。又按声明书,由通商口岸运往内地之纸烟,须完纳内地税。本批纸烟,并非运往内地,当然也无须完纳内地税。全国烟酒事务署接信后回复"敝公司忖度津地处理本问题之当局,对外声明书条款,全不明了。且敝公司所享上项权利,自施行声明书后,从未发生疑问",并"兹再恳饬知津处,说明敝公司应享权利,所有运往外洋纸烟,无须贴用厂花或内地印花,准予放行无阻"①。这封信等于向英美烟公司道歉,可见其凭借纳税特权,让税务当局十分尴尬。

随着各地开征卷烟特税,英美烟公司为避免交税,私下与北洋政府达成税务协议,1925 年 3 月,英美烟公司同意从全国烟酒事务署购买 10 万元出厂捐,并将这些税票交给天津英美烟公司,以便在天津工厂使用。不久,北洋政府与英美烟公司签订了《续订声明书》,以免除缴纳各省的卷

① 上海社会科学院经济研究所:《英美烟公司在华企业资料汇编》,中华书局,1983 年,第 776 页。

烟特税。但是英美烟公司这种特权遭到了各省的反对,当时盘踞河北的直系军阀李景林就是其中一位。原天津英美烟公司总办克特珍打算会见李景林,由于担心碰壁,于是派员私下了解李的态度,并暗示河北省财政局长愿意给予李景林一些贷款。这个消息很快传到李景林的耳朵,由于手头拮据,李景林亲自要求出面会见克特珍,由于获得一笔相当大的贷款,李景林对《续订声明书》不持反对态度。[①]

国民政府时期施行卷烟统税,英美烟公司是一个阻力,但是宋子文与英美烟公司有着良好的关系,其在 1925 年担任广东革命政府财政部长时,曾让英美烟公司预购了卷烟印花税。1928 年 1 月,宋子文亲自到上海与英美烟公司的在华董事密谈。英美烟公司提出一次预购税票 100 万元,帮助国民政府解决财政困难,宋子文也同意英美烟公司代拟的烟税条例,降低烟税率至 22.5%。以后随着英美烟公司不断提出减税的要求,在某种程度上享受了协定烟税的特权。基于世界各国重征烟税的情况,1928 年 12 月,国民政府财政部与英美烟公司重新商定修正纳税办法 10 条,提高卷烟税率。1929 年,国民政府修正公布《征收卷烟统税条例》,将卷烟税率不分进口或国产一律提高为 32.5%。修正后进口卷烟应纳税项为海关税及附加税 7.5%,卷烟统税 32.5%,实际税率为 40%;而国产卷烟纳税率为 32.5%,差距拉开,仍按海关估价等第计算。

由于当时的中国政局动荡,地方捐税五花八门,往往也波及烟草企业。1927 年 6 月,属于奉系军阀的直隶督军褚玉璞宣布,在直隶省内开征 50% 的卷烟军事特捐,作为临时军费。受到天津英美烟公司的抵制。1930 年,中原大战爆发,统治天津的阎锡山需要筹措巨款,将卷烟税提高 50%,天津英美烟公司拒不执行,并停工抗议。同年 9 月,拥蒋的东北军接管天津,英美烟公司代表赴沈阳交涉,结果双方达成协议,维持原税率不变。

---

① 上海社会科学院经济研究所:《英美烟公司在华企业资料汇编》,中华书局,1983 年,第 827 页。

天津英美烟公司专门设立顾问室,协调与地方政府及权贵的关系。从现有的颐中档案上看,他们与张学良、张宗昌、李景林、黎元洪、杜建时等均保持着良好的关系。

国民政府实行简化税制,连续把卷烟税从七级改为三级制,最后又改为二级制。英美烟公司主要生产高级烟和部分中级烟,而华商烟厂多生产低级烟,"简化税制"缩小了税负的差距,降低了高、中档烟税负,提高了低档烟的税负,这样就使英美烟公司的实际税负大为降低。

第五章

卷烟广告与天津文化

英美烟公司为了让中国消费者认知其产品,在推销产品的同时,重视广告宣传。其广告投入大,手段多,以致无孔不入。英美烟公司的广告不仅在城市,就连偏僻的农村也屡见不鲜。在天津迈入近代化之际,英美烟公司借助广告渗透到社会的各个方面,并对天津地方文化产生深刻影响。

一、自上而下的广告管理

英美烟公司初入中国时,广告尚属新鲜事物。当时公司的董事们周游全国,他们判定中国唯一的真正广告是日本仁丹公司做的广告。

为此公司的董事们也充分认识到广告传播的重要性,云"广告之术,现最发达。虽穷乡僻地,满墙满壁,遍粘招徕之广告,遂往往为人所忽视矣。鄙意广告须能使人注目,必须新颖之法。如黄包车夫之背上,行使内地之舟,皆可作广告。又轮船及火车亦佳,此法已有日行之者。日记簿及旅行各具,最易动目。又报上之广告,须含游戏及美术性质,则观者悦而读之矣"①。

上海驻华英美烟公司总部设有广告部,制定全国广告计划,并给予资金技术上的支持。公司最初的卷烟广告是全国统一管理的,据介绍"凡有关广告的全部事项和事务,其工作人员不管天津办事处的也好,区办事处的也好,段办事处的也好,都直接受上海总公司管辖。至于广告的方法,做什么广告,这类事件在全中国也是非常统一的"②。

英美烟公司的广告管理在所属销售系统的部、区、段、分段都设有专

---

① 上海社会科学院经济研究所编:《英美烟在华企业资料汇编》,中华书局,1983年,第701页。

② 上海社会科学院经济研究所编:《英美烟在华企业资料汇编》,中华书局,1983年,第520页。

人负责执行。至于各地的广告管理情况,1926 年,驻华英美烟公司广告部到天津、北京、秦皇岛、沈阳、哈尔滨、济南、南京、九江、汉口等地考察,得出各地广告管理机构系统如下:

  部级广告部 外籍人主管。中国籍首席助理和办事人员照料广告牌记录、报纸、广告库存品[中央部由一个外籍人员监督绘画。北方(天津部)和满洲(东北部)各有一个中国人负责绘画工作]。

  区级广告部 除了满洲外这些部的工作人员全是中国人,在目前情况下区级广告部主要是广告品的交换所和保存必要的记录的地方。

  段级广告部 这里并不规定要保存正式的广告品记录,因为广告品是立即分发给广告人员使用的,但在大多数的情况下,段办事处总是保存这些记录的,在指定一个专人在段里进行广告工作的地方,他的工作大多是照管重新分发广告品,并在段办事处所在地的城市里也进行广告宣传。

  分段的广告宣传 负责分段的推销员几乎将他所在地区的广告宣传工作全都包管下来,报纸和画广告除外,但他帮助画广告的人员获取挂广告的场所。[①]

通过考察发现了存在不少问题。驻华英美烟公司广告部认为部级机构充当一个分配者的角色,而部级和区级广告部人员忙于文书和办事处的日常工作,广告宣传的实际工作是由各分段的推销员根据段经理的指示抽时间时去做,或在他们监督下做的,这些广告工作缺乏新颖与创意。为此广告部建议,聘请能宣传适宜中国胃口和新颖思想、讲究实际的广告员。将中国分成若干广告地区,从中国工作人员中委任一个对广告宣传

---

  ① 上海社会科学院经济研究所:《英美烟公司在华企业资料汇编》,中华书局,1983年,第 701-702 页。

有地区倾向的人,让他全部负责那个地区的广告宣传。广告宣传"应使广告牌保持良好的状况,到处招贴,在商店陈列,在庙会作广告宣传,帮助进行样品的赠送,分发传单,在剧场、浴室和旅馆做广告宣传等等"[①]可见英美烟公司

图 5-1 英美烟公司广告部雇佣的大量绘制广告的画师

的广告管理和策略不断跟进,发现问题后,及时调整。

英美烟公司十分重视广告宣传的作用,在天津部专门设立广告部,雇佣 50 多名专职人员,其广告费庞大而惊人,大约控制在销售收入的 2%。仅 1935 年 6 月,天津部就支付中外报纸广告 1600 元(约等于 30 万支中档卷烟的售价)。但是在卷烟新牌号上市之初,广告费更加投入惊人。1925 年 11 月,天津部山东区配合"哈德门"卷烟推广,广告费占其销售收入的 45.73%。

英美烟公司广告的种类极多,一般有报纸杂志广告、电影广告、广播广告、路牌、流动广告、招贴画、传单、油漆牌子、石印年画、月份牌日历等。

除普通广告外,通常还采用赠品广告的形式,吸引消费者。其赠品五花八门,贵重的如铜床、手表、怀表、金戒指,一般物品如布匹、雨伞、丝袜、香皂、肥皂、手巾、镜子、钱夹、烟缸、烟盒、烟嘴、火柴等日用商品。

---

① 上海社会科学院经济研究所:《英美烟公司在华企业资料汇编》,中华书局,1983年,第 704 页。

二、追求社会热点的广告

在天津城迈入现代化之际,摩登的商业广告成为人们眼中的新鲜事。中原公司、劝业场的霓虹灯、天津总站的路牌、鼓楼的大墙以及老地道的过梁上都出现了英美烟公司的广告。不仅如此,英美烟公司还抓住天津社会的热点,推出香烟广告。1924年春,金钢桥新桥落成,为迎合市民的关注,哈德门香烟广告出现在金钢桥头之上。据《北洋画报》记载:"当日省政府为一时之利起见,竟允许纸烟厂大登哈德门广告于其上。"这引起了人们的躁动。因为金钢桥河北段桥头曾是直隶督署衙门所在地,后来是直隶省公署。这里是地方政府势力的标志,出现香烟广告有碍观瞻,立即引起天津士绅的不满,大家纷纷在报上发表评论对这种行为进行抨击。对此,冯问田的《丙寅天津竹枝词》有诗纪事:"重建金钢新铁桥,香烟高悬画商标。若非舆论时攻击,广告谁能立取消。"注云:"河北之金钢桥旧名新铁桥,盖初建时尚有大胡同南首之金华桥在也。前年重建,需费数十万金,本年始落成。桥甚闳丽,两端高处画有哈达门香烟商标。后(1926年9月)因舆论攻击有失观瞻,遂复涂去,改书'金钢桥'三字。"①虽然舆论强大,但英美烟公司的广告效应没有减少。

英美烟公司对天津的京剧热十分关注,为了迎合广大戏迷兴趣,在著

---

① 冯问田:《丙寅天津竹枝词》,紫萧声馆,1934年,第25页。

名须生马连良到中国
大戏院演出时,包下
了广播电台向各地转
播的时间。电台一边
播放着马连良的《借
东风》,中间插播着
"哈德门"的广告,颇
为轰动。此次成功
后,英美烟公司又改
播梅兰芳、杨宝森等
名伶的演唱,据说"拿
出 300 箱哈德门香

◁ 妆 改 之 桥 钢 金 ▷
A laudable action: erasing the undesirable advertissement
on the King-Kang Bridge, Tientsin.

图 5-2 1926 年《北洋画报》刊登照片《金钢桥之改妆》

烟,折价约梅兰芳、杨宝森这两个剧团的资本。大概按那时市价核,每箱
得 1300 万(法币),连乱七八糟的算起来,要到 70 多亿(法币)"。在名伶
演出中插播广告,取得较好的效果,却也受到媒体的非议。北平《一四七
画报》刊文讽刺,标题为《三百箱哈德门烟作本钱,折腾梅博士演出一个
月》。[①] 最初南洋兄弟烟草公司请梅兰芳做广告,专门设计了"梅兰芳"牌
卷烟,颇为轰动。后来南洋兄弟烟草公司印制第一枚梅兰芳画片《葬
花》,那楚楚动人的造型,让设计者忘记了他的性别,使之与名媛淑女一
起印成一组,冠名《中国妇女照》。据说,当年梅兰芳对此颇为不爽。以
致此后十余年间,从未让卷烟商印制画片广告。1931 年天津报人沙大风
发起四大名旦评比后,英美烟公司天津广告部负责人英人施维福,经过经
纪人李仲昭的说项,使梅兰芳先生同意英美烟公司使用肖像权。后来,相
继印制了《梅兰芳便服肖像》和《嫦娥奔月》《天河配》《天女散花》《洛神》
《太真外传》《廉锦枫》等剧照,作为日后香烟广告宣传的素材。

---

① 《三百箱哈德门烟作本钱,折腾梅兰芳演一个月》,《一四七画报》,1948 年 5 月
11 日,第 10 页。

图 5-3　梅兰芳给英美烟公司的回信

20 世纪二三十年代,天津夏季游乐场十分盛行。1932 年,日租界张园游乐场开始兴旺。该园自有林泉花木之盛,又有末代皇帝溥仪驻跸的经历,颇吸引游人前往。在炎热的夏天,张园还开办消夏晚会,有夜场戏剧,还办一家餐馆,遂成人们消暑纳凉的好去处。园子西北角,有一座牡丹池,池空无花,清冷寂静,张家一直打算利用此地。前清广东水师督军李准入股夜场投资,提出增设猜灯谜。灯谜需要有奖品,于是找到英美烟公司请求赞助。英美烟公司同意后,邀请天津报界名流王小松、戴愚庵等人,在前院立起数丈长的 12 个灯谜架子,每天出灯谜 432 条。奖品为新牌号的大前门香烟,一等奖三盒、二等奖两盒、三等奖一盒,每天猜灯谜的人络绎不绝,英美烟公司投入不多,却对产品进行了宣传。

天津西郊大寺镇有峰山药王庙,天津旧俗每年农历 4 月 20 日至 28 日,举办峰山庙会。远近各地男女,赴该庙进香者络绎不绝。庙会也是商品销售的好时机,售卖食品及玩具者云集至此。英美烟公司看准时机,也由推销员携带售烟小孩多人,并派出广告人员若干,前往布置一切。沿途张贴大量香烟广告,"运去大(婴)孩、百灵、地图、古印、哈德门等烟及赠品画片"①。庙会期间天气晴朗,游人如织,所售卷烟甚多。

英美烟公司广告宣传涉及方方面面,他们不仅利用公众事业的影响、名人的影响以及新生事物的影响,扩大商品的广告宣传范围,而且还对天津的文化事业产生直接影响。

---

① 《英美烟公司月报》,1924 年 6 月 1 日,第 19 页。

三、月份牌广告与天津年画

　　天津是传统年画的主要产地,以杨柳青为代表的木版年画描绘着中国传统历史故事、戏曲人物、民俗风情等,深受广大老百姓的喜爱。但是英美烟公司进入中国后,带来大量石印的广告画,冲击了天津传统的年画市场。

　　英美烟公司进入中国后,促销卷烟的同时,推出月份牌广告画。由于印刷精美、色彩鲜艳、绘制逼真,十分受欢迎。与之相比,传统的年画用宣纸、草纸、粉连纸刷印,题材传统、画面粗糙。月份牌广告画的出现,严重地打击了天津传统年画的市场。1949 年 8 月,画家邹雅访问天津年画市场,在《进步日报》发表文章《年画调查》一文,称"在五四以前,天津销的年画都是杨柳青一带的手印木版,石印的仅有一小部分从上海英美烟草公司作广告赠送的美女月份牌。由于这种石印美人画输入天津,天津年画木版印刷落伍了,便开始改用石印印年画,从此木版年画便开始一年年衰落起来"。①

　　旧时中国百姓用黄历查询日期、安排日常生活和重要事务。清代末年,出现了阴阳历合一的月份牌,渐渐成为各个家庭的必备品。外国商人看重了月份牌的作用,往往附在商品广告画上面,形成了月份牌广告画。

---

　　① 邹雅:《年画调查》,《进步日报》,1949 年 8 月 8 日。

这种画一般上下有金属铁片,还附有挂绳,方便保存与悬挂。据说 20 世纪初,各大银行、公司、商场都要印制一些月份牌广告画赠送客户,由于印刷粗糙,并没引起人们重视。英美烟公司董事长、美国烟草大王詹姆斯·杜克重视卷烟广告宣传,当英美烟公司进入中国后,为了传播商品,销售时附带了月份牌广告。

用月份牌广告画吸引消费者,除去适合中国人口味的题材外,还需要形象逼真的绘画技术和先进印刷技术。而这些离不开专业人才。英美烟公司来华后在广告部下设美术部门。1915 年,英美烟公司在上海浦东设立石印学校(亦称美术学校),高薪聘请欧美专家来华教授中国工人石印摄影技术。由于公司印制月份牌广告画,画稿"非具专门之高等美术家不能制成",学校也进行西方美术教育。该校每期学生 25 名,以七年为限,完全免费,而且"学有成效者,按年递以奖励之"。英美烟公司培养了几百名学生,这些人有的在公司担任老师及技师,还有的自谋职业,这些学生"凡绘画、石印、照相、铜锌版雕刻无一不精研之而得其妙,故其早就

图 5-4 英美烟公司派员在天津对美术、印刷人员进行培训

深也"。①

1922 年,英美烟公司在天津建成了胶印厂,装置了当时最先进的彩印设备和全套的照相制版设备,为印制精致的月份牌广告画和烟画片奠定了基础。同时,在印刷厂建成之际,还培训了一批专门的人才,为绘制、印刷月份牌广告画奠定了基础。

英美烟公司印制发行月份牌广告画内容丰富,天文、地理、人文故事无所不包。后来月份牌以美女为中心,这些风情万种的美人,以现代生活为背景,经过著名画家的传神刻画,颇受欢迎。

早年天津英美烟公司印制的月份牌广告画,画稿来自上海驻华英美烟公司总部。英美烟公司广告部除了使用自己培养的学生外,还聘用一批优秀的中国画家,如郑曼陀、徐咏青、谢之光、杭稚英、丁云先、胡伯翔等,其中郑曼陀的现代美女画最早,最为出名。

说到郑曼佗,还要归功于富豪黄楚九的发现。黄楚九投资大昌烟公司,创意了轰动上海滩的"小囡"香烟的宣传广告,还善于发现广告人才。郑曼陀为杭州人,最初在杭州二我轩照相馆,绘制炭画人物肖像,这种画也称擦笔画。郑曼陀能使用多种颜色的碳粉绘制,往往以美女为模特,图画明丽鲜艳。郑曼陀在杭州的生活并不景气,后来随着哥哥来到上海,在一个市场绘画兼卖画。有一天,黄楚九路过市场,一眼发现郑曼陀的四扇屏美女画。随后把郑曼陀介绍给英美烟公司。由于

图 5-5　郑曼陀绘制的美女广告画

① 上海社会科学院经济研究所编:《英美烟在华企业资料汇编》,中华书局,1983年,第 1151 页。

141

英美烟公司在津纪事

英美烟公司财力雄厚,请来电影明星和戏剧名角为模特,再加上世界一流的印刷设备,从此美女画风靡一时。

胶版月份牌美女画引起了天津商人的重视,他们不仅吸收月份牌广告画的绘画技法,还购买英美烟公司淘汰的印刷设备。他们用这些设备,不仅印制月份牌广告画、还印中国传统的年画,此后"胶版美人画一时占领了整个华北年画市场,至此木版年画就一蹶不振"。[①] 1920 年至 1930年是天津胶版年画最繁盛时期,富华、华中、毓顺成、万盛、同和等一批年画印刷商,控制了华北、西北、东北的年画市场。

① 宋洪升、王开元:《解放前杨柳青年画史略》,《津西文史资料选辑》第 4 辑,1990年,第 30 页。

四、在天津印制的香烟画片

英美烟公司为了推销卷烟,往往在每盒香烟内放置一枚画片。最初在中国流行的画片人物多为外国人,并标注英文,因此俗称"毛片"。

后来,为迎合中国人的文化需求,画面人物改为中国人并标注中文。这种画片一面为彩画,一面为广告,放在烟盒中,颇具吸引力。画片具有收藏功能,都是成套的,如《水浒传》108 张,《三百六十行》360 张,只有大量购买才能凑成一套。但厂家为了营销,对个别画片少印,凑成套的比较困难。这一吊消费者胃口的手段,应属饥饿型销售的一种,但印制画片,也在客观上传播了中国文化。

英美烟公司从一开始就以香烟画片作为其广告策划的组成部分,为自己的产品拓开市场。该公司有强大的广告设计和制作队伍,从创意、设计、绘画、印刷到发行都在严密的管理下进行。20 世纪二三十年代,中外烟厂都靠附装香烟画片推销产品,凡流行的牌号几乎没有不装的,给厂家带来滚滚财源。1930 年英美烟公司先后发行了《三国演义》和《中国交际花》等画片,通过香烟流行,遍及中国城乡,备受消费者欢迎。据《颐中档案》记载,1933 年 4 月 30 日,徐州调查员 H·Y·陈在一封致汉口英美烟公司的信函中谈道:"消费者对于我公司各种牌号香烟纸包中所装入的画片都非常喜爱。大多数消费者各有其不同的眼光。根据我们的经验,'中国交际花'这套画片极为大城市中的消费者所欢迎,而'古代'的成套画片则为乡镇人民所喜爱。《三国演义》是中国一部古老的、很有名的历史小说,可说是人人皆知。我们深信,今后消费者必将更加注意我公司10支装'大仙岛'牌香烟,因为它里面装有'三国志'这套画片。"①同年5月,驻华英美烟公司上海总部董事会接到天津英美烟公司职员段夏浦的信:"'摩登女郎图样'画片包装在'小哈德门'烟包中,它在过去是非常受欢迎的,但是现在消费者对这种方式多少也有些吃饱了。因此建议改用几套新的画片:一、当代中国英雄人物的照片,如马占山和蔡廷楷将军。二、中国电影明星照片。三、中国戏剧照。并应在画片背面,加印简要的剧情说明。"②足见公司对烟画的关注是很具体的,不仅揣摩消费者的好恶,而且善于把社会上流行词和时局热点与消费心理结合起来,其手段颇令人咋舌。

与其他烟草企业相比,英美烟公司印制发行画片数量最大,内容也十分丰富,天文、地理、人文故事几乎无所不包。如自然科学类的《大象奇观》《海洋奇观》《大自然的建筑师》《看不见的美》《世界动物》《珍禽》《水鸟》《蝴蝶》《有趣的实验》等;文化艺术类的《世界名画》《肖像画》《建筑艺术》《门》《桥》等;体育娱乐类的《明星》《运动员》《高尔夫》《板球》《古代体育》《赛马》等;现代科学类的《飞机》《工程奇迹》《轮船》《火车》等。该公司还发行了很多以中国文化为内容的烟画,其中中国古典文学的比例较大,如《红楼梦》《封神演义》《三国志》《西游记》《三笑》《包公断案》《春香闹学》《七剑十三侠》等。此外,该公司以中国风光、古代建筑、美女、京剧、传统体育、民俗、谚语等为题材印制的画片也不在少数。

由于画片印制疏于管理,甚至出现低俗的裸体像出现,遭到世人反对(疏于管理并非主要因素,裸体画片与部分底层吸烟人关注点有关,厂家为

---

① 上海社会科学院经济研究所:《英美烟公司在华企业资料汇编》,中华书局,1983年,第718页。

② 上海社会科学院经济研究所:《英美烟公司在华企业资料汇编》,中华书局,1983年,第718-719页。

"博眼球",或有意为之,在当时并不奇怪)。1935 年,国民政府财政部对卷烟包装内装附赠券、画片以及兑奖的行为予以制止,制定四项规定,其第四项为"掉换方法,以包装空壳或装烟芯了·或画片,掉换而有固定性质者,但画片调换,应以各该种烟包内原有之画片为限,不得另行绘制图画,或编列号码"。[1] 然后,四项规定发布后,并没有达到预期效果。1936 年 3 月,国民政府财政部税务署通令,"今后凡各烟厂、烟公司新制出厂之各牌烟件,所附赠品及其掉换方法,如经各该局所查明确有违背部定四项原则事情,应即不准销售"[2]。由于官方的干涉,画片调换赠品的做法逐步消失。

天津首善印刷公司自开办以来印制了大量的画片,具体印制的情况见下表:

表 3　1936 年 3 月 10 日以前首善印刷公司印制的画片

索 引	名 称	尺 码	背 面	数 量
A	动物 B 组	大号	故事	1—50
B	西游记	标准号	故事	1—120
C	戏剧画	标准号	素白	1—50
D	中国风景画	大号	故事	1—60
E	Sin Eung Xyei	标准号	故事	1—110
F	明朝的兴起	标准号	故事	1—72
G	著名演员	标准号	故事	1—70
H	灯会	标准号	故事	1—30
I	包公案	标准号	故事	1—104
J	狸猫换太子	标准号	故事	1—112
K	儿女英雄传	标准号	故事	1—120
L	三笑姻缘	标准号	故事	1—50
M	杨贵妃	标准号	故事	1—50

① 中国烟草通志编辑委员会编:《中国烟草通志》第五卷,中华书局,2006 年,第 1827 页。

② 中国烟草通志编辑委员会编:《中国烟草通志》第五卷,中华书局,2006 年,第 1828 页。

索　引	名　称	尺　码	背　面	数　量
N	跳伞	标准号	故事	1-50
O	霸王	大号	故事	1-40
P	美丽如画的中国	大号	故事	1-40
Q	秦香莲	大号	故事	1-30
K	电影明星 C	标准号	故事	1-48
S	电影明星 D	标准号	故事	1-50
T	美术挂画	标准号	故事	1-48
U	教育片 A	标准号	故事	1-50
V	野兽捉迷藏	大号	故事	1-40(伪满洲国)
W	关公	大号	故事	1-48
X	三剑客	大号	故事	1-32

除了上述印制的画片外,据档案记载,天津首善印刷公司还印制了一些画片,因国民政府出台通令后,没有附带卷烟上市。于是将已经制版还未印成的《中国足球》,改为香港英美烟公司的 10 支装海盗牌卷烟使用;将《Yu Tung Chun》,改为伪满洲国启东烟草公司双媪牌卷烟使用。还有已经印成,但未让上市的《中国风景》《达兰》《外国电影明星 B》《红线》《红娟》《鲁智深》《御碑亭》等。还有未印完整的《教育片 B》《群英会》《美丽的罗兰姑娘》《武松》等[①],只能废弃。

图 5-6　首善印刷公司印制的烟画片

---

① 《1936 年 3 月 10 日以前装进的活动毛片》,天津卷烟厂档案室藏颐中档案。

五、香烟广告与天津早期电影

　　电影的成长与城市发展密不可分,城市密集的人口提供了大量的电影受众,也是电影事业发展的动力。进入 20 世纪 20 年代,都市市民将看电影视为一种时髦时尚,也引起一贯追求中国社会热点的英美烟公司的关注。

　　1921 年 2 月,驻华英美烟公司在上海召开董事会决定拨款 25000 元用于发展中国电影广告。经过一段时间的准备,1923 年英美烟公司在上海虹口路正式成立英美烟公司电影部,当时电影部有资金 50 万元,投资 15 万元进口摄影设备,使得英美烟公司拥有“除美国之外当时世界任何地方所能找到最先进、最好的电影制片厂之一”[①]。电影部以英国人海勃道夫为负责人,英国人威廉·詹森为主任摄影师。随着业务的开展,电影部相继在天津、汉口、香港成立分部。天津电影部设在负责卷烟销售的驻华英美烟公司天津部内,英美烟公司拍摄的第一部影片是威廉·詹森拍摄的拟人化的卡通片,电影的内容是“一头毛驴摇着耳朵,拒绝移动,直到它的中国主人点燃了一支香烟,飘荡在空中的烟雾拼出香烟牌子”[②]。

---

　　① 高家龙:《中国的大企业——烟草工业中的中外竞争》,商务印书馆,2001 年,第 203 页。

　　② 上海社会科学院经济研究所:《英美烟公司在华企业资料汇编》,中华书局,1883 年,第 210 页。

为了迎合观众的口味,最初的影片多为各地的风光、体育比赛以及介绍名媛淑女社交活动的纪录片,中间穿插一些电影广告。后来,英美烟公司为了迎合中国人的兴趣,拍摄中国戏剧和使用中国话的电影,聘请中国导演管海峰和上海、香港、广州的演员拍摄了一些影片。1925年,英美烟公司电影部拍摄的故事片,有《空门遇子》《柳蝶缘》《慢慢的跑》《名利两难》《三奇符》《神僧》《心病专家》《遗产毒》《一块钱》等。其中《一块钱》改编自天津南开大学的话剧《一圆钱》。由于英美烟公司占有进口的摄像机和摄影设备,拍摄了比中国其他任何电影公司更多的镜头。根据詹森开列的目录,包括191卷100英尺的有关城镇的题材、59部单卷风景片、15部单卷教育片、6部双卷喜剧片和4部故事片。所有电影都是为了推销卷烟,为此每部电影的每一处镜头的每一个副标题下,都印上英美烟公司各种牌号卷烟。

天津电影部由英国摄影师岳塞担任主任,主要拍摄华北地区富有趣味的新闻,北洋军阀在北京的各项政治活动以及各地的风土人情,如《北京张家口古景》《临城大劫案》等。当时最著名的影片是《每周新闻》,专摄各地新闻趣事。各家电影院向该公司订租,络绎不绝。

在拍电影的同时,英美烟公司发现电影院对电影传播是一个不可或缺的信息载体,于是在上海、天津等地收购电影院,建立自己的发行网。在上海,由买办郑伯昭出面建造并拥有了奥迪安大剧院。还收购了"闸北""大英""新芳""宝兴""自由"5家电影院。唐默思于1922年从英美烟公司执行董事职位退下来后,投资500万元组建孔雀电影公司,当时美国杜邦公司的5位导演、驻美大使周自齐、海军部长蔡廷锴等12位名人入股。据当时媒体报道"英美烟公司在中国直接或间接地控制了当时的近100家电影院,足以决定中国电影事业的命运,因为它能决定哪部电影能否广泛上映"①。

---

① 高家龙:《中国的大企业——烟草工业中的中外竞争》,商务印书馆,2001年,第211-212页。

1924 年 11 月 1 日,由驻华英美烟公司天津部总办克特珍出资冠名的一家"三炮台"电影院开业。当年12 月份出版的《英美烟公司月报》记载了当日的盛况:"开幕之日,观客极为踊跃,后至者竟无座位。"①当天,包括前大总统黎元洪及其如夫人在内的天津名流显贵应邀出席。当天放映的电影是《天津赛马》,在座的许多人被摄入影片,大家被"自己之现身银幕"②惊呆了。

图 5-7　电影院门口张贴的香烟广告

"三炮台"是英美烟公司的高档卷烟牌号,以此命名影院。本身就带有广告性质。"三炮台"电影院位于日租界福岛街(今多伦道),其来历颇有故事。福岛街上最早的影院是中日合资的天津电影园,开办以来,颇有起色。数月后与天津电影园遥遥相对,盖起一座日本人独资的明星社电影院。该影院设施豪华,"夏有电扇,冬有电炉",放映欧美流行的经典影片,吸引天津中外上流人物前来观看。相比之下,天津电影园较为逊色。日本人建明星社电影院就是与天津电影园竞争,同样的影片,票价仅为天津电影园的三分之二。但是生不逢时,由于当时社会上抵制日货风起云涌,各大报纸拒绝刊登日资广告,开业不久便告倒闭。后由上海一家影片公司经营,不满半年又转租给平安电影公司。平安影片公司增加了中文字幕,并联络各大报纸竭力宣传,也未能挽救颓势。1924 年冬,由天津英美烟公司出资接管,改名"三炮台"电影院。

---

①　上海社会科学院经济研究所:《英美烟公司在华企业资料汇编》,中华书局,1983年,第 709 页

②　上海社会科学院经济研究所:《英美烟公司在华企业资料汇编》,中华书局,1983年,第 710 页。

图 5-8　1925《新天津报》刊登的
三炮台电影院广告

"三炮台"电影院着眼点在香烟广告宣传,借助自己的电影公司便利,有许多翻新的花样。1924年 12 月 24 日,放映美国喜剧电影明星哈罗德·劳埃德主演的惊悚喜剧片《永不软弱》。当时劳埃德以"罗克"之名风靡中国,与卓别林一起享有盛誉,给中国观众带来了难得的人生欢乐。这部影片第一次在中国上映,当晚由英美烟公司天津电影部在"三炮台"电影院门口及内部,同时拍摄新闻纪录片,凡是前来观影的观众均被摄入镜头。而这部新闻片,只在"三炮台"放映,为此观众比平日多了许多倍。

"三炮台"放映的影片,为促销卷烟服务,票价十分低廉,分成 3 角、2 角、16 枚铜子、8 枚铜子四种,还有抽奖赠送香烟。如一等奖赠"三炮台"、二等奖赠"哈德门",有时索性以卷烟替代电影票入场。《申报》驻津记者朱晓芙评论"三炮台"影院,"影片既不讲究,顾客乃亦无多。此院本是广告性质,不计较营业之盛衰也"①。

由于英美烟公司拍摄了大量的反映当时中国社会阴暗面的影片,一些中国电影评论家谴责它把中国人描绘成醉鬼、妓女、赌棍、罪犯、乞丐和"西方人奴隶"。1925 年五卅运动爆发后,英美烟公司拍摄的影片受到中国人民的广泛抵制。迫于压力,英美烟公司放弃了在中国的电影事业。1926 年,英美烟公司电影部更名为红印电影公司,但实际上已经卖了所有摄影设备,停止了电影的经营。

---

① 《电影新闻》,《申报》,1925 年 1 月 6 日。

六、广告资助《庸报》发展

英美烟公司进入中国以后,纸媒刚刚兴起,为此注重在各大报纸上刊登广告。纵观天津早期各大报纸,都争先刊登过英美烟公司广告。早期报纸广告形式较为简单,后来不仅图案新颖,还有一些文字说明。由于报纸杂志不断增多,一些媒体千方百计地争取获得英美烟公司这样企业的广告支持,其中《庸报》的崛起就是一个典型事例。

董显光在中国近现代新闻报刊史上是一位非常著名的人物。其早年在教会学校读书,后到美国哥伦比亚大学攻读新闻专业,并在《纽约时报》工作。1913 年返国,先后担任《国民日报》《北京日报》《密勒氏评论周刊》的英文编辑。1918 年与天津当律师的北洋大学法律系教授福克斯,联合创办了一份英文版的《华北明星报》。自 1920 年起,董显光走上从政道路,先后出任北洋政府交通部顾问、铁路经济财务委员会执行秘书、顺直水利委员会外事秘书等职。因其政绩突出,曾三次被北洋政府授勋嘉奖。

经过几年的办报实践,董显光在天津报业界声誉鹊起,且得心应手。于是他辞去了顺直水利委员会外事秘书的职务,于 1925 年 3 月和顺直水利委员会的一位同仁王镂冰联手创办了天津《庸报》。董自任社长、发行人,由王镂冰任报社经理,聘邰光典为总编辑,并聘姜希弟、王芸生、秦丰川为编辑。

　　董显光之所以取名《庸报》,是由于接受了控制华北平津大局的直系军阀吴佩孚的 2 万元开办费,为迎合吴佩孚尊孔崇孟的儒学中庸之道而命名。报社设在原法租界的 32 号路(今赤峰道)美商大来洋行后院。

　　《庸报》一改过去各报第一版都以社论和广告为主的编排形式,而将时事要闻放在第一版,是为华北报界的首创。但董和王之间的合作却时有矛盾,以致一年后王镂冰脱离《庸报》而办《商报》。于是董亲赴上海向《申报》总经理史量才求援,经董、史协商,将《庸报》作为上海《申报》在天津的分馆,史量才并为《庸报》增添了一台新式卷筒印刷机和一套制版设备,又为《庸报》装置了无线电台。同时将社址迁移至法租界内的 26 号路(后为滨江道外文书店音像部),《庸报》自此每日出对开两大张报纸。

　　董显光开办《庸报》之初并不顺利,为争取广告和资金的支持,1926 年上半年,他专门拜访了驻华英美烟公司天津部总办柯深史。当时英美烟公司经常在《大公报》《益世报》作广告,很少在像《庸报》这样的小报上花钱。由于柯深史是美国人,董显光有留美的经历,二人有许多话题,越说越投机。柯深史渐渐被董显光的说辞打动。同意给予每月 500 元大洋的广告资助,时间为一年,即 1926 年 6 月至 1927 年 5 月。其间,柯深史调到上海担任驻华英美烟公司董事会董事长。

　　董显光比较善于交际,由于柯深史的继任克特珍也是一位美国人,经常到位于河东六纬路的公司拜访,二人逐渐成为好朋友。他们在一起讨论中国的一些政治问题,董显光经常给克特珍提供一些"也许很有价值的劝告"。① 由于董显光有过从政的经历,在英美烟公司遇到一些与政府打交道的问题时,也真心实意地提供一些建议,但是偶尔需要他帮助时,

---

　　① 上海社会科学院经济研究所:《英美烟公司在华企业资料汇编》,中华书局,1983 年,第 706 页。

却从来没有给克特珍"任何实际上的帮助"。① 一度曾让克特珍怀疑"是否这是因缺乏权势或者仅仅是巧合的事我很难说",即便如此,克特珍还是非常喜欢与他交往。

英美烟公司的资助费用是事后结算的,转眼就是 ·年。当付给《庸报》6000 块大洋时,英美烟公司天津部的广告部门对其做了评价,认为"如果没有我们的支持,它(《庸报》)一定要失败的,但是有我们的支持,董现在也并不赚钱"②。但大家对《庸报》有信心,认为"该报纸的编辑是好的,出版也是好的,同时在一部分有影响的人民中拥有读者"。③ 克特珍也希望今后继续给予董显光支持,但延续每年 6000 块大洋的广告资助,需要上海驻华英美烟公司董事会最后决定。

董显光很看重英美烟公司的广告费,原准备等到老朋友柯深史来天津时面谈。后得知柯深史来天津的可能性不大了,遂于 1927 年 5 月 6 日,亲自写信给柯深史:"作为我的一位好友,你也许愿意听到有关我作为报纸业主的生涯的某些令人愉快的消息。在短短的 10 个月中,《庸报》几乎取得了华北新闻工作方面领先的地位,在这里和其他地方的所有报纸读者中都很有名。目前每天发行数有 4000 份。一般地说,公众认为这是一家独立的报纸。它有一笔 2500 元以上的广告费用收入。如果英美烟公司继续给予帮助的话,我相信再过一年该报将能自给。如果你能够使英美烟公司再给予支持一年,我将有可能使《庸报》成为中国的一家大的日报。"④

---

① 上海社会科学院经济研究所:《英美烟公司在华企业资料汇编》,中华书局,1983年,第 706 页。

② 上海社会科学院经济研究所:《英美烟公司在华企业资料汇编》,中华书局,1983年,第 706 页。

③ 上海社会科学院经济研究所:《英美烟公司在华企业资料汇编》,中华书局,1983年,第 706 页。

④ 上海社会科学院经济研究所:《英美烟公司在华企业资料汇编》,中华书局,1983年,第 706 页。

图 5-9　1926 年《庸报》的"大前门"广告

　　或许柯深史、克特珍看中与董显光的友谊,或许也判断《庸报》将有好的发展趋势,此后驻华英美烟公司天津部又连续几年给予《庸报》广告费支持。《庸报》达到日售二万多份的发行规模,成为与《大公报》《益世报》并列的天津三大报纸之一。

七、《英美烟公司月报》在天津编印

英美烟公司进入中国以后,注重对北方市场的开拓,除了在销售布局方面,将天津部放在重要的位置上,而且在宣传上还有更大的举措。

英美烟公司进入中国不久,就创办了一个专业刊物,即《北清烟报》。北清是外国人对清帝国北方一种称呼,似乎最初这一说法来自日本。日本人将庚子年在北方发动的义和团事件,称为"北清事变"。看来欧美也延续了这个称呼。《北清烟报》约创刊于光绪三十二年(1906年),由英美烟公司发行、上海群益印刷局编译承印。目前上海图书馆保存了《北清烟报》第三期,该期印制于光绪三十二年丙午七月(1906年9月)。那时的报纸与现在的杂志没有区分,也是成册的,采用锁线装订,都是中文版。主要刊登当时发生的一些时事,同时刊登

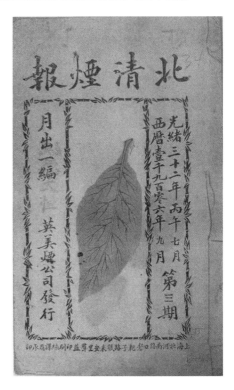

图 5-10　《北清烟报》第三期

英美烟公司的烟草广告。开设了"代论""中外闻见录""西艺杂志""谈瀛""谐谈""益智集""短篇新小说"等栏目。英美烟公司进入中国,最初依靠老晋隆洋行进行推销,他们的销售领域限于长江中下游地区。《北清烟报》的目的,似乎帮助公司开辟一个新的卷烟销售领域,即在清王朝的中心华北一带,推销卷烟制品。

随着天津作为英美烟公司在华北地区中心地位的确立,1921年又创刊了《英美烟公司月报》。主办单位为驻华英美烟公司,编辑部最初设在驻华英美烟公司天津部,设有三名编辑,由天津北洋印刷局承担印刷。《英美烟公司月报》主要刊载卷烟销售状况,宣传文字与广告;辅以烟草生产方法,卷烟制造,国内外经济贸易介绍,以及公司职员、经销商与顾客、代理店的信息参考与友谊联络;另有文艺小说,杂俎趣闻,卫生常识等,以供读者消遣。

1923年9月1日,即英美烟公司成立21周年之际,《英美烟公司月报》出版一期纪念刊。该纪念刊介绍了驻华英美烟公司概况,特别是公司的创始人、董事长以及公司各位董事介绍,还介绍了驻华英美烟公司天津部、上海部以及16个销售区域的组织情况、经销代理商情况,大量的铜版纸图片以及刚刚建成的天津工厂的照片。

该纪念刊还专门介绍了《英美烟公司月报》,即:

《英美烟公司月报》系本公司正式通信机构,月出一期,创办于北京,设于本公司学校内。该校之目的原系谋公司华职员之便利,而为公司教育计划之一。月报第一册于1921年正月出版,直至是年12月俱系在京印行。1921年2月编辑部迁至天津部总办公处,受该部广告部监督,自2月在津出版。自此改组以来,各地同人纷纷来函称誉,是证该报之为同人所注意。该报刊仍力求改良,每月增加新材料,以冀对于诸同人有实际之利益云。"①

该刊还刊登了一张编辑部编辑和美术编辑的照片,有四个人,即英国人劳和、中国人喆甫、李捷臣、赵恩元。喆甫似乎是陈哲甫,为近代教育家和报人,曾在津参与编辑《醒华画报》工作,1916 年在北京与王璞创办《官话注音字母报》。赵恩元即赵卓甫,此前在南开大学担任英语教授,1922年进入英美烟公司,担任《英美烟公司月报》编辑,参与了第 2 卷至第 4 卷的编辑。1924 年编辑部迁到上海,并由于待遇问题与公司产生矛盾辞职,后成为公司高级职员天津部北方区的督销。

英美烟公司除了编印《英美烟公司月报》,还于1925 年编写了《英美烟公司有限公司在华事迹纪略》,该书分成若干部分:英美烟公司缔造之心愿、新工业之出世、待遇职工之平等、工资发给之优裕、花红之发给、工厂建筑之完美、注意工人疾病、工业人才之造就、美术学校之创立、工人儿童教育之设备、预蓄储金以备不测之需等,对英美烟公司在中国的业绩全面介绍。

《英美烟公司月报》是天津早期开办的企业报刊,嗣

图 5-11　1923 年《英美烟公司月报》纪念刊

① 驻华英美烟公司:《英美烟公司月报·纪念刊》,1923 年 9 月 1 日。

后又出现永久黄集团的《海王》、东亚毛纺厂的《方舟》、大陆银行的《大陆银行季刊》、金城银行的《金声》等。

英美烟公司作为西方在华企业,重视自文化入手的广告宣传,也对天津文化产生一定的影响。一方面,广告文化效应促进了商品的销售;另一方面,广告也资助了文化进步与发展。

第六章
天津英美烟公司工人觉醒与斗争

天津英美烟公司是旧中国的大型外资企业,聚集了几千名产业工人。中共天津地方党组织建立以后,就以开展工人运动为工作重点,并在英美烟公司所在的河东大王庄地区开展工作,在烟厂工人当中发展党员、建立党组织,开展革命活动。英美烟公司工人在党的领导下,不畏艰险,积极投身革命大潮中去,与帝国主义、反动势力和封建势力开展斗争,谱写了一曲曲红色的革命壮歌。

一、中国共产党在英美烟公司的早期活动

天津辟为通商口岸后,外国列强纷纷在天津建立租界,开办工商机构,当时海河西岸英法租界多为外国人开设的银行、洋行等金融、贸易机构。而海河东岸的俄租界却聚集了英美烟公司、英商卜内门洋行、英商开滦矿务局、德商井陉煤矿公司、美孚石油公司、英商亚细亚火油公司等外商工厂、仓库,聚集了一批产业工人。在天津俄租界也发生过很多与共产党人有关的故事。

1919 年 3 月,俄共(布)党员布尔特曼受派遣来到天津俄租界,在犹太人开办的石德洋行工作,以此掩护所从事的革命工作,广结京津高校进步学生。9 月,布尔特曼经俄国汉学家、俄共(布)党员鲍立维介绍认识了李大钊,对中国革命交换了看法,并称李大钊为卓越的马克思主义者。1920 年初,李大钊护送陈独秀由天津转赴上海。"李大钊在天津与章志、姜般若、胡维宪等一起,来到原俄租界会见俄共(布)党员鲍立维。"①不久,中国最早的马克思主义研究团体——马克思学说研究会在北京成立。可见,天津俄租界是早期马克思主义者开展活动的场所。

1924 年 9 月,中共天津地方执行委员会(简称中共天津地委)成立

---

① 李俐:《李大钊与天津党团组织的建立》,《求知》,2017 年第 7 期。

后,按照党的"四大"决议要求,注重在产业工人当中建立党组织,领导工人开展革命运动。1925年底第二次直奉战争后期,中共天津地委配合冯玉祥领导的国民军赶走奉系军阀,中国共产党和国民党公开活动,革命高潮复起,河东一带建党活动也随之开始。

最早在大王庄活动共产党员是靳子涛(又名金城,中华人民共和国成立后,任郑州市副市长)。靳子涛为河北饶阳县人,1922年随兄长靳子屏在大王庄开办新民小学,住在七纬路永乐里,并在1925年"五卅"运动中加入了中国共产党。1926年初,天津地委派靳子涛在大王庄开辟工作。他在新民小学发展张桀三、韩凤珍加入中国共产党,建立了大王庄党支部。党支部设在大王庄七纬路庆余里韩凤珍家,他们经常在这里活动。此后靳子涛经常深入英美烟公司和开滦矿务局北方售煤处工人中,宣传进步思想。①

傅懋恭(又名彭真,第六届全国人大常委会委员长),山西曲沃人,1923年加入中国共产党,1925年发起成立山西工人联合会和太原总工会,组织发动工人运动,后在石家庄领导恢复正太铁路总工会,任正太铁路总工会秘书。1926年作为正太铁路总工会代表出席在天津召开的第三次全国铁路工人代表大会。1926年至1927年在任中共天津一部委书记和地委职工运动委员会书记期间,经常深入河东郑庄子、大王庄工人区,指导工运和党的工作。②

1926年3月,国民军撤离天津,奉系军阀卷土重来,对天津革命运动施行疯狂报复,党、团组织及革命团体的活动由公开转向地下。

为了保存革命有生力量,中共天津地委决定,将已公开暴露的人员撤离天津。中共北方区委派粟泽、傅懋恭、靳子涛等一批骨干留在天津继续

---

① 中共天津市河东区委党史资料征集委员会《沽上春秋——河东党史资料汇编(1924-1949)》,中共天津市委党史资料征集委员会出版,1990年,第132页。
② 中共天津市河东区委党史资料征集委员会:《沽上春秋——河东党史资料汇编(1924-1949)》,中共天津市委党史资料征集委员会,1990年,第132页。

开展工作,并调整了中共天津地委领导机构。此后,天津工人运动重新兴起,党团组织和工会组织得到迅速恢复和发展。1926 年底,在法租界普爱里 72 号(后长春道 293 号)建立了天津城市工人俱乐部,这里既是地下党的联络机关,又是天津总工会的领导机构。

1927 年下半年,中共天津地委在普爱里 72 号召开列宁逝世 3 周年的会议。被法租界工部局发觉,逮捕了粟泽、傅懋恭、靳子涛、王裴然、李培良等 30 人。趁敌人尚不了解真实情况,天津地委书记李季达通过国民党要人李石曾与法国人的关系,连夜营救,第二天这批党员全部释放,避免了党组织一次大的破坏①。

1927 年夏,在靳子涛领导下,办起了大王庄工人夜校,学生以英美烟公司女工为主,由共产党员新民小学教员韩凤珍、雷兴担任教员。教学同时,"发展工人党员,开展红色工会的工作。但斗争环境是极其残酷的,党组织连续遭到破坏"②。

同年,蒋介石在上海发动四一二反革命政变后,中共北方区遭到严重的破坏。天津地方党组织活动处于低潮。1927 年 8 月 1 日,中共顺直省委在天津正式成立。

---

① 中共天津市委党史资料征集委员会:《中共天津党史大事记(1919—1949)》,天津人民出版社,1991 年,第 112 页。
② 中共天津市河东区委党史资料征集委员会:《沽上春秋——河东党史资料汇编(1924-1949)》,中共天津市委党史资料征集委员会,1990 年,第 5 页。

二、五卅运动与女工金桂珍

1925 年 5 月 30 日,震惊中外的五卅运动在上海爆发,并很快席卷全国。五卅运动是中国共产党领导下的群众性反帝爱国运动,是中国共产党直接领导的以工人阶级为主力军的中国人民反帝革命运动,标志着大革命高潮的到来。

1925 年 5 月 15 日,上海日商内外棉纺七厂资本家借口存纱不敷,故意关闭工厂,停发工人工资。工人顾正红带领群众冲进厂内,与日本资本家理论,要求复工并发放工资。日本资本家非但不允,而且向工人开枪射击,打死顾正红,打伤工人 10 余人,成为五卅运动的直接导火线。5 月 30 日,上海一万名学生和各界群众为抗议枪杀顾正红,举行示威游行,英租界印度巡捕在老闸巡捕房门首开枪镇压,死难 13 人,轻伤数十人,被捕 150 余人,成为震惊中外的"五卅惨案"。当天深夜,中共中央再次召开紧急会议,决定组成行动委员会,具体领导这次斗争,组织全上海民众罢工、罢市、罢课,抗议帝国主义屠杀中国人民。

天津是华北的经济中心,英、日货物云集,中共天津地委发动在津各大学师生组织经济绝交团体,号召各界奋起抵制英日货物。天津大英烟公司首当其冲,抵制该公司的卷烟成为运动的重点。南开大学师生成立经济绝交社,出版《绝交报》呼吁各界抵制英日货物。据《绝交报》第二号记载:

　　中国从英美烟公司买一万万四千元的香烟,从自己的公司只买二千万元的香烟。

　　华北一带——每年从英美烟公司买二千万的香烟,从自己的公司只买一百万的香烟,

　　一万万四千万元分给天津人,每人每年可得二百三十元(天津人口六十万)。

　　英国人拿了我们的钱财,还要屠杀我们的同胞,我们不要再送死了,从此以后,我们立志不再吸烟,或只吸自己公司的烟……

　　不吸英国烟,留下万万钱。

　　有了万万钱,好比活神仙。[①]

图6-1　《绝交报》第二号

　　见到学生的《绝交报》,使英美烟公司十分紧张。天津英美烟公司总办克特珍向英国驻津总领事馆反映了这一"厉害的反英美烟宣传的问题"。6月17日,英国领事克尔与天津警察局长商谈这个问题。克特珍向领事提供了照片和一些传单,他认为南洋烟草公司给予反英美烟宣传一些津贴,而英美烟

　　① 中共天津市委党史资料征集委员会、天津市总工会工运史研究室、天津市历史博物馆:《五卅运动在天津》,中共党史资料出版社,1987年,第152页。

公司的大小经销商也相信这一点。①

针对天津抵制英美烟公司卷烟的事项,上海总部授权天津英美烟公司总办可以每月动用1500元特别费用,一方面向军阀送钱;②另一方面贿赂媒体。联系北京某通讯社,以新闻报道形式发表一些类似支持英美烟公司的论点。结果文章写出后,登载于《北京天津时报》《华北星报》《远东时报》《北京导报》《北京日报》以及《北京之声报》等北京、天津报纸上转载,但是遭到《益世报》的拒绝。③

1925年7月11日下午,天津纸烟同业公会成立。到会者有340余家纸烟零售商。会上天津总商会会长夏琴西致辞:"同业公会是谋同业共同之利益,现在大家代售英日纸烟,得利极微,公会成立,大家组织公司,自然可得厚利。"④会上公推赵松延为董事长。不久后,南开大学师生举办义演募捐,南洋烟草公司进行了捐助,8月9日天津各界联合会调查股,分成15路小组,根据《经济绝交条例》调查英、日货物情况。纸烟同业公会赵松延提议:"英国纸烟前已少销八成,近日大有恢复原状之势,应速劝导。(公决)由本会、学生联合会、海员工会,各出十人,共分五队,于即日起,即知会各售烟家,不准再买卖英烟,拟写宣讲书,列英烟各牌号,俾众周知。"⑤8月11日各界联合会发出《劝告纸烟商抵制仇货宣言》:"……津埠英日纸烟云集,国人任意买卖,实属漏厄已极。挽回利权,唯有我中国人买卖中国烟,况当此国家危急存亡之秋,更当努力抵制,

---

① 上海社会科学院经济研究所:《英美烟公司在华企业资料汇编》,中华书局,1983年,第1333页。
② 上海社会科学院经济研究所:《英美烟公司在华企业资料汇编》,中华书局,1983年,第1400页。
③ 上海社会科学院经济研究所:《英美烟公司在华企业资料汇编》,中华书局,1983年,第1439页。
④ 中共天津市委党史资料征集委员会、天津市总工会工运史研究室、天津市历史博物馆:《五卅运动在天津》,中共党史资料出版社,1987年,第177页。
⑤ 中共天津市委党史资料征集委员会、天津市总工会工运史研究室、天津市历史博物馆:《五卅运动在天津》,中共党史资料出版社,1987年,第186页。

以冀外交胜利。再者,中国纸烟,如南洋兄弟烟草公司,制造既然精美,烟丝尤属黄嫩,而英日纸烟虽佳,实系仇货,当此经济绝交之时,凡我同胞应积极抵制,以挽利权外溢,望纸烟商速醒。谨此宣言云。"①

同时纸烟同业公会组织劝导队,劝导代售英美烟公司纸烟的大小商号,入会一同抵制。劝导队分成五队分东、南、北三路出发,每队三人,挨家劝导,愿加入公会的商户颇多。其间,英美烟公司推销员日前赴天津各饭庄劝购卷烟,许以每月赠送五元。天源楼饭庄刘佐臣不但不被利诱,还联合蓬莱春、晋阳楼、松竹楼、全聚德、同福楼、鼎和居、源丰居、天源楼、会英楼、登瀛楼、明湖春、厚德福等各饭庄共同抵制。

面对天津市人民的抵制,天津英美烟公司担心货栈内的卷烟成品受到损失,一方面请求地方保护,另一方面请求英国驻津总领事馆出面帮助。

不久,英国驻津总领事馆发出布告"兹据英美烟公司呈称,在此栈内所存烟品如英美烟公司有限英国公司、英商驻华英美烟公司、大英烟公司、永泰和股份有限公司、协和烟公司、英美烟公司经理等货以及附属各件,系本公司制造自产,恳请保护等情,据此除转达本省官厅予相当保护外,合行出示布告诸色人等一体知悉,不得滋扰,切切特示"。

8月9日,由总工会、海员工会发起各界人士罢工大游行,自广东会馆出发,经北门、北马路、东马路、东浮桥、意租界、老车站抵达大英烟公司,要求与工人演讲对话。烟厂工友特别欢迎,并备茶水招待大家。有三百余烟厂工友听演讲,共两个小时。罢工团体还散发了一份传单,工友们听后,"立现一愤怒态度"②传单号召"工友们,你们争口气,即时退出英美烟公司来,看看饿死饿不死。每天两三毛的工钱,我们天津各界同胞还管

---

① 中共天津市委党史资料征集委员会、天津市总工会工运史研究室、天津市历史博物馆:《五卅运动在天津》,党史资料出版社,1987年,第187—188页。

② 中共天津市委党史资料征集委员会、天津市总工会工运史研究室、天津市历史博物馆:《五卅运动在天津》,党史资料出版社,1987年,第252页。

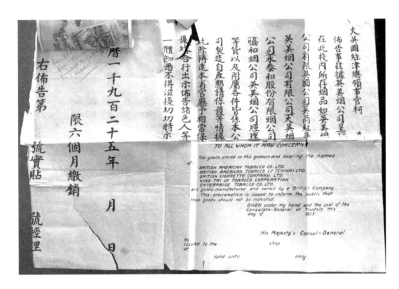

图 6-2　英国驻津领事馆发出的告示

的起你们,算不了什么"①。10 日,反对英日的示威大游行达三千余人,仍由广东会馆出发,到大王庄大英烟公司。游行队伍呼喊"打倒英强盗""取消不平等条约""不给英日人作工""天津工友们联合起来"②!

在五卅运动中,由于抵制运动,大英烟公司生产的卷烟受到严重的损失。1925 年 8 月 6 日,《大公报》刊载消息《抵制声中之英日货》称"烟草一项,因受排货影响,输入品及当地外人工厂之制品,均受中国制品所压迫,而陷于销行不良。以前销行最畅之英美烟公司之大英牌烟即北京之红锡包,已减退前之四成,即六十万个,该公司之制品已减三分之二"③。

在天津五卅运动的影响下,有一位大英烟公司女工成为反抗斗士,即后来的天津莲宗寺住持际然法师。际然法师俗名金桂珍,满洲正白旗人,

---

①　中共天津市委党史资料征集委员会、天津市总工会工运史研究室、天津市历史博物馆:《五卅运动在天津》,党史资料出版社,1987 年,第 252 页。

②　中共天津市委党史资料征集委员会、天津市总工会工运史研究室、天津市历史博物馆:《五卅运动在天津》,党史资料出版社,1987 年,第 253 页。

③　中共天津市委党史资料征集委员会、天津市总工会工运史研究室、天津市历史博物馆:《五卅运动在天津》,党史资料出版社,1987 年,第 198 页。

生于光绪三十四年（1908），原籍沈阳，早年依靠朝廷发给旗人的俸禄为生。1911年辛亥革命后，旗民的特权取消了，她的父亲就担起了黑白铁的挑子，走街串巷。金桂珍七岁时父亲去世，与母亲过着颠沛流离的生活。11岁时随母来到天津，以拾破烂卖钱度日，12岁时进大英烟公司装烟部当童工，工号为"819"号。1925年五卅运动爆发后，各界人士到工厂门前演讲，她认真听取了演讲，看了劝退工作的传单。当时她只有18岁，苦难的经历构成她强烈的反帝反封建意识，果断地投身五卅运动当中，并被进步团体吸收为骨干。她曾经被召到郭庄子一家小布铺后院，听取抵制英、日货的演讲以及行动方案。回厂以后，她就在工人中间宣传罢工，并守在工厂的后门，劝阻工人不要进厂为英国人装烟，团结起来与列强势力斗争。其参与五卅运动的行动，被厂方发现，随后被开除。由于生活没有着落，在联合会的帮助下，又去了希腊人开办的正昌烟草公司，依然装烟，每天只得9角钱。不久母亲去世，生活步履艰难，在痛苦的抉择中，她想出了解脱人生苦难的方法——出家。1935年，28岁的金桂珍在北京拈花寺皈依量源法师，剃度受戒，法名际然。1936年，际然法师回到天津开始募化净资买地备料，在南市附近创建寺庙——莲宗寺，取之莲花出污泥而不染；又以莲宗也是净土宗念佛法门之意。

三、1927 年大英烟公司工人罢工

 1925 年以来,天津大英烟公司工人在中国共产党的领导及影响下,为争取应有的权益,举行了多次罢工。

 1927 年,中国境内军阀混战,各霸一方,全国尚未实行统一的烟草税赋制度。因此各地军阀拥兵自重,自定税率和征收办法,搜刮民财。奉系军阀直隶督军褚玉璞于 1927 年 6 月宣布,由于军事浩繁,在直隶省内开征 50%的卷烟军事特捐,作为临时军费,一旦军事行动结束,当即取消。于是直隶省卷烟吸户特捐处根据褚玉璞的旨意,宣布自 6 月 10 日起开征军事特捐。天津大英烟公司以刚上缴吸户特捐和加征治河经费附加税,无力再缴 50%军事特捐为由,宣布于 6 月 14 日起先停工三个星期,何时开工,视交涉情况而定。工人工资发至停工前一天,停工后停发工资,并发还"红本子"储金。大英烟公司停工的目的是抗税,但不顾工人的利益,把经济危机向工人转嫁。"红本子"是英美烟公司内的一项储金制度,即公司每月从工人工资中扣除一部分作为储金,年底分红发还。按规定,在工厂服务五年发还一本一利。当时从"红本子"储金制实行后接近五年,这次停工,是由公司决定的,应该考虑停工期间的工人生活,本利双发,而公司只按实际册上的数字,只发一本,不发一利,直接威胁着停工期间的工人生活。为了维持停工期间的生活,工人们闻讯,纷纷要求公司应还"红本子"的一本一利储金。外籍工厂总监无视工人的要求,以账算不

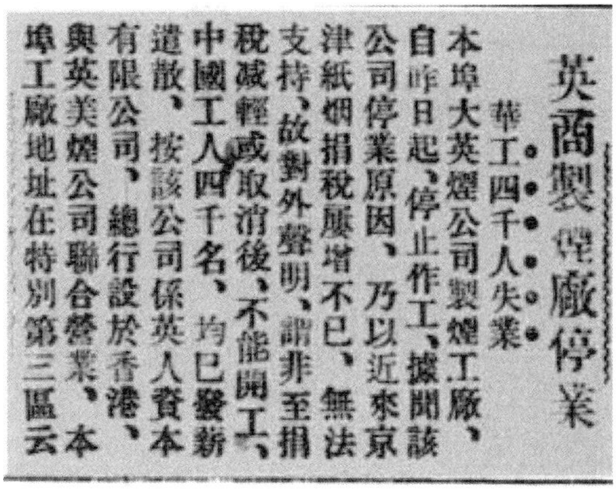

英商製煙廠停業
華工四千人失業
本埠大英煙公司製煙工廠、自昨日起，停止作工，據聞該公司停業原因、乃以近來京津紙烟捐稅屢增不已、無法支持，故對外聲明，謂非至捐稅減輕或取消後，不能開工、中國工人四千名、均已發薪遣散、按該公司係英人資本有限公司、總行設於香港、與英美煙公司聯合營業、本埠工廠地址在特別第三區云

图 6-3　《大公报》刊登大英烟公司停工的消息

出来和需要请示上海总公司董事会为由，迟迟不予答复。工人们看出了公司的目的，于是自发地组织起来，开始了全厂性的大罢工。工人罢工吓坏了外籍总监，他想及时逃离工厂，不料被工人发现。大家围着外籍总监的汽车不容开动，就这样相持达数小时，工人据理力争，使厂方无言以答，最终答应按一本一利发还储金。可是发还时，竟未包括600多名女工，女工们愤怒地将车间内的纸盒和包烟工具毁坏，外籍总监担心事情闹到不可收拾，被迫于次日补发。

工人罢工后，英美烟公司发还工人停工期间的费用达6万余元。工人们赢得了第一场经济斗争的胜利。1927年11月29日，中共顺直省委发出致各级支部同志通告，要求天津党组织“必须立即着手将京奉铁路、津浦铁路、船舶、码头、电灯厂、电话、电车站、邮政局、水厂、兵工厂、造币厂、六大纺织厂、纸烟制造厂、地毯制造厂的工人们组织起来，在铁路、电灯厂和纺织厂进行斗争和暴动”①。

① 中共天津市委党史资料征集委员会：《中共天津党史大事记（1919-1949）》，天津人民出版社，1991年，第1256页。

四、中国共产党与 1928 年罢工斗争

1928 年 6 月，奉系军阀褚玉璞被迫撤出天津，阎锡山率晋军占领天津，任命傅作义为天津警备司令，南桂馨为天津市市长，宣布"北伐成功"，"全国统一完成"。随后国民党进入天津并开始公开活动，并于 8 月 24 日成立了天津市总工会，下设天津大英烟公司分会。

工会成立后，引起天津英美烟公司的仇视，以种种借口开除加入工会的工人。为此当年 10 月，工会提出四项条件：（1）要求被开除的工人一律复工；（2）全厂增加工资一次；（3）厂方聘用辞退工人须经工会同意；（4）由厂方出资创办工人子弟学校。厂方对工会提出的四项要求，非但未予答复，反而将工作时间延长。

11 月 17 日，工人代表 30 人由工会委员刘奉臣率领到天津总工会请愿，要求公司迅速答复上月提出的四项条件。工人代表孟继田、周士琛历数工友们受厂方欺骗的情况，并指出：因总工会延宕，致公司工会一方示弱于外人，使身为工会常务委员者，上遭厂方之欺凌，下受工友之责难。总工会再不急求善策，则工人即将罢工，以待善后。工人代表还要求撤换、惩办华账房张筱芳。迫于工人的压力，时总工会贺熙谦、郑国治两委员应允具情转报国民党市党部、市政府、市公安局向公司交涉。

经过国民党市党部、市政府、总工会反复研究，责成市社会局局长鲁荡平负责与大英烟公司交涉。鲁荡平当即更改了四项条件：（1）凡入工

会曾被开除的工人须一律复工;(2)工厂开除工人须通知工会;(3)该厂工人学校经费须厂方担负;(4)工人每日增加工资一角。这本是妥协的办法,但就是这个办法,也未得到公司的认可。工厂总监格林答复:(1)将已开除的工人复工,要由厂方根据条件决定,不能一律复工;(2)厂方进退工人,不同意通知工会;(3)增加工资需等到明年 1 月份,按公司惯例实行童工每日 3 分,成年工人每人 5 分;(4)创办子弟学校由厂方出资,须请示上海总公司董事会。实际上一条也没有答应。

公司工会不同意厂方的答复,鲁荡平出面劝说,工厂为外商,如工人走罢工极端,弄成僵局不好收拾。就这样,在市社会局、总工会的调停下,工潮暂告平息。

12 月 8 日,公司工会在大王庄同乐戏院召开全体大会,总结前一阶段工潮斗争,讨论训练工人的办法。对于这次大会,中国共产党领导的中华全国总工会机关刊物《中国工人》第三期,刊发了《津英美烟厂工会斗争胜利》的文章,指出:"天津政府当局说工人首领某人为共产党,不应鼓动群众罢工,欲加拘捕!工人群众明知此种理由是当局帮助厂方压迫工人的手段,虽然罢工没有实现,坚持条件的精神则始终一致!"①

工潮平息后,公司答复工人的条件并没有执行,工会推举代表见工厂总监格林。经过再三交涉,均遭拒绝。对于厂方的强硬态度,工人的愤怒再也压制不下去了。于是,公司工会决定,实行全厂总罢工,罢工指挥部设在同乐戏院。

12 月 27 日,一声汽笛,全厂设备戛然而止。工人们自觉停下机器,请厂内各部主管接收机器及一切物资,经点验后,所有机器设备丝毫无损,四千名工人集体交工牌,整队出厂,分头回家。

罢工期间,工会组织纠察队在工厂周围警戒。在大王庄同乐戏园罢工指挥部中,工人聚集一起研究斗争策略,又提出补充后的四项条件:

---

① 《天津美英烟厂工会斗争胜利》,《中国工人》,1929 年第三期,第 30 页。

图6-4 《大公报》有关天津英美烟公司罢工的消息

(1)所有失业工人一律复工;(2)改善待遇,一律平等;(3)每人每日增加工资一角;(4)工人学校开办费及经常费须由厂方负担。这四项条件较以前更尖锐、更进步、更具斗争精神。

这次罢工坚持了半个月,对于英美烟公司是一个重大打击,公司负责人立即函请天津英国总领事同时向河北省交涉署和市政府提出强烈抗议。对于英国人的愤怒,国民政府吓得魂不守舍,蒋介石亲自召见天津市社会局局长鲁荡平询问真相,国民政府北平行政分会主席张继一方面派员斡旋,另一方面指派天津市市长崔廷献进行彻查。

鉴于英国人和上峰的压力,国民党市党部、市政府、立即召开社会局、公安局、总工会商议。结论为公司工会主席张滋泉受英美烟公司贿赂,因公司存货过多,故意挑起工人罢工,又说张滋泉受西山会议派指使,阴谋推翻总工会;还说工会领导中有共产党员,有意鼓动工人罢工。

12月31日,工会委员刘奉臣率工人代表再到市总工会请求支持,遭到断然拒绝。当天市公安局、特别三区公署出动大批军警进驻公司。首先查封了公司工会、将工人纠察队队长孙奎喜,队员吕文海、苏振清、韩文起等20余人逮捕。接着又逮捕了工会主席张滋泉、委员孟继田、王秉牵等工会领导,押解到市政府,随后交市地方法院审理。1929年1月3日,工厂无条件复工。就这样,一场轰轰烈烈的罢工斗争被镇压下去了。

在这次烟厂工人斗争中,中共地下党发挥了积极作用,在解决罢工工人善后问题时,市政府科长、中共党员张友渔按照顺直省委的要求,为工人争取了部分利益。他说:"我那时得到的指示是帮助工人方面争得点好处就是了。后经调解,解决了。当时,国民党也参与了这件事,我们也参与了……我参加解决这件事是以天津市政府科长的身份出面的,解决的办法当时也是得到领导我的工作廖化平的指示的。"①

这次工潮和罢工持续了一个月,在社会上引起强烈的反响,《大公报》《益世报》逐日报道消息。1929年1月,中共顺治省委机关刊物《红旗》,刊载《北方四千烟草工人的斗争》,介绍了罢工情况。1929年1月1日《中国工人》发表署名沧海的文章《评天津英美烟厂罢工》,一针见血地指出:

> 四千余工人坚持一星期之久的罢工,被英领事一纸公文便镇压下去了,虽然这次罢工中还有国民党内部的冲突问题存在,但是这还不是罢工失败的主要原因。罢工失败的主要原因,就是号称扶助劳工的国民党政府,他们恐怕妨碍他们主子的财运起见,便不惜用野蛮的武力强迫工人复工,这是怎样一个帝国主义驯养的走狗行为啊!

> 北方的工人久苦于帝国主义和北洋军阀的摧残,因此当北洋军阀崩溃的时候,对于国民党不免有几许幻想。但是自国民党反动统治到达北方后,工人反受更严重的压榨,更野蛮的镇压,帝国主义横

---

① 张友渔:《我在天津从事秘密工作的片段回忆》,选自中国人民政治协商会议天津市委员会文史资料研究委员会编:《天津文史资料选辑》第10辑,天津人民出版社,1980年,第46页。

行如故，像英美烟厂这次罢工的失败教训，已足使北方工人走向更觉悟的道路，在职工运动的前途来看，并不是一件完全没有代价的事

我们希望北方工友们，能够接受这教训，彻底认清国民党的面目，不再走上海工人受国民党欺骗的老路。北方的工友们是“二七”运动的英雄，是“二七”后的几年中北方民众最觉悟、最勇敢的战士，伟大的五卅罢工、天津纱厂工人的血战，久已震破敌人的狗胆，你们只有运动以往的斗争精神，往前去奋斗，才能找到你们的胜利！[1]

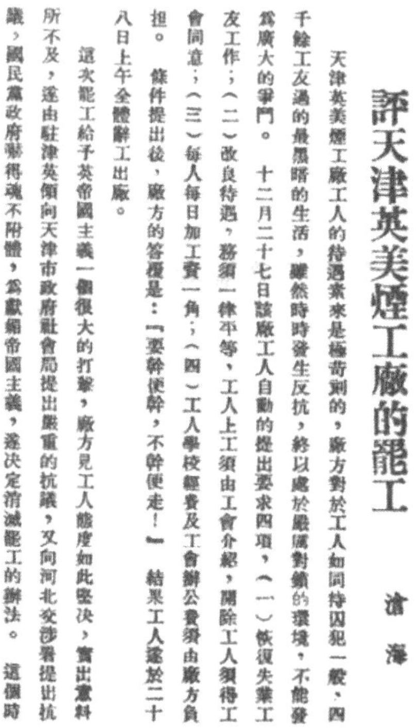

評天津英美煙工廠的罷工

滄海

天津英美煙工廠工人的待遇素來是極苛刻的，廠方對於工人如同待囚犯一般，四千餘工友過的最黑暗的生活，雖然時時發生反抗，終以處於嚴厲對鎖的環境，不能發為廣大的爭鬥。十二月二十七日該廠工人自動的提出要求四項，（一）恢復失業工友工作；（二）改良待遇，務須一律平等，工人上工須由工會介紹，開除工人須得工會同意；（三）每人每日加工資一角；（四）工人學校經費及工會辦公費須由廠方負担。條件提出後，廠方的答覆是：『要幹便幹，不幹便走！』結果工人遂於二十八日上午全體辭工出廠。

這次罷工給予英帝國主義一個很大的打擊，廠方見工人態度如此堅決，實出意料所不及，遂由駐津英領向天津市政府社會局提出嚴重的抗議，又向河北交涉署提出抗議，國民黨政府嚇得魂不附體，為獻媚帝國主義，遂決定消滅罷工的辦法。這個時

評天津英美煙工廠的罷工　九

图 6-5　沧海《评天津英美烟工厂的罢工》

① 天津卷烟厂档案室：《天津卷烟厂史资料》第三册，第 3 页。

五、在白色恐怖下成长的烟厂党组织

1928 年秋,中共顺直省委将天津一区委改为下边区委;二区改为河北区委;三区区委撤销,建立中共河东区委,区委书记为靳子涛,管辖烟厂所在的大王庄支部、裕大纱厂支部以及草场庵支部。[①] 同年 10 月 28 日,陈潭秋、刘少奇、韩连惠以中央特派员中央委员的名义直接领导顺直省委。11 月上旬,决定成立天津特区委,推动天津基层党的工作,特区委由傅懋恭任书记,靳子涛任组织部长,"特区委下领导有纱厂、烟厂、胶皮、地毯和教职员学生 4 大系统"[②],同年 12 月,周恩来到天津传达中共六大会议精神,召开中共顺直省委"十二月扩大会议",并作《当前形势和北方党的任务》报告,给北方党的工作指明了方向。

1929 年 2 月,靳子涛调任河北区委书记。河东区委书记由阎怀聘接任。5 月中旬,"河东区委的振兴烟草支部工作很积极,区委决定该支部试办工厂小报,开展宣传工作,河东区委书记决定到大英烟公司参加生产"[③]。同年 6 月,由于叛徒出卖、国民党当局的残酷镇压,天津党组织损

---

① 中共天津市河东区委党史资料征集委员会:《沽上春秋——河东党史资料汇编(1924-1949)》,中共天津市委党史资料征集委员会,1990 年,第 5 页。
② 中共天津市委党史资料征集委员会:《中共天津党史大事记(1919-1949)》,天津人民出版社,1991 年,第 132 页。
③ 中共天津市委党史资料征集委员会:《中共天津党史大事记(1919-1949)》,天津人民出版社,1991 年,第 139 页。

失很大,曾在河东及烟厂工作过的天津党组织负责人傅懋恭、靳子涛等 20 多名党员相继被捕。傅懋恭是因阎怀聘叛变出卖而被捕的,在狱中领导了几次绝食斗争(1935 年刑满出狱后,出任天津市委书记、北方局组织部长,继续领导河东基层组织工作)。

1930 年,中共中央决定撤销北方局,将顺直省委改建为河北省委。1932 年,中共临时中央向北方党组织提出加紧组织和武装工农群众,创造北方新苏区的"左"倾要求,9 月 25 日,中共天津市委《北方红旗》刊文《天津两个罢工与国民党黄色工会的欺骗》,指出:"自 5 月份以来,天津民丰、庆丰、嘉瑞等面粉厂,裕元、裕大、恒源、华新等纱厂,以及烟草、北洋火柴、内外化学肥料、自来水、电灯、电车、邮政等工人企业工人,连续不断举行罢工斗争,打击了中外资本家的气焰。"①由于天津市委执行"左"倾路线,致使党组织屡受挫折,基层组织惨遭破坏,革命斗争频遭失败,革命力量严重削弱。在残酷的白色恐怖中,烟厂的中共党组织依然存在。据历史文献《1932 年 11 月天津工作报告》在关于"组织"情况中记,当时天津有党员 35 人,其中河东地区 14 人,"英美烟草支部三人",②可以看出当时烟厂党组织是一个坚强的革命堡垒。

1935 年 1 月,中共河北省委以《为三个月五十个干部而斗争》为题,致天津市委公开信,"要求天津市委自 2 月 1 日起至红五月前夜止,要在 3 个月内发展 50 名干部对象,把工作重心放在铁路、海员、码头、纱厂、烟厂、电车、电报、电话、邮政等行业"③。不久,共产党员李铁夫"在河东贫民区(重新)建立了中共河东区委,并同张秀岩一起在贫民区和英美烟公

① 中共天津市委党史资料征集委员会:《中共天津党史大事记(1919-1949)》,天津人民出版社,1991 年,第 183 页。
② 中共天津市河东区委党史资料征集委员会:《沽上春秋———河东党史资料汇编(1924-1949)》中共天津市委党史资料征集委员会,1990 年,第 9 页。
③ 中共天津市委党史资料征集委员会编:《中共天津党史大事记(1919-1949)》,天津人民出版社,1991 年,第 204 页。

司等处发展党的队伍。"①下半年，中共河东区委恢复，于会云为区委书记。区委以天津民众教育馆、泰得里民众学校为掩护，"在贫民区、颐中烟草公司、盛锡福草帽辫厂等处发展党员"②，还开办了工人夜校，于会云为夜校负责人。

图 6-6　共产党员
张秀岩（左）与李铁夫（右）

1937 年七七事变发生后的第二天，中共中央发出《中国共产党为日军进攻卢沟桥通电》，明确指出："只有全民族实行抗战，才是我们的出路！" 7 月 15 日，在中共天津市委领导下，成立了天津各界民众抗日救国会，同时天津颐中烟草公司成立抗日救国分会。救国会积极支援二十九军抗战活动，开展宣传、募捐和慰问抗日官兵活动。7 月 30 日天津沦陷后，中共天津市委把大批党员和民先队员输送到解放区。同年 12 月，"天津工人救国联合会成立，河东地区的纱厂、烟草厂、铁路工人、海河工人、码头工人的抗日救国组织相继建立"③。

1938 年 8 月以后，中共河北省委撤出天津，中共天津市委撤销。9 月成立了中共平津唐点线委员会，并成立了天津市"城委"，当时"城委"贯

①　中共天津市河东区委党史资料征集委员会：《沽上春秋——河东党史资料汇编（1924-1949）》，中共天津市委党史资料征集委员会，1990 年，第 134 页。

②　中共天津市河东区委党史资料征集委员会：《沽上春秋——河东党史资料汇编（1924-1949）》，中共天津市委党史资料征集委员会，1990 年，第 9 页。

③　中共天津市河东区委党史资料征集委员会：《沽上春秋———河东党史资料汇编（1924-1949）》，中共天津市委党史资料征集委员会，1990 年，第 11 页。

彻"隐蔽精干,长期埋伏,积蓄力量,以待时机"①的斗争方针。通过党的外围组织民先队,扩大党的影响,并通过抗日爱国力量深入工厂,推动抗日活动。天津沦陷后,裕大纱厂、裕丰纱厂、颐中烟草公司的党组织工作先由天津城委书记顾磊负责(新中国成立后任吉林省副省长、省政协副主席),后为朱峥负责(新中国成立后任天津棉纺二厂党委书记)。朱峥又名朱淑宜,静海县人,出身革命家庭,两位哥哥朱光、朱缙章都是地下党。在兄长的感召下,在北洋女子师范学校附中时就参加学生运动,后在女师毕业。1936年经其兄朱缙章(法商学生)介绍参加妇救会(后改为女同学会)活动,同年加入中国共产党。七七事变前后在天津做地下工作,按照党的要求深入河东的工厂,与女工打成一片。并负责颐中烟草公司以及裕大纱厂、裕中纱厂地下党的工作。其后。烟厂工人在地下党和救国会的领导下,积极开展抗日斗争。

---

① 中共天津市河东区委党史资料征集委员会:《沽上春秋———河东党史资料汇编(1924-1949)》,中共天津市委党史资料征集委员会,1990年,第13页。

六、女劳工学校及妇女救国会

在英美烟公司的历史上,还有一段共产党员张秀岩组织天津颐中妇女救国会的故事。说到妇女救国会,首先要提到基督教青年会在河东大王庄开办的劳工学校。

1927 年,世界基督教女青年会派美国人章秀敏(L. Johnson)和中国干事陶玲来天津调查女工状况,了解到天津一些工厂的女工状况不佳,工作时间长,待遇低,环境恶劣,感到应为女工提供服务,以改善她们的处境。当时,女工比较集中的有大王庄大英烟公司、小刘庄裕元纱厂和西沽丹华火柴厂等。基督教女青年会劳工部的工作方针是为劳动妇女服务,提高她们的文化知识水平,改善自己的处境,帮助她们懂得国家大事。陶玲回到上海,写了一篇《天津劳动妇女生活概况》,发表在 1928 年 6 月 1 日的《女青年报》上。随后,天津女青年会在大王庄、小刘庄、西沽相继开办了妇女劳工学校。

首先建立大王庄妇女劳工学校。那时位于大王庄六经路的英美烟公司天津工厂有女工 2000 多名。天津青年会通过走访,得到了厂方的同意,并提供一些开课应用的用具。劳工学校校址选择在与英美烟公司相距只有一个路口的新民小学。

1928 年 9 月 20 日,大王庄女劳工学校正式开学,时有学生 52 名,大多数为英美烟公司女工,教员最初由新民小学教师担任。随后又在小刘

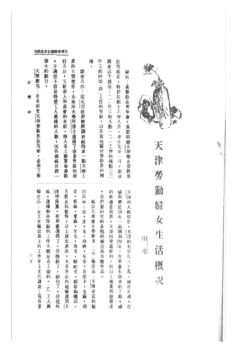

图 6-7 陶玲《天津劳动妇女生活概况》

庄、西沽开办了两所女劳工学校。妇女劳工学校校长为卢定生(教育家卢木斋之女,曾任木斋学校校长),具体教学由女青年会劳工部干事刘纯懿负责。

妇女劳工学校最初亦称"千字课班",这与当时的平民教育运动密切相关。平民教育运动由中国青年会智育部干事晏阳初发起,在张伯苓、蒋梦麟、陶行知等热心人士支持下,轰轰烈烈地开展起来。妇女劳工学校办学所用课本《平民千字课》共有三册,由陶行知、朱经农编写,采取图文并茂的方式,其中第一册有 30 课,300 个生字。一行为生字,如第六课《工读歌》:"认识字,好读书,工人不是本来粗。读书,识字;识字,读书。上学几点钟,游玩几点钟,做工几点钟,大家要求学问要劳动。"①第二册,编入 300 个生字,分若干课,但编法略变,每课掺入多个生字不等,列题目撰成白话数句或编作数十个字的故事。第三册,编入 400 个生字,形式与第二册差不多,不过每课文字略多,还渐次灌输一点平民知识和思想。二三册里面都掺入几个儿歌点缀,以上三册共计 1000 个生字,故称千字课,大约三个月的时间便可学完,因此妇女劳工学校每季度都有学生毕业。学成后,天津青年会劳工部举办毕业仪式,颁发毕业证书与奖品。随着一期一期学生毕业,学业也往后延长。妇女劳工学校将教学划分成三级,即初级、高级、特级。千字课为初期,毕业后

---

① 陶行知、朱经农编:《平民千字课》第一册,商务印书馆,1923 年,第 8 页。

可进入高级,学习国语、算术、史地、尺牍等课。高级毕业后,再进入特级,学习经济原理、经济思想史等。

　　大王庄妇女劳工学校办学时间最早,办学条件最好。1936 年 11 月,还搬迁新址,并报天津教育局备案。时教育局派民众教育馆前往调查,认为"该校教室宽大,学生整齐,与所呈立案用表各项无不合等情"①。致使天津教育局也感到"想见贵会对于教育努力设施,无任钦佩,此后该地之贫苦妇女,不患求学无所矣"②。

　　每年五一劳动节,天津女青年会组织女工在新民小学开展纪念活动。1933 年,因为劳动节各工厂不放假,故劳工部于 4 月 30 日下午在新民小学召开劳工纪念会,那天有英美烟厂、裕元纱厂、和记洋行、正昌烟草公司等工厂女工代表及中西女校学生共 50 余人出席纪念会。女青年会还聘请《益世报》主编罗隆基到大王庄劳工学校为女工作报告。

　　据 1934 年 9 月 23 日《益世报》文章《介绍为女界服务之天津女青年会最近工作之一斑》,谈到女青年会所做的第三项工作:"本会对于无力入学的劳工妇女,在工厂附近设千字课班,目下劳工学校有两处:一在大王庄,一在小刘庄。劳工界妇女入本会学校者甚多,尚有多数劳工子女欲入学者,唯以经济问题,本会目下尚未能扩充校址,以供多数劳工妇女之需求。"说明劳工学校不仅受女工的欢迎,也受到女工家属的欢迎。女青年会限于资金问题,后来劳工学校只保留大王庄和小刘庄两处。

　　1935 年,一二·九运动爆发后,掀起了抗日救亡运动的新高潮。1936 年 2 月 15 日,中共中央北方局发表《为反对国民党汉奸破坏平津学生抗日救国运动再宣言》,指出:"在首先发动抗日救国的学生及文化界努力宣传组织之下,是更加使这一抗日救国斗争,深入农村、工厂、兵营与

---

　　①　《致天津市基督教女青年会为函复设妇女职工学校应准立案函》,《天津教育公报》第 11 期,1937 年 2 月,第 11 页。
　　②　《致天津基督教女青年会函为该会前在大王庄设立平民学校已迁入新租校址请查照等因除予登记外函复查照函》,《天津教育公报》第 7 期,1936 年 12 月,第 18 页。

图 6-8　英美烟公司包装工序的女工

各界广大群众中去。"①3 月 8 日,根据北方局的指示,结合城市工作特点,时任中共天津市委妇女工作部部长张秀岩与天津三八学校教员董明秋、董劲秋、张印芳、吴虹弗成立了天津妇女救国会(简称妇救会),除每周组织不定期活动外,还出版《妇女园地》(后改《天津妇女》),进行抗日宣传。

张秀岩早年在北洋女子师范学校与邓颖超一起,投身五四运动,1926年加入中国共产党。1933 年,她与朝鲜族青年李铁夫一起从北京派到天津,并在革命斗争中结为夫妻。

那时中共地下党利用租界为掩护开展革命活动,张秀岩公开身份为北宁铁路局职员(一说为《国闻周刊》记者),她领导的天津妇女救国会"也通过教会关系进行活动"②。由于天津女青年会劳工部干事邵漪容是

---

① 《中共中央北方局》资料丛书编审委员会:《中共中央北方局　土地革命时期卷》,中共党史出版社,2000 年,第 786 页。

② 中共天津市委党史研究室编:《天津党史资料与研究. 第 2 辑》,天津古籍出版社,2006 年,第 188 页。

妇救会成员,也为宣传抗日活动提供了条件。邵漪容,浙江宁波人。中学读书时投身五卅运动。1933年毕业于上海沪江大学社会系,后到天津女青年会任劳工部干事。其在妇救会利用工作之便,在中共地下党的领导下开展抗日活动。据妇救会成员朱峥回忆,"张秀岩同志(当时市委妇委老张先生)还开训练班讲资产阶级民主革命问题。杨秀峰同志还到女青年会讲演过。吕骥同志也到那里教过歌"。①

妇救会除了在女青年会进行讲课,还组织开展一些活动。据董明秋回忆:妇救会"还通过基督教女青年会开展活动,与女青年进行联系。如在女青年会组织歌咏会,教唱《五月的鲜花》等歌曲,组织妇女参加战地救护训练,去绥远抗日前线慰问"②等。

妇救会成立不久,就注意在劳动妇女中开展工作。1936年3月,张秀岩出面与邵漪容协商,决定利用女青年会大王庄妇女劳工学校,开展抗日宣传和革命教育,推动青年妇女走上革命道路。据天津女青年会总干事郑汝铨回忆:"从1936年秋到1937年7月卢沟桥事变之前,中共天津市委妇女工作负责人张秀岩同志经常到邵漪容家(当时邵是天津女青年会会员部兼劳工部干事),研究如何在女青年会开展抗日救亡活动,推动青年妇女走上革命道路。当时邵是非党积极分子。张秀岩同志还经常和她研究如何进行女青年会会员工作,并帮助邵物色大王庄女工夜校教员。"③

关于物色教员,董明秋回忆"同时还在女青年会开办的夜校讲课,妇救会会员宋思纯、地下党员高惠如、郭明秋等同志先后在大王庄附近的女

①　中共天津市委党史研究室编:《天津党史资料与研究. 第2辑》,天津古籍出版社,2006年,第188页。

②　董明秋:《回忆天津妇女救国会的一些情况》,《和平区党史资料汇编(1919-1949)》,天津市委党史资料征集委员会,1993年,第87页。

③　郑汝铨:《我所知道的天津基督教女青年会》,选自中国人民政治协商会议天津市委员会文史资料委员会:《天津文史资料选辑》第21辑,天津人民出版社,1982年,第160页。

工夜校任过教。学员大都是颐中烟草公司的女工,约二三十人。他们一边教文化,一边宣传抗日救亡的道理,以启发女工觉悟。上述活动的具体组织者是当时女青年会干事邵漪容同志"。①

图6-9　女青年会妇女劳工学校

　　邵漪容是非党积极分子,张秀岩帮助他物色学校教员,介绍共产党员高惠如、郭明秋,妇救会会员宋思纯等到学校教书。妇女劳工学校按不同年龄、组成不同的班级,按不同的班次,制定出不同的学习时间。高惠如在传授初小课程的同时,传播革命知识,如三八国际妇女节的由来、妇女解放的意义、苏联妇女的生活和地位等,说明共产党才能使妇女得到解放。女青年会每周日组织"友光团"活动,党组织借助活动,通过请人作报告、唱歌、演活报剧等形式,向女工进行抗日救亡的宣传。1937年,三八妇女节前后,党组织还请本市一些进步学生讲三八妇女节的由来,宣传妇女解放等。这些进步学生还参加每星期日下午女青年会举行的歌咏会

---

　　① 董明秋:《回忆天津妇女救国会的一些情况》,《和平区党史资料汇编(1919-1949)》,天津市委党史资料征集委员会,1993年,第87页。

或报告会。1937年春的一个星期日,女青年会劳工部举行春游,邵漪容组织部分女工到北洋工学院(天津西沽)看桃花,一些进步学生也参加了这次活动。在活动中,北洋工学院孙景芳同学教唱《五月的鲜花》等救亡歌曲;另有一个北洋工学院同学做时事报告,讲述抗日救亡的重要意义。通过学习,女工不仅学会识字,还能写出反映自己生活的文章。1937年,在女青年会"五一"纪念会上,大王庄与小刘庄劳工学校展开才艺竞争,其中大王庄的作文与习字,小刘庄绘制的各省份图展现了各自优势。女工还讲演了自己写的文章,其中《大王庄的黎明》《小刘庄的十二点》,在纪念会上给人们留下了深刻印象。

1937年卢沟桥事变后天津沦陷,天津妇救会通过在大王庄女劳工学校的活动,调动了妇女劳工投入抗日活动的积极性。同年,天津颐中烟草公司妇女救国分会成立,此后在天津妇救会的领导下,积极参与支援二十九军抗战活动,开展宣传、募捐和慰问抗日官兵等活动。

1938年后,日本人在侵华日军的操纵下,介入天津颐中烟草公司的管理。烟厂女工在党和妇女救国会的领导下,继续进行抗日斗争。此间,天津女青年会的活动受到限制,妇女劳工学校随之停止办学。

七、1947 年颐中烟草公司工人罢工

　　1947 年,随着解放战争的进展,国民党政权行将崩溃,天津颐中烟草公司一方面受战争影响,山东、河南等烤烟产区原料得不到供应,只能依靠美国进口,导致成本过高;另一方面由于老百姓生活极度贫困,卷烟购买力十分低下,整个卷烟生产日益衰退,成品库存积压严重。为此上海董事会决定拆除天津颐中烟草公司部分设备南迁,使得工厂处于半停产状态,公司仅支付工人一半工资,加上通货膨胀,物价一日三涨,工人生活十分困难。工人通过工会同厂方多次交涉,1947 年 4 月 15 日,颐中烟草公司董事斯图尔特致公司董事会的月报中称:"天津劳工强烈指出,在天津厂停工期间发给半薪以替代救济金是不够维持生计的,因此决定在这笔救济金之外,再增加一个整数,即男工二万元(金圆券),女工一万五千元,这笔数字相当于工厂开工所获得的配给粮的零售价,接着他们又要求发给三分之二的工资以替代半薪,再加上粮食津贴,对此我们予以坚决拒绝。"①

　　适逢年底,公司决定将每年惯例的年终"双薪"停发,这样更加剧了工人的生活困难,工会代表与公司方开始几次讨论。12 月 24 日早晨,又开始新的一轮讨论,会议开了整整一天,厂方回绝了工人们的要求。由于

---

　　①　上海社会科学院经济研究所:《英美烟公司在华企业资料汇编》,中华书局,1985年,第 1260 页。

达不成共识,会议不得不于下午 4 点 30 分结束。

　　谈判破裂的消息传出,动力部的工人首先开始罢工,接着印刷部、大盒部随之罢工,很快就带动了全厂,工人自发地组织起来,聚集到厂部,找到公司"华账房"张筱芳,提出增加工资,照发年终"双薪"的要求,当即遭到拒绝。工人们愤怒地拥到天津颐中烟草公司工厂总监伊文斯(Yea-mens)的办公室,伊文斯执意拒绝工人们的要求,于是大家把所有外籍职员都包围在办公室中,不许走动。接着印刷部的几位青年工人从门卫手中拿到钥匙,并锁上了工厂大门,这样整个工厂都控制在工人的手中。

　　工人的举动吓坏了工厂的外籍职员,他们立即与天津颐中烟草公司总办葛兰史取得联系,请求他与市警察局联络,以取得保护。随后北方区经理多布森与天津英国总领事馆取得联系,同时上海总公司董事、原天津颐中烟草公司总办克特珍立即电告天津英国总领事馆,请他们出面代公司向天津市政府求援。

　　在天津英国总领事馆的要求下,天津市警察局出动三辆卡车,60 余名荷枪实弹的武装警察,其中 10 人携带机关枪来到烟厂进行弹压。他们爬过围墙,打开了工厂大门,并在楼顶架起机关枪。

　　晚上 8 点左右,国民党市党部执行委员会主任郭紫峻作为调解人来到烟厂,他要求工人们放走外籍职员回家,因为这一天正是西方国家的平安夜。可是工人们态度十分坚决,条件不答应,任何一个外籍人也不能出厂,就这样郭紫峻调解未成,快快而去。不一会儿,天津市警察局局长李汉元驱车赶到,命令警察冲进伊文斯的办公室,抢出所有的外籍职员,并送上警车。愤怒的工人与警察展开了搏斗,其中一名姓宫的女工躺在汽车前不让开走。李汉元走过来一把将她拉起来,强行让汽车开动,放走了外国人。时至深夜,工人们与警察形成对峙。李汉元向工人们训斥:"你们闹罢工,一定有人操纵,不要上共产党的当。"①工人们没有被他的恫吓

　　① 天津社会科学院历史研究所编:《1947 年的大罢工》,《天津卷烟厂历史资料》,1972 年(油印本)。

所吓倒,仍然坚持罢工。

时值解放战争期间,国民党市政当局害怕事态发展下去,会引起社会上的连锁反应。12 月 25 日,天津社会局副局长杨栾田和天津警备司令部的代表一同到工厂继续调解。杨对工人代表说:"现在共产党活动很厉害,你们不要听他们的煽动。如果谁领头闹事,警备司令部要按共产党处理。"①可是工人们不听这一套,继续坚持罢工。他们看出工人们的态度十分坚决,不得不与公司进行研究商讨。12 月 26 日,天津颐中烟草公司密告上海总公司董事会,报告了罢工情况和工人们的要求。12 月 31日,上海董事会回函,同意于 1948 年 1 月 15 日前,支付全体工人的年终"双薪",就这样罢工取得了胜利。这次罢工是工人自发组织的,由于大家团结一致,态度坚决,终于达到了目的。

---

① 天津社会科学院历史研究所编:《1947 年的大罢工》,《天津卷烟厂历史资料》,1972 年(油印本)。

八、保卫工厂　迎接解放

解放战争时期,天津党组织仍沿袭抗战后期的领导方式:多头派进,易地领导。晋察冀中央分局及冀中、冀东、渤海、北岳区委继续向河东派遣人员开辟工作。河东地区党的基层组织,在抗战后期积蓄下来的力量,又有了较大的发展。这一时期,颐中烟草公司没有独立的党支部,与河东裕大、裕丰两个纱厂共同组成一个党支部。这个支部在颐中烟草公司发展了李克简、陈瑞元等地下党员。这一时期,天津地方党组织重视党对烟厂工人的领导,并通过党员开展工作。

解放战争时期,颐中烟草公司工人多次进行反对内战、反对公司设备南迁的罢工斗争。1946 年 1 月,颐中产业工会提出增加工资、年终花红照发双薪、恢复储蓄金原有之措施等三条要求,经社会局调停,答应增加工资的要求。同年 7 月,全厂 1700 名职工停工,要求停止克扣薪金,照发工人应得工资。后经工会调解,得到解决。1947 年 12 月,在党组织的影响下举行大罢工,迫使公司答应工人年终发双薪的要求。在这场斗争中,颐中烟草公司地下党员李克简、陈瑞元发挥了作用。并在天津解放过程中,竭力保护工厂,迎接解放军进城。

中国共产党重视革命进步思想在工人当中的传播。1946 年 5 月,左翼作家杨大辛和朋友集资开办了一家知识书店。书店代理北平中外出版社(经理及工作人员多是中共地下党员)的发行业务,销售进步书籍。时杨大辛的同学贵文成是颐中烟草公司印刷部的工人,经常到知识书店帮忙,同时向颐中烟草公司工人送一些进步书刊,向工人们传播党的知识和进步思想。

　　1949 年 1 月天津解放后,当时的中共天津市委在天津颐中烟草公司恢复党组织。同年 11 月,成立中共颐中烟草公司党支部,有中共党员 16人,由当时的中共五区区委直接领导。

第七章

侵华日军管理时期的产销萎缩

1937 年天津沦陷后,侵华日军为达到控制天津烟草行业的目的,进行了一系列的反英活动,从原料采购、卷烟销售以及税收方面,对英商颐中烟草公司加以诋毁、限制与控制。1941 年太平洋战争爆发后,日本军接管了颐中烟草公司。其后一方面对工人进行残酷的迫害与压迫;另一方面将颐中烟草公司变成侵略工具,制作军用卷烟和伪联合准备银行钞票。侵华日军的践踏与蹂躏使英美烟公司积累几十年的事业受到严重破坏,从此一蹶不振。

一、从反英运动到被侵华日军军管

1937 年七七事变爆发后,日本军侵占中国的大片领土,对外扩张的野心随之膨胀,并于翌年 11 月提出要建立以"共存共荣的新秩序"为建设目标的"大东亚共荣圈"的设想,目的是称霸整个亚洲。

日本军占领天津后,弱小的天津民族烟草业受到强烈打压,几乎没有生存空间,而较大的卷烟企业都掌控在外国人手中。如日本人开办的东亚烟草公司、英美人开办的颐中烟草公司以及希腊人开办的正昌烟草公司等,其中颐中烟草公司规模最大,大约控制天津卷烟业 70%以上的卷烟产量。日本军对烟草业采取垄断是逐渐的,首先对卷烟生产销售实行配给组合,即将所有卷烟厂纳入组合,实行卷烟配给、价格统制,进而垄断市场。在日军统治政策的影响下,民族卷烟企业纷纷倒闭。随后,日本人收买非日资烟草公司。将经营 40 多年的希腊正昌烟草公司收买后,转让于天津东亚烟草工厂经营。由于颐中烟草公司规模较大,难以兼并,日本军如鲠在喉。

1939 年 4 月,伪联合准备银行天津支行经理、伪津海关监督程锡庚在天津英租界被抗日杀奸团刺杀毙命,英租界逮捕 4 名嫌疑犯。日军要求将 4 人移交日方,遭到英方拒绝,于是在 6 月封锁英租界。7 月 15 日,英国驻日大使克莱琪与日本外相有田把郎在东京举行会谈。为迫使英国让步,日本在其国内及中国沦陷区同时掀起反英运动,在天津举行华北反英大会,提出抵制英货、英商及英人。据 1939 年 8 月 2 日英文《北华捷报》消息《卷烟遭禁止》:"天津抵制英货运动委员会于 7 月 29 日发布黑名单,英国制造的软饮料和卷烟都包括在内,该委员会极力主张对上述产品应予抵制。""黑名单中包括很流行的名牌卷烟,如'三炮台',在中国上流人士中销路很广,还有流行在一般中国人之间的'哈德门'和'老刀牌',这些牌子香烟事实上垄断当地市场已有多年。"①同年 10 月份又爆发了新的反英行动。据伪华北自治政府天津税务处日本顾问松崎揭发,自今年春天华北烟叶价格猛涨之时,颐中烟草公司将 4 级烟叶升为 3 级,又把出售的 3 级烟叶报告为 4 级,"因而由于税率的不同而获利"②,还称由于天津发生水灾,颐中烟草公司逃税约 1000 箱烟叶。随后松崎将"无可置辩的证据"③公布于世,此外还遭到天津日伪报纸的轮番攻击,称英商颐中烟草公司在注册时删去了"英"字,被追缴税款 5000 万元。报纸的消息是否属实,难以验证,但反英行动使颐中烟草公司的业务在华北受到了影响,日方达到其阴险的目的。

天津颐中烟草公司在七七事变期间,暂时停止生产。天津沦陷后,颐中烟草公司遇到一个较大的困难,即纳税问题。华北伪政权成立新的税务机构,与南京国民政府设在上海的卷烟统税总局互不相干。凡在天津出厂的卷烟必须向伪天津税务局缴税,贴上天津的税票。在津完税的卷烟出市运往外埠,还得重新上税。而且天津与南京国民政府的卷烟统税定级和完税标准不一致,伪政权还将南京国民政府免税的优惠条件一律取消。

在原料采购方面,由于日本军基本占据了豫鲁皖烤烟区,由日本华北

---

① 上海社会科学院经济研究所:《英美烟公司在华企业资料汇编》,中华书局,1983年,第938页。

② 上海社会科学院经济研究所:《英美烟公司在华企业资料汇编》,中华书局,1983年,第939页。

③ 上海社会科学院经济研究所:《英美烟公司在华企业资料汇编》,中华书局,1983年,第939页。

烟草公司控制烟叶的收购,迫使颐中烟草公司购买高价烟叶。

在卷烟销售方面,天津颐中运销烟草公司专门聘请了日本顾问清水(又称水野)[①],让其负责同日本军队以及伪政权、日本商行进行交涉,特别是有关事项的证明、日文通信事务、日英文的口译和笔译等工作。为避免因反英运动造成销售上的损失,天津颐中运销烟草公司还委托日本朝日商行(也称旭商会)代售卷烟,并付给 1.5% 的佣金,鼓励他们帮助销售。此外公司还聘请了一些日本职员,如小林庄一、影山等。天津颐中烟草公司的妥协,与英国政府当时对日本采取的绥靖政策是一致的。

1941 年 12 月 8 日太平洋战争爆发,日本宣布对英美开战。在太平洋战争爆发的同时,日本驻天津派遣军进入英租界,同时接管了各个英美在津企业。日本居留民团组成所谓的民团,手持大棒闯入颐中烟草公司工厂内。首先占据了办公室和锅炉房、发电站,然后控制了各个车间。他们把颐中烟草公司总办、高级职员集中到厂院内训话,日本侵略者声嘶力竭地叫嚷,要工人拥护"大日本帝国",维护"大东亚共荣圈"等。他们只留下了原颐中烟草公司的副办、会计、工程师,并从日资天津东亚烟草工厂调入大江氏等一些管理人员,控制各个生产管理环节,其余外籍职员被遣散。同时派出十几个人组成的日军警备队驻厂实行军事管理,工厂更名为日本军管理颐中烟草公司天津工场。

所谓军管理,日本军管理颐中烟草公司总经理佐佐木解释"军管理简意就是日本军事司令部作为指挥机关,而把所任命的人员就是命令的执行者;因此有关财政和会计事务也要在(日本)华北军总司令部监督部队长官绝对控制之下,他们(颐中烟草公司)必须严格按照他(日本军部)的指示办事"。[②]

---

① "清水"见天津卷烟厂档案室颐中档案,"水野"见狄兰的《中国逃亡记》,是英文翻译的不同。

② 佐佐木:《日本军管制下颐中烟草公司管理概况》,1945 年 10 月 24 日。

二、侵华日军管理时期的
管理体制变更

太平洋战争爆发后,在天津、青岛等地的日本派遣军司令部接管了各地的颐中烟草公司、颐中运销烟草公司、首善印刷公司及其他英美烟草托拉斯组织子公司所属机构。不久,颐中烟草公司在天津、青岛两家分公司合并为日本军管理颐中烟草公司。只有天津永泰和烟草公司是以中国人名义开办的中英合资企业,本身没有工厂,故未列入军管范围之内,但也名存实亡。

日本军管理颐中烟草公司自成立至撤销,仅存在了三年零九个多月。其管理体制和组织形式经历了三次变更。

顾问制时期(1941 年 12 月 8 日至 1942 年 10 月 22 日),由日本华北派遣军和日本兴亚院华北联络处咨询委员会在北平设立最高顾问,总部设在北平东交民巷,下设天津顾问和青岛顾问,日本人广濑义忠任日本军管理天津颐中烟草公司主任顾问。原英商颐中烟草公司的格利得继续任会计部主任,日本人市川、斋藤为副主任。营业部由三野负责,兼管运输部和广告部。兴亚院成立于 1938 年 12 月,是日本近卫内阁为实行对华政策一元化而设立的。当时外务省认为,军部对华占领地区,不仅有支配权,且握有对华外交权限,削弱了外务省的职权,由此发生内讧,以致引起广田弘毅及宇垣一成两外相,发生辞职事件。于是,兴亚院执行对华政策时,排除外交,只办理有关政治、经济及文化等事务,并监督在华公司之营业,于北平、张家口、上海及厦门等地设置联络部,担当指挥工作。兴亚院设总裁一人,由首相担任,副总裁4人,由外相、陆相、海相及藏相(财政部长)担任。为决定、处理中日战争之政策,设立兴亚院会议之组织,由正副总裁及总务长官(初任为柳川平助)所组成。由于兴亚院之设置,军部除全面参与对华政策外,且有多数军人直接担任行政事务。1942年,由于所谓的"大东亚省"设立,兴亚院无存在之必要而废止。在兴亚院参与管理期间,天津工场管理人员也由兴亚院派出,那时的机构比英美烟公司管理时期要庞大,办公室办公桌由几张变成二十张,警备队也扩大到30多人。

行政官制时期(1942年10月23日至1944年9月17日),随着兴亚院的撤销,初期组织形式改为行政长官制,由日本华北派遣军和日本开发株式会社直接管辖。当时最高监督官为津岛寿一,并在天津、青岛设首席监督官。天津公司首席监督由在日本烟草专卖局工作的成田丰胜担任,其下属:日本人殿生负责经营管理部、市川负责会计部、水之江(自青岛调来)负责营业部、土井负责销售、坂野负责运输。津岛寿一(1888—1967),后任日本大藏省大臣(1945)。早年就读于东京帝国大学,毕业后入大藏省,担任国际金融方面的财政官、驻英、法、美等国的使馆外交官。1933年底回国后任理财局长、大藏次官、七七事变后任日本银行副总裁、华北开发株式会社总裁。力主对中国实行经济侵略,并与军部勾结,进行对战争经济和战时财政计划的研究。在日本军管理期间,原天津颐中运销烟草公司成为军管理颐中烟草事务所,天津首善印刷公司成为天津工场的印刷部。原来的华人督销改由日本人任命,并由日本天津东亚烟草工厂派员担任各部主任、卷烟和印刷厂厂长,此间卷烟厂、运销部、印刷厂虽属一个公司,但仍然独立核算。

总经理制时期(1944年9月18日至1945年9月30日)。由于日本侵华期间烟草统制政策的失误,使烟草业经营不善。为此又对管理体制

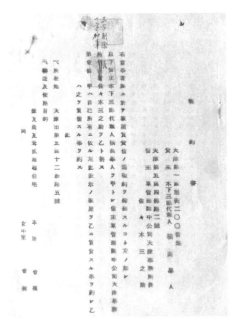

图 7-1　佐佐木签订的租房契约书

实行重大改革。这期间颐中烟草公司又由日本派遣军华北司令部和北京日本大使馆共同管理，首先调整机构，将行政官制改成总经理制，成立经管公司。经营公司由一批从日本专卖局派遣的人员和大量的华北开发有限公司调来的职员组成，总部最初设在北京，称为"行部"，以最高行政官为首，下设天津和青岛办事处。从此以后，主要经费如卷烟销售收益和北京联合准备银行的印刷费等，都实行集中管理，由"行部"具体施行。"行部"同时还进行订购、收买和支付烟叶及生产上所需要的各项主要物资的费用，并支付调整费和管理费，以及为天津、青岛的工人购买粮食，控制各卷烟批发机构和工厂账目，还负责制定生产和销售计划。1945 年 7 月 15 日，由于"行部"负担过重和官僚主义化明显，军部和大使馆又对人事进行了全面变动。"行部"迁到天津，改为总办事处，在天津、青岛设分办事处，任命佐佐木为总办事处总经理兼颐中烟草公司天津工场总经理。这次变更是为了改善行政长官制时期的经营混乱，然而仅一个月，日本就宣布无条件投降。颐中烟草公司经过侵华日军的八年折磨，可谓千疮百孔了。

三、沦陷时期的烟草统制

日本的烟草专卖政策由来已久,侵略中国后,日本人便在沦陷区逐步实行烟草统制政策。特别是日本军管理颐中烟草公司以后,在卷烟销售方面推行了烟草组合。卷烟业务也为烟草组合控制。

实行"军管理"以后,卷烟销售办法仍是英美管理时期的模式,按营业区实行三级销售。当时卷烟是紧俏物资,除华北地区外,许多外地客商也到天津套购卷烟,并通过各种渠道长途贩运到后方或解放区。由于日伪当局对卷烟实行低价政策,公司的官方定价低于黑市数倍甚至十数倍。卷烟在沦陷时期成为投机商品。公司主管分配货物的高级职员,伙同各地大经销商、伪税务局、伪警察局以及日本宪兵队的特务们,互相勾结,大发卷烟财。一般的消费者是不可能买到官价卷烟的,导致天津侯家后单街子一带,形成卷烟黑市。面对卷烟紧俏的情况,日本侵略者将卷烟纳入统制,对卷烟销售实行配给组合,即将所有卷烟厂纳入组合,实行卷烟配给、价格统制,进而垄断卷烟市场。

烟草组合的目的:(1)控制批发和零售价格;(2)按照纳税区分发卷烟存货;(3)有权确定和撤销卷烟经销商。原颐中运销烟草公司的北方区分管天津地方组合和北京地方组合,其中天津地方组合,下辖沧州办事处、塘沽办事处和唐山办事处。交易必须严格遵守日伪官方规定的价格(低价格政策),否则就被日本宪兵制裁。由于组合规定的利润较低,甚至不能补偿经营费用,因此出现经销商囤货在黑市交易的情况。

这些经销商如果被日本人发现,将会被指控为"投机商人",不仅要缴纳罚金,还面临坐牢的危险,导致大多数经销商不敢经营卷烟业务。由于卷烟奇缺,消费者不能从市场上买到官价卷烟,只能从黑市购买贵几倍的卷烟。日伪当局也意识到这种低价政策的失败。

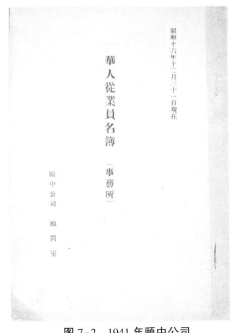

图7-2　1941年颐中公司
《华人从业员名录》

1944年7月1日,日伪当局放弃以前的低价政策,并开始通过经销商在市场销售,对卷烟征收"调整费"。在分配给经销商的卷烟中,只有20%—30%放在市场上自由销售,而且经销商必须支付分配的全部货款,同时拿出一部分卷烟送交烟草组合,以便分配给日本侨民、官方团体、工业企业等。经销商的从投资获得的利润很低,而且常常需要一个月以上才能收到烟草组合返回的货款。有些经销商用自由售货的利润弥补不了送给烟草组合货物的垫款,只能勉强维持开支。自1945年3月1日,日伪当局对烟草统制政策进行重大改革。烟草组合在每月的卷烟分配中,扣除华北开发公司和日本侨民的实际需求的卷烟数量,其余由经销商交付基本划款和调整费后,由经销商自由销售,这个办法一直维持到1945年7月。实行直接销售后,颐中烟草公司在合同正常收入之外又获取了巨额利润,颐中烟草事务所把利润上交到总经理佐佐木,由他处理。佐佐木把这件事汇报给日本华北陆军司令部和大使馆,并将这笔钱存在天津河北银行(后用于支付解雇职工的解散费)。

1945 年 8 月 1 日,烟草组合解散,从此经销商的基本货款和特别调整费也停止征收,但卷烟价格却下降了 90%。

卷烟组合对卷烟厂的生产也进行严格控制,每个厂的生产计划必须由烟草组合确定。在烤烟原料采购上,由日本华北烟叶公司掌握着对各个卷烟厂的分配权,卷烟厂所用烟叶数量也必须报给烟草组合。

任何一家卷烟厂指定任何一家经销商,必须经过烟草组合的同意。否则这家经销商不能成为组合成员,没有从卷烟厂提取卷烟的权利。如果经销商违反了组合章程,组合要求卷烟厂停止对他的卷烟分配,实际取消他的经销商资格。

由于烟草组合的内部腐化以及对中国市场的不熟悉,给烟草经济造成极大的影响,以致烟草界人士认为"其所加给烟草业的损害,比所有一切其他日本当局所给予的危害都严重"①。

图 7-3　沦陷时期卷烟总经销日本旭商会

---

① 《关于北平的地产和房屋》,天津卷烟厂档案室藏颐中档案,1946 年 1 月 30 日。

四、潍县乐道院集中营的故事

天津颐中烟草公司被日本军军管后,原天津颐中运销烟草公司总办克特珍、北方区总经理葛兰史、芦汉区总经理狄兰、天津振兴烟叶公司经理洛夫等30多名职员被送往山东潍县集中营。集中营还流传一段狄兰与后来的美国驻华大使恒安石成功越狱的故事。

太平洋战争爆发后,美国情报人员发现,日军有关珍珠港的一系列军事情报,系由美国日裔侨民充当间谍提供的。珍珠港事件两个月后的1942年2月8日,罗斯福总统亲自签署了《9066号行政命令》,委托陆军部将侨居在旧金山、夏威夷等地的6万多日侨,强行集中到洛杉矶附近的指定地区统一居住,划定无人进入的聚居区,隔绝其与外界的联系。

日本似乎早有应对策略,为报复美国,他们随即在中国全境搜捕同盟国在华的牧师、教师、商人等侨民,全部强行抓捕,分别在香港、上海龙华和山东潍县三处关押,将关押地命名为"敌国人民生活所",实为集中营。

山东潍县集中营设在乐道院,是美国长老会于1883年建成的,位于潍县老城东关门东南三里处虞河南岸,院子很大,面积有5公顷之多,内有学校、医院等设施,是集教会、教育和医疗于一体的教会服务中心,也是西方传教士、教师、商人、学者和医务工作者聚会的活动中心之一。1942年,日军宪兵队强行占领了乐道院,在院内的6个角落垒起岗楼、碉堡,架起机枪,围墙上还架设了一道道带电的铁丝网。一座幽静的教会中心,霎时变成了阴森恐怖的集中营。

侵华日军将英、美、法、新西兰、加拿大、古巴、希腊、澳大利亚、荷兰、比利时等 21 国在华北地区的 2008 名侨民无辜抓捕,陆续押送到这里秘密关押(后将 400 多名天主教牧师转移到北京关押),羁押长达 3 年半之久。这里成为亚洲规模最大、关押人数最多的同盟国侨民集中营。

这里关押了许多名人,如时任天津新学书院体育教师、奥运冠军埃里克·利迪尔以及华北神学院创始人赫士博士、曾任蒋介石顾问的基格(雷振远)神甫、齐鲁大学教务长德卫斯博士、中美重新建交后的第二任驻华大使恒安石、美国花旗银行董事长夫人沙德拉·司马雷等。颐中烟草公司的克特珍和葛兰史于 1943 年被美国政府用战俘交换回国。洛夫被押在集中营一直待到抗日战争胜利后才归国,后来洛夫与中国妻子生养的儿子梦熊·洛夫还有一段寻找父亲的经历。狄兰与恒安石一同越狱,1949 年写成《中国逃亡记》一书。

狄兰(Laurance Tipton)又名狄布顿,英国人,1900 年生,曾在英国海军担任过报务员。1930 年来到中国在天津英美烟公司工作,最初为推销员,喜欢骑马和旅游。他会说中国话,特别是流利的山东话。后调到广告部工作,赴各地做香烟广告。1935 年,游历苏联、德国、法国后,回到英国。不久返回中国,在天津颐中运销烟草公司边疆区任总经理。边疆区办事处位于张家口,由于工作的关系,他曾到过陕西、甘肃、宁夏各省。1940 年,日军扶持下的伪蒙疆自治政府将边疆区办事处财产没收,虽然遭到天津颐中远销烟草公司的强烈抗议,但日军置若罔闻,变本加厉。1941 年 12 月 6 日,狄兰在天津被日军特务诱捕,以"蓄意冒犯蒙疆政府外汇条规"的罪名被押解到张家口。在罚款 25000 美元后,由天津颐中运销烟草公司总经理克特珍出面保释到北京。

当时天津颐中烟草公司已经被日本军军管,除留用少数职员外,多数外籍职员被闲置,包括克特珍在内的许多公司职员集中到北京,日本军把他们作为"敌国侨民"监视起来。这些西方侨民被迫戴上象征各自国别

图7-4　边疆区办事处职员合影

的红色袖标,按区域划分成组,限制出行。侨民们成立了由反法西斯同盟国侨民组成的国际俱乐部管理委员会,克特珍担任主席。每星期日这些侨民聚集一起,进行娱乐活动。与其他经营洋行的商户相比,英商颐中烟草公司的职员们,生活要好一些。据狄兰回忆:"我们这些人还被逼迫着参与了公司的实际业务运营长达好几个月的时间。我们得到的报酬是每个月500元当地货币,仅仅够你不用去领救济而已。"①只有克特珍是个例外,经常被日本人喊来唤去,以帮助他们解决难题或提出建议。但只是维持了几个月,以后的境况逐渐变得糟糕起来。在克特珍的安排下,他们曾计划逃到西安再转到重庆,但时局发生了变化。1943年3月,天津颐中烟草公司外籍职员与其他反法西斯同盟国侨民被关押到潍县乐道院集中营。

　　在集中营内,设有三个备饭场所,视不同地区的侨民,分别叫青岛厨

---

　　①　狄兰著,崔书田编译:《中国逃亡记》,山东人民出版社,2015年,第55页。

房、天津厨房、北平厨房。营内还组织了管理委员会,克特珍与太古洋行总办麦克莱伦被当选领导人。1944 年 5 月,他们接到国民党鲁苏战区挺进第四纵队司令王尚志等人的营救信后,曾有逃出集中营的动议。但不久王尚志在日寇扫荡中被捕,继任者王豫民继续进行营救活动。1944 年 6 月 8 日,狄兰与原北平辅仁中学教师美国小伙恒安石在营友汤米·韦德的帮助下,成功翻墙逃出集中营,并在集中营对面墓地与第四纵队营救人员会合。此后,狄兰和恒安石参加了抗日队伍的活动,狄兰仍旧担任报务员工作。在出逃过程中,乐道院的木匠刘腾云曾经帮助过传递信件,才使这次出逃得以成功。

图 7-5　狄兰与恒安石到乐道院集中营的合影

左二恒安石、左四狄兰、右二刘滕云

1945 年 8 月 17 日,在日本宣布投降后,美国空军"鸭子队"7 名战士成功跳伞到集中营,接办了日军的管理权。狄兰与恒安石与集中营的难友一起会合,大家庆幸终获解救。

此后恒安石回到美国,1946 年,他又一次来到中国,并在当时的北平联合国救济总署上班。据传他曾介绍刘腾云到北京美琪电影院工作,但由于不识字,不久辞去工作。狄兰留在中国,继续在天津颐中运销烟草公司工作,担任北方区营业经理。后调到青岛、香港等地任职。1950 年任天津颐中烟草公司北京办事处主任,当年年底回国,后来调到印度加尔各答英美烟公司工作。1947 年 8 月,刘滕云在狄兰的帮助下,成为天津颐中烟草公司的木工,并在天津安家生活。克特珍在来英美烟公司服务之前,曾是美军的校级军官。1943 年交换战俘回国后不久,又回到中国,在重庆美国战略情报局担任上校。抗战胜利后,回到天津继续担任天津颐中运销烟草公司总办。

五、残酷的法西斯统治

日军接管颐中烟草公司后,为了更多榨取工人血汗,有效地实行殖民化的统治,镇压工人的反抗斗争,重新制订了一套极为残酷的厂规厂法,给中国工人套上了沉重的枷锁。许多老工人回忆,条条厂规像绳索一样束缚着工人。

当工人走进烟厂大门,就被强迫立下保证书、誓约书。保证入厂"绝对忠于勤务""严守所定规章""服从于一切之命令"。当时工人进厂如同进了人间地狱。

签订誓约书后,进工厂上班的工人,每天要拿着铜牌(身份证),提前20分钟在厂门口等待进厂。日本警备队、汉奸站在厂门旁边,逐个检查,动作慢一点或行动不顺眼就要遭到毒打。

日本帝国主义为了配合军事、政治的统治与压迫,达到所谓掌握民心的政治目的,对中国人民推行一套奴化教育,他们组织所谓"新民会",让工人全部参加,签名发小牌。1941年12月20日,工厂成立了新民会颐中分会,组织工人参加各种集会活动,张贴标语,上演戏剧、电影,用喇叭广播,宣扬所谓"中日亲善""中日友好""中日同文同种"等,目的是让中国人做他们的顺民,并磨灭工人们的反抗意志。

工人们劳累一天,下班后只能走小门,不许走大门,还要接受搜身。无论严寒酷暑,刮风下雨,不管是男是女,一律排队,等着日本人严密地搜身。搜身时,工人们一个个走,不能快也不能慢,慢了就要挨打,快了罚你在厂院跑三圈。搜身时,浑身上下,从头到脚,全部搜查,甚至连鞋袜也要检查。如果搜出东西,就会大难临头,轻则打一顿,重则送入工厂警备室、严刑拷打以及开除厂籍。工人刘金波将一点烟纸含在嘴里,结果被发现,抓进工厂警备室,棍棒拷打,受尽酷刑。

图7-6　日本宪兵队颐中警备室审讯照灯与刺刀

日本人以战胜者自居,视工人为亡国奴。工厂岗哨林立、戒备森严,经常见到工人绑在树上呻吟。警备室的小楼地下室改为审讯室,这里成了惩治工人的牢房,俗称"阎王殿"。日寇天津防卫司令部特务、河东宪兵队翻译兼特务主任及颐中公司警备系系长箕岛肇是一名残忍的暴徒,欺压工人的手段极其恶劣。"阎王殿"中经常关押工人,最多达四五十人。这些工人被抓进来,被日本鬼子扣上了盗窃原材料、私通八路军等莫须有的罪名,遭受皮鞭打、狼狗撕、跪砖、压杠子各种酷刑。箕岛肇的警备队

图7-7　日本河东宪兵队颐中警备室

可以随意关押、审问、刑罚工人,或者将他们认为有抗日活动嫌疑的工人

送日本宪兵队,乃至遣送到日本、伪满洲国作劳工。从日军接管到1945年日本无条件投降的三年多时间里,被日军惨杀的有孙希克、刘玉麟、满戈洛夫(俄籍)等3人;被毒刑致残、几乎丧生的有职工贾春霖、刘子升、杨美璋、王树林、徐长增、孙长茂、于文元、苑宝山、王德明9人;送到日本和伪满洲国作劳工的计有10余人,但在日本投降以后生还回津的只有杨瑞林、齐树林、潘德永、姚玉声4人,其余均遭死难。

在日本帝国主义侵略者的魔爪下,即使每天正常上班的工人,也受着75条厂规苛刻的约束,面临失业的危险。"工作成绩不良者"解雇,"身体虚弱有恶疾者"解雇,被认为"性行不良者"解雇,"五十岁以上不合于当劳务工作者"解雇,①甚至男女之间说句话,也被作为解雇的理由。工人高福祥工作时与妻子说了两句话,被工头看见,被解雇回家。工人王希贵只因工作时没有按照工头的旨意办,顶撞工头两句,结果被开除出厂。由于生活没有保证,两个孩子先后被饥饿和疾病夺去了生命。

成文的厂规套在工人的脖子上,不成文的厂规也拴住了工人的手脚。日本军和汉奸是一伙吃人肉恶魔和吸血鬼。他们为了不让生产中断,竟下令"不准在工作时间喝水""不许在车间吃东西""不准随地吐痰""没有牌不许上厕所"②等约束,使颐中烟草公司的工人置于殖民地式的奴隶化管制之中。

---

① 《关于日本军管理颐中公司天津工场调查》,天津卷烟厂档案室藏颐中档案,1972年。

② 《关于日本军管理颐中公司天津工场调查》,天津卷烟厂档案室藏颐中档案,1972年。

六、工人在铁蹄下的挣扎

日本军管理颐中烟草公司后,大肆掠夺中国的生产原料,充分利用廉价劳动力。工人在日本鬼子的刺刀和皮鞭下工作,承受着极其残酷的经济剥削。日本军管理后,取消了原有的工人福利待遇,设备也没有安全装置。锅炉房工人孙庆祥几天工夫就烧坏了一身衣服和一双鞋子,没有办法只能赤身光脚干活。一车间的切梗机没有防护罩,许多工人的手指被切断。焙烟房温度很高,窗户紧闭,工人在里面工作如同蒸笼里一样。

日本军管时期,工厂招收许多女工。她们进了工厂备受欺侮,日本人随便揪打女工的辫子、耳朵,还不许嚷叫。工厂的许多女工不敢结婚,因为结婚就会失业。结婚后的女工,怀有身孕也不敢歇班,有的把孩子生在厕所里。有小孩的女工,每天只能利用中午吃饭时间到厂外给婴儿喂奶。

日本人利用各种办法,巧取豪夺,他们实行了以粮代薪、以烟代薪。有时日本人将以粮代薪的玉米面拉到市场上卖掉,换回价格相差几倍的混合面发给工人,以顶替玉米面。又苦又涩的混合面,蒸饽饽非常松散,只能用手捧着吃。厂里规定工人一天9个小时工作,但日本人经常强行让工人加班加点,并以“为国捐献”为名,不发加班工资。

日本侵略中国后,连年的战争使经济十分困难,粮食短缺,粮价上涨。为了挽回失败的命运,日伪政府无限度地滥发纸币,造成了严重的通货膨胀,物价上涨的速度惊人。工人每月的工资只能勉强维持半个月的生活,

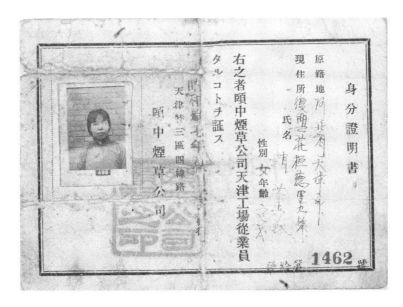

图7-8 日本军管理时期女工身份证明

有的工人甚至饿着肚子上班,结果昏倒在机器旁。也有的工人为了充饥,偷吃包装用的糨糊。工人王玉连家里8个孩子,很难维持生活,结果8个孩子得病无钱医治相继死亡。

为了生存,工人们只好在下班以后,拖着疲惫的身子,再去找活干,俗称"打小空",有的搬运货物,有的去河边捞鱼虾,有的拉胶皮(即拉人力车)。英美管理时,工资高,许多工人为赶时间,甚至坐胶皮上班。如今自己养不了自己,当上了胶皮车夫,拉胶皮的人很多,形成了"颐中队"。一车间烟叶部100多人,就有七八十人拉胶皮。拉胶皮也不是件容易事。首先要托人找铺保,没有铺保,就租不了车。不管一天拉多少客,租车的份子钱是固定的。拉胶皮收入也不稳定,运气好了,拉一夜,可以维持家里一顿饭;弄不好,只能勉强把租车的钱交上,如果碰上日本人那就苦了,不但不给钱,还要遭到欺凌。有一次工人张金柱拉了一个日本人在日租界跑了半夜,最后只给了一毛钱(因为日租界规定不出日租界只付一毛钱),这点钱连车份钱都缴不上来,还赔了钱。工人王文年下班后拉胶皮,因家里没有干粮,喝了两口凉水拉胶皮,没有劲,走得慢,结果挨了坐车的日本人一顿毒打。

繁重的体力劳动,恶劣的工作条件,加上许多车间烟尘很大,呛得难受,患病的工人很多,特别是肺病,成为工厂的职业病。但是厂里不仅不为患病的工人提供治疗,还规定患肺病者就要开除。因此工人们根本不敢去看病,就是连小病也不敢进医务室的门,因为一旦有肺病的嫌疑,就有开除的危险。

在日本侵略者的奴役下,烟厂工人出的是牛马力。拼死拼活地劳累一天,可他们还是过着饥寒交迫的日子,工人们买不起鞋,只能穿木板拖拉,用破布遮体,就连豆腐渣和混合面也吃不饱,这种痛苦不堪的奴隶生活使工人们每日都挣扎在死亡线上。

七、劳工的困难经历

在日军管理期间,日军除了关押工人,还抓来十几名工人被送去日本当劳工,生还祖国的仅 4 人。其中以劳工齐树林和杨瑞林的事迹最为典型。

齐树林被抓劳工的情况

齐树林是颐中烟草公司造烟部工人。17 岁参加工作,老婆也在工厂,婚后没有小孩时,日子还算凑合。颐中烟草公司被日军军管后有了小孩,由于物价上涨,生活变得困难了。他和几位职工代表几次找日本人要求增加工资,都毫无结果。齐树林和几个要好的工友,私下商量偷烟卷来贴补生活。1944 年冬季一天凌晨 4 点多钟,齐树林把造烟部二楼的窗户撬开,将烟卷从窗户往外扔,几个工友在下面拾。工厂对面是开滦矿务局的煤场,天不亮就有人上班。一见有人往下扔烟,都跑过来抢,路上到处是扔的碎烟。第二天日本人发现了马路上的烟卷,怀疑工厂有人偷烟,随后在厂里开展调查。由于齐树林年轻气盛,比较出名,很快走漏了风声。

事情过去两天后,齐树林刚上班就被驻厂的日本警备队绑了起来,关在工厂的警备室里。在这里,齐树林受尽了刑罚,又是蹲砖,又是压杠子,备受折磨。第二天早上,日本宪兵将齐树林绑在大树上,时值冬天,就让他穿一件裤衩,让上班来的工人观看。当天将齐树林拉到河东日本宪兵队,过了三次堂,昏过去七八次。随后又送进鞍山道日本宪兵总队,关在一间马棚,继续受刑罚。

过了几天,日本宪兵将齐树林等人装上汽车,拉到天津东站,坐火车到了塘沽新港,关在一间大木房子中。

春节一过,海上来了三条大轮船,侵华日军将这里的人都装上了船,有3000多人。到了海上,有人晕船呕吐。日本人怀疑是霍乱,就将晕船的人扔到海里。

轮船在海上航行时,挂着国民政府的旗子,目的是躲避美国飞机的轰炸。由于海上布满水雷,轮船绕道行驶,航行将近半个月,到了九州雄本县三井三池煤矿。

熊本是煤矿集中地,日本工人、外国劳工在这里挖煤。中国劳工在煤矿干活只发一件裤衩,100多人挤在一间木制的大房子中。挖煤是重体力劳动,但日本工头还控制劳工的口粮,最初每人每天七两粮食,一天三顿饭。随着战事吃紧,物资供应紧张,又降到每人每天六两粮食。最后每顿饭喝稀粥,每天仅三碗。劳工每天下井时,不让喝水,上厕所还要打报告。日本工头不允许劳工理发,也没有条件洗脸,时间长了,劳工们人不人,鬼不鬼,老少不分。放风时,调皮的日本小孩把劳工一推就一个趔趄,站都站不住。由于劳动强度大,只喝一碗粥,齐树林所在的煤矿每天都有劳工死去。日本工头每隔一天拉一次死人。这些劳工的死尸,被木头架起来,用火烧成灰,扔在土坑里。

1945年随着世界反法西斯战争的深入,日本本土也变得不安宁了。由于劳工当中有抗日军人和民兵,齐树林他们也知道了毛泽东、朱德的名字,知道了八路军,使大家有了生存的希望。劳工们看到美国飞机轰炸日本,但很少飞过三池煤矿。齐树林他们便用石灰在墙上书写"中国劳工"四个大字。从此以后,美国飞机经常向这里扔衣服、罐头。当时煤矿也有美国劳工,日本工头有意把他们与中国劳工分开,所以总也见不着面。由于日本军国主义行将崩溃,各国劳工联合起来,不再为日本人卖命了。大家要求改善生活条件,争取了大米、白面和肉。两个月后,劳工的身体逐渐恢复起来。

美国军队进入日本后,齐树林等中国劳工获得了解放。当时每人得到了一件呢子大衣、一双皮鞋,并于1945年10月回到祖国。

回国以后,齐树林又回到颐中烟草公司工作。天津解放后,齐树林又转到天津钢厂工作,生活一天天富裕起来,但是在日本的困难经历,始终铭记于心。

杨瑞林苦难的劳工生活

杨瑞林16岁时没了父母,18岁经姨夫介绍进了天津颐中烟草公司。开始他领的童工牌,却干的是大人的活儿,在配烟部每天往真空回潮机里运送烟包。30岁时,他与一个穷人家的姑娘结了婚。就在他结婚的第二年,侵华日军接管了工厂。日本军军管后,制定了《工场场规》《工场开除职工的规定》《工人工资支付规则》等,强化对工人的管制。在日本法西斯的统治下,人们吃不饱,穿不暖。为了生存,于是大家组织起来"偷"。后来不知为何,事情被泄露了。

1944年的一天,杨瑞林刚走出工厂小门,突然从后面追来一群日本警备队员。他们每人手持一根棍子,带着枪,揪住他的脖领子,不分青红皂白就是几个耳光子,随后将他送进工厂警备室,即工人常说的"阎王殿"。进来后受尽了毒打,时值数九寒天,日本警备队向他身上浇凉水,多次濒临死亡。

在"阎王殿"的第四天,他和其他三位工友被押天津东站,送上火车。经过老地道时,心里难过极了,因为他每天上下班都要经过这里。他想到

图7-9　杨瑞林

家里的老婆、孩子,不知他们今后怎么生活。想到这些,眼泪不觉得掉下来。

火车把他们拉到塘沽,进了日军办的劳工收容所。这里四周都是高压电网和日伪军站岗,插翅难逃。收容所里关押的大约有几千人。吃的是豆面、麸子、豆饼,喝的是凉水,睡的是木板。没有棉被,许多人挤在一个小屋子里,冻得直拉肚子,而且不准随便出入,屋子里臭气难闻。大家就在这种情况下生活,不少人连饿带冻,加上恶劣的环境染上瘟疫,含恨死去。每天都能看到往外拉死人。有一天往外拉了满满一卡车,他问这是怎么回事,有人告诉他,由于昨天下大雪,日本兵没有往外拉,今天统统拉出去了。一次,他还亲眼看到一个劳工因小肚子疼,被日本医生扎了一针,医生刚走,那个劳工就死了。

1945年2月,侵华日军把中国劳工带上轮船往日本押运。在海上漂了12天,船舱内有200多人,病人很多。侵华日军见病人稍微严重一点的,不等死就扔进了大海。侥幸没死的,被送进日本门司。上了岸,日本人怕瘟疫传染,命令劳工排着队从一个矮门走过,还往劳工身上浇药水,强迫每个人喝一勺药水洗肚子。

杨瑞林被分配到熊本县万田煤矿,工作内容是挖煤矿里边的石头。干这活非常危险,砸死人是经常的事。砸死了就被扔到汽车上,半死不活的,也用车拉走,谁也不知道拉到什么地方。

杨瑞林等人在地下五层巷道开石头,有时在第二层,每天要上下100

多级台阶,累得腰酸腿疼,眼冒金星。每天的粮食少得可怜,一天的口粮放在一顿吃也不饱。如果你一顿把一天的饭吃光,检查出来还要挨打。每天干完活,肚子饿得直叫唤。要吃的没有,只好到地里挖野菜。日子长了,铁打的金刚也要变成黄瘦虚胖的病人。

　　矿上三个月发一双鞋,没等穿一个月就坏了。被子又薄又破,没办法,只好用绳子捆着睡觉。那时,杨瑞林一闭眼就做噩梦,不是梦见亲人抱头痛哭,就是全家人饿死在街头。每一次梦中惊醒,就是一身冷汗。

　　1945 年日本投降了,可是在日本的中国劳工仍得不到自由,大家心里像火一样燃烧,期待着火山爆发。距离杨瑞林干活的万田煤窑不远的地方,有四个煤矿 400 多名中国工人。他们为了争取自由,在日本无条件投降以后组成一支保卫大队。一天,他们派代表来到万田煤窑,日本人不让他们进去,也不让杨瑞林他们出来。在僵持之中,他们从门缝中递进一张纸条,打开一看,原来是如何组织保卫队的经过。当天晚上,大家七嘴八舌地议论这件事,决定成立保卫队,所有劳工当场报名。

　　万田煤矿的劳工挑选了一位姓李的大个子当队长,冲出大门去游行。保卫队找日本人要来了大米、牛肉和鸡,生活改善了,也不干活了,总算有了出头之日。

　　不久,杨瑞林等中国劳工登上返回祖国的路程。先坐了 6 个小时的火车到长崎,又从长崎乘轮船,航行 6 天,才回到祖国。

八、工人的反抗斗争

在日本帝国主义的铁蹄下,颐中烟草公司工人并没有被法西斯的警备队"阎王殿"和奴化式欺骗所吓倒、所征服,残酷的剥削和压迫反而激发了工人群众反抗怒火。广大工人为争取生存和自由,同日本侵略者展开了不屈不挠的斗争。

消极怠工是工人斗争的主要形式,日本侵略者为了强迫工人为他们卖命,派汉奸、工头盯梢,监视工人劳动。工人们针锋相对,为了防备日本警备队和汉奸,在车间门口、楼梯拐角,派出人员观察。日本人来了就伸大拇指,汉奸来了就伸小拇指,他们进车间来,工人就忙乎一会儿,等他们一离开,就跑到厕所里抽烟,跑到电梯里睡觉。工人们说:"给鬼子干活,就是磨洋工。有人看着就多干点,走了就歇着。"

除此之外,工人还用破坏机器的方式,破坏生产。有的工人生产时故意出废品、废烟,印刷部的工人破坏印版,让切纸机跑空车;有时还倒装印套,一次就印废几千张,再偷偷扛到锅炉房烧掉。卷烟部的工人把烟卷塞进厕所下水道,用水冲走。

日本警备队虽然在工厂里横行霸道,但也常常受到工人们的暗算,当时曾流传着刘玉林痛打箕岛肇的故事。一天,工厂的发电机坏了,全厂一片漆黑。为了防止工人的破坏活动,工厂日本警备系系长箕岛肇打着手电筒走进车间,刚入车间胸前就狠狠地挨了一家伙。他大叫一声倒在地上，紧接着一垛子烟箱子狠狠地压在他身上。打箕岛肇的工人叫刘玉林，和广大工友一样受过日本人的欺凌和打骂。他仇恨日本人，总想找机会惩罚他们一下。停电正是一个好机会，于是他摘下机器的铁砣，躲在车间门口箱子的后面，等箕岛肇一露面，便朝他砸去，并顺手把箱子推倒，砸在他的身上。这一次砸在箕岛肇的身上，使他在床上躺了三个月。工人们这种以血换血、以牙还牙的斗争精神，狠狠打击了日本侵略者的嚣张气焰。

团结就是力量。工人们在同日本侵略者的斗争中，逐步认识到团结的重要性，并且由分散的、个别的斗争发展到组织起来，共同同日本侵略者进行斗争。

1944 年春节前夕，由于物价上涨，工人的实际工资大大降低，加上临近年关，工人的生活难以维持。工人刘玉林、周永福等在工友们的支持下，找到日本工头，要求提高待遇，增加工资。日本工头不答应。刘玉林回到车间以后，就故意将切丝机的天轴弄断，带头掀起了罢工斗争，大部分工人响应，都纷纷停了工。在全厂工人的强烈要求下，日本人被迫给工人涨了工资。

九、侵华日军对颐中烟草公司的情报战

日军侵略中国以后，非常重视对华经济的情报。而日本军管理颐中烟草公司是在军方的领导下，军方具有较大的权利。最高上级为日本陆军总司令部，直接领导为华北陆军司令部参谋长，具体工厂管理有行政监督外，还设有军方监督。军方在管理上明确六点：（1）将公司置于军队监督之下，同时也给予公司一切可能的支持。（2）军队将供应原料以及其他提高产量所需要的各项物资，在运输方面也给予支持。（3）公司内部组织要尽可能地精简，以便保证工作有效。对那些有能力的中国职员要予以特别的注意和关照。（4）有关重要的人事变动必须请示军方，取得他们的同意，绝无例外。（5）公司的预算和账目安排，所有关于财政的事务，必须在执行以前取得军方的准许。（6）军方监督人监督和指导一切关于经营业务的工作，所有一切重要的命令由参谋长指令，但是有些情况，可以听从日本大使馆指令。可见该公司是完全服务于侵华战争。

侵华日军派出的参谋长掌管情报工作，而兴亚院也是日本在华的经济情报搜集部门之一。日本军管理颐中烟草公司以后，按照日本华北陆军司令部和日本驻华大使馆的要求，十分细致地搜集原英商颐中烟草公司的情况。他们形成第一次、第二次、第三次报告，主要报告了颐中运销烟草公司以及工厂方面的一些情况，但缺少首善印刷公司和整个颐中烟草公司的情况。为此又组织人员,在原东亚烟草厂大江氏的指导下,于1942年4月完成了相关情报的收集、整理工作。日本军甲1800部队嘱托、兴亚院嘱托兼天津颐中烟草公司主任顾问广濑义忠在情报完成后,欣喜地指出:"在华北,一面由英美烟草托拉斯把持的有关经营内容、工厂组织、原材料情况、劳务问题,尤其是他们引以自豪的生产计划等,完全是保密的,从不允许局外者参观知晓。然而如今已经日本人之手公诸于世,而再也不是什么秘密了。"①

　　这次整理的情报,内容丰富,资料翔实。其中1943年以伪华北行政委员会委员长王揖瑭为所长的伪华北综合调查研究所,油印了《英美托拉斯的烟叶收集工作》和由小林庄一编写的《英美烟草托拉斯的贩卖政策》。其中小林庄一是天津颐中运销烟草公司的职员,在

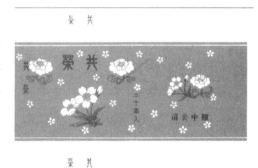

图7-10　日本军管理时期的"共荣"牌
卷烟商标

军管理之前就在公司工作,对公司的情况了如指掌。这部书是除英美烟公司之外的一册研究公司内部经营的专著,特别对英美烟公司的销售政策,如组织结构、管理架构、业务区域划分、各销售部办事处的组织与职能、督销制度的缘起、性质、职能和重要性以及买办、督销、大经销商的经历介绍得十分翔实。这两部书都是日文油印,油印本是内部传阅的资料,印数较少,实际上是一份有关英美烟公司的详细情报,为下一步日军扩大经济侵略提供了参考依据。

---

①　广濑义忠:《关于颐中烟草公司沿革·组织的报告》,天津卷烟厂档案室藏颐中档案,1942年4月。

十、侵华日军将颐中烟草公司变成侵略工具

日本军管理时期,颐中烟草公司天津工场有员工 2569 人,其中职员 367 人(含日本职员 79 人),工人 2202 人。受战争影响,山东烤烟产地供应紧张,美国烟叶不复进口,从日本、朝鲜进口烟叶也不能保证。而且卷烟纸、包装材料供应不畅,卷烟市场购买力较低,卷烟生产极度萎缩。1942 年度(1941 年 12 月 8 日至 1943 年 3 月底)生产卷烟 56709 箱;1943 年度生产卷烟(1943 年 4 月至 1944 年 3 月) 71791 箱。此间生产卷烟品种,包括一级烟"芭蕾",二级烟"大前门",三级烟"红锡包",四级烟"哈德门""商神""老刀",五级烟"司太非""大婴孩""华道""五花",六级烟"太阳神"等。卷烟牌号除保留原有部分畅销牌子外,日本军让卷烟生产为其侵略中国服务,在天津制造了大量军用"共荣牌""旭光牌"香烟,成为日军侵华的战略物资。

日本军管理时期还有一项重要任务,即为伪中国联合准备银行印制钞票。1944 年底,由于侵华日军开支浩繁,原由汪伪财政总署北平白纸坊印刷局印刷的中国联合准备银行钞票不敷供应,责令日军管理颐中烟草公司天津工场印刷部协助印刷钞票。汪伪财委会直辖印刷局局长高崇禄与日本军管理颐中烟草公司最高监理津岛寿一签订了定印书。对印制工作做了严格的规定:钞票印制工作场所及保管划清明确界限,不能与其

他印刷品混合;所有工作人员必须明确,有补充者必须将名录报送印制局备案;所有印制人员必须附有工作标识,无标识人员不得进入工作区域;所有印制色度与印制局签样一致,试印样张报局认可后方可开印;试油墨纸、试印纸均由印制局提供,试后一并算为废纸。卷轴纸、撰写纸及其他留有原版形状之物品使用后,双方合理处置;裁切下来纸边也要交还印制局。

从1944年12月到1945年9月,共印刷面值十元券1.4亿张,一百元券3.1亿张,五百元券7000万张,三种钞票共印5.2亿张。当时伪华北财政总署还派有特派员驻厂。

伪中国联合准备银行(以下简称伪中联银行)在沦陷时期印制了大量钞票。天津颐中公司印制的钞票号码11至15,各1000万张;号码21至30,各1000万张;号码36至51,各1000万张。在伪中联银行成立之前,伪京津地方治安维持会就准备发行纸币,并在1937年12月与北平印刷局订立合同,将过去大清银行留下的印钞钢版更改行名,这是伪中联银行的第一版纸币。因第一版纸币是使用旧时库存的进口纸印刷的,不久这种进口纸就用完了。日本人马上就为伪中联银行设计制造了第二版纸币。这批纸币使用的是马尼拉麻和牛皮纸浆为原料的日本三菱纸,并对第一版纸币的图案、色彩进行了修正。第三版纸币是由日本政府内阁印刷局制纸造出的,这种纸的原料中渗入日本出产一种叫桔香(黄瑞香)的植物纤维,增加了钞纸的透明度,这版纸币于1940年发行了。后来日本又为伪中联银行设计了面值五百元和一千元的大钞,分别于1945年3月和5月投入流通,并印制了大量面值为五千元的大钞,但未及发行。五千元大钞是国民政府接收华北后,投入流通使用的。天津颐中公司印制的六版一百元券纸为天津东亚制纸会社生产,原料是30%原伪银行发行的新旧分票纸和70%的棉纸,因漂白不净,其上有黑点,票面感到十分粗糙。

抗战胜利以后,钞票印刷业务善后事务也比较复杂,大量的印制成品

图 7-11　军管理颐中烟草公司印刷部印制的联合准备银行钞票

和印制材料要统一处理,印刷费予以结清。此项工作,由国民政府财政部北平印刷局驻津颐中公司办事处具体办理。1945 年 11 月,国民政府财政部北平印刷局来函,"查伪财政委员会印刷局业由本特派员接收,恢复财政部北平印刷局名称。该局所属驻津颐中公司办事处亦经令饬结束在案,惟该办事处结存油墨及各项什俱物品一时不克运局,拟暂寄存贵公司遇便即行取用"①。从此正式结束了钞票印刷的全部业务。

---

① 《国民政府财政部北平印刷局来函》,天津卷烟厂档案室藏颐中档案,1945 年 11 月。

第八章

抗战胜利后的恢复与衰落

抗日战争胜利后,英美烟公司收回了颐中烟草公司,至 1946 年 6 月才恢复生产。不久后,解放战争打响,导致其豫鲁皖烤烟供应渠道和农村消费市场割裂。又受到限制进口烟叶、提高税率、卷烟生产开工不足等影响,导致经营成本升高,公司运营十分艰难。由于解放战争爆发,华北地区很难进行统一管理,天津颐中运销烟草公司的领导地位名存实亡,被迫于 1948 年撤销。同时,颐中烟草公司只得压缩生产规模,将设备、原材料南迁。这一时期,颐中烟草公司已呈现衰败状态。

一、收回天津颐中烟草公司

抗日战争爆发后,驻华英美烟公司改在香港注册,同时把大量资产向香港转移。1941 年太平洋战争爆发后,沦陷区内的各颐中烟草公司均被日军接管,汉口工厂被炸毁,颐中烟草公司董事会迁到重庆。1945 年,颐中烟草公司指派董事施维福为驻重庆的全权代表。同年 8 月 15 日,日本宣布无条件投降。随后,颐中烟草公司委托董事斯图尔特负责天津分公司财产收回工作。

1945 年 9 月 23 日,颐中烟草公司代表斯图尔特自上海搭乘飞机抵达天津,同行的有瑞士驻津总领事乔格及 18 位在天津的外籍企业人士。乔格当时为接收天津外国财产的负责人。他准备组织一个 19 人的委员会,划分成财产、财政小组,具体处理财产和外国公司开业工作。乔格不主张马上采取行动来接收天津的外国财产,而是等国民政府从日本人手中接收财产后,再从国民政府手中收回财产。

斯图尔特并没有等国民政府的行动,而是很快在开滦矿务局大厦成立了一个临时办事处,并与天津颐中烟草公司的中国籍高级职员取得联系。还以非官方的身份来到颐中运销烟草公司、烟厂、印刷厂,并与日本经理佐佐木进行接触。他告诫日本人准备彻查颐中烟草公司所有的财产,要求他们的工作一直到正式接收为止。他要求工厂停产一段时间,同时裁撤一部分多余的人员,总数 120 人,从天津约减去 80 人,从北京减去

40 人。公司给解雇工人一些遣散费和储金款项。沦陷时期,公司属于北京华北日本军司令部管辖,斯图尔特专门去北京拿到了一个证明,以指示天津的日本人配合工作。为了方便回收工作,斯图尔特建议将颐中运销烟草公司的一些房屋出租给美国海军陆战队,以加快财产接收工作。1945 年 10 月 24 日,天津地区日本官兵善后联络部部长内田银之助,向当时的天津市市长张廷锷送交《颐中烟公司移交书》,从而完成了颐中烟草公司财产的移交工作。同时,佐佐木以及工厂厂长、制烟部主任、总部会计部主任、印刷厂厂长、天津会计部主任、总部秘书长、工厂总务组组长、售卖部主任、工厂会计组组长、工厂财产组组长等 11 名日本人由美国驻津海军陆战队司令部扣押,后于 1946 年 2 月被释放。

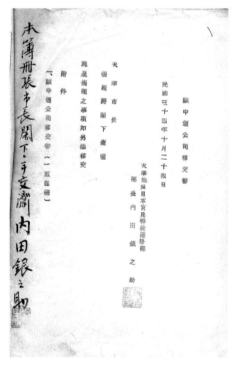

图 8-1 《颐中烟草公司移交书》

抗日战争胜利后,颐中烟草公司一直处于停工状态,导致工人生活困难。已经恢复的天津颐中烟草公司产业工会,于 1946 年 1 月 24 日呈文社会局,"提出增加工资、年终花红发双月薪、恢复储蓄金原有之措施等三条要求。2 月 22 日,该厂呈报社会局为工人增薪。3 月 6 日,颐中烟草产业工会再次要求社会局为工人增薪。14 日,经社会局调解,(颐中)厂方答应自 3 月 1 日起在职工人最低月薪为法币 34000 元,每名工人每日发玉米面窝头两个,一星期发纸烟 50 支;不在职工人每月发给维持费法币 17000 元,至此工潮解决"①。

抗日战争胜利后,关在潍县集中营的外籍职员全部解放。1946 年 3 月至 6 月,颐中烟草公司对所有英美籍人员发放"慰藉金",董事每人 5 万美金,普通外籍职员平均 1 万美金。对拒绝与日本人合作的颐中烟草公司华账房张筱芳等给予了奖励,而对日本军管期间,与日军合作的首善印刷公司华账房赵秉元,则采取降职处理,并于 1947 年从公司开除。而对天津工人,却以币值不稳为由,拒绝续办储蓄金,并坚持以原数发还战前工人储蓄金。

1946 年 5 月 17 日,柯深史被任命为颐中烟草公司董事会董事长,公司正式从重庆迁到上海苏州路。颐中烟草公司华北地区负责人克特珍重新回到天津主持复工工作。在全部工作准备就绪后,6 月份工厂恢复生产。颐中烟草公司恢复生产以后,遇到严重的销售问题。由于战后停产,大量的美国进口卷烟和上海华商生产的卷烟进入天津市场,使原有的销售格局发生了极大的变化,导致天津颐中烟草公司卷烟成品积压,一直处于半停产状态,进入 1947 年后一直没有复工。工厂一直以半薪代替救济金。

战后恢复生产后,开始追讨残害工人的日本罪犯。天津颐中烟草公司产业工会于 1947 年 6 月 28 日,在《民国日报》发出紧急启事:"查日寇箕岛肇在天津沦陷期内曾任敌天津防卫司令部特务,敌宪(兵队)河东队翻译兼特务主任及颐中公司警备系长,倚恃敌势,残暴酷虐,陷害同胞,幸皆忠贞不阿,宁可邢死,不愿苟生,因而致死多人,被其遣送劳工数十人,其中生还祖国者仅数人。"②

抗战胜利后,箕岛肇化名潜逃至北平。1947 年 9 月 19 日,天津颐中

---

① 天津市总工会工运研究室、天津社会科学院历史研究所:《新民主主义革命时期天津工人运动记事》,天津社会科学丛刊编辑部,1985 年,第 231 页。

② 上海社会科学院经济研究所:《英美烟公司在华企业资料汇编》,中华书局,1983 年,第 1072 页。

烟草公司产业工会又致上海颐中烟草产业工会函:"敝会于本年5月末接受被害工友之委托,在(北)平检举残害我工友之日战犯箕岛肇(该日人在……胜利后……化名潜匿北平)一案,归绥署军事战犯法庭。因该寇背景有人祖护,是以迄今不但未予起诉,并对告发人之蔽会,加以刁难。"①后来,箕岛肇在北平一家旅馆被抓获,经天津颐中烟草公司产业工会代表指证,被设在北平的绥靖公署审判战犯军事法庭判处有期徒刑10年。

---

① 上海社会科学院经济研究所《英美烟公司在华企业资料汇编》,中华书局,1983年,第1072页。

二、收购烟叶遇到"大劫收"

抗日战争爆发以后,豫鲁皖烟叶产区被日军占领,烟叶收购控制在日资的华北烟叶公司及华中烟叶公司手中,英商颐中烟草公司只能通过这两家公司来收购烟叶,这意味着失去了对产烟区的控制,也导致成本增高。

抗日战争胜利以后,日资华北烟叶公司在天津库存大量的烟叶作为敌伪产业为政府接收。当时天津振兴烟叶公司的专家专门查看了这批烟叶,从烟叶的质量和等级上看,可以制造"大前门",还可以用于改进"红锡包""老刀牌"和"哈德门"等牌号的卷烟。

当得知这批烟叶要出售后,天津颐中烟草公司积极协调国民政府当局,1945 年 11 月 23 日致信天津市政府,提出用 41575.88 万元联银券购买 1028735 磅烟叶,迟迟未得到答复。天津颐中烟草公司从《大公报》得知此事归国民政府行政院北平办事处天津分处管理。1946 年 1 月 23 日,天津颐中运销烟草公司总办克特珍专门拜访了这个机构,称"在最近与宋子文先生的一次谈话中,指出我们作为最大的烟叶合法使用者,我们的公司完全有权利获得以前属于日本人的烟叶中大部分,我们建议我们应该根据我们在太平洋战争之前交付统税的比重获得一部分烟叶,这就意味着我们应得到可有的烟叶的 70%……"①。最后,克特珍以工厂开工为条件,称"我们必须得到原料,从而使我们能够照顾我们的工人"。② 此后,颐中烟草公司在上海专门会见了经济部副部长行政院驻北平代表谭佰羽,但是进展不妙。4 月 1 日,天津颐中烟草公司克特珍会见了行政院天津办事处负责人李尔康询问了原因,得知购买烟叶遭到北京办事处主任王翼臣的反对。王翼臣称"现在天津华北烟叶公司手中的烟叶必须全部给东亚烟草公司工厂使用",③拒绝考虑分配给颐中烟草公司。

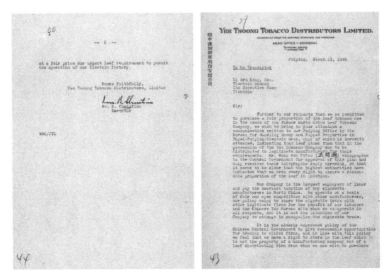

图 8-2　颐中运销烟草公司总办克特珍关于烟叶问题的英文信函

由于经济部接管了天津东亚烟草公司,日本留存的烟叶"完全成了中国有关官员的一个宝库,因为他们使用日本人留下来的原料,甚至还用

---

① 上海社会科学院经济研究所:《英美烟公司在华企业资料汇编》,中华书局,1983年,第 337 页。

② 上海社会科学院经济研究所:《英美烟公司在华企业资料汇编》,中华书局,1983年,第 337 页。

③ 上海社会科学院经济研究所:《英美烟公司在华企业资料汇编》,中华书局,1983年,第 339 页。

卷烟支付工人工资,这样收入的钱是净利"。① 碰壁后,颐中烟草公司又通过天津税务局拜访了王翼臣,并给财政部发了两份电报,仍然遭到极其专横的回绝。随后,颐中烟草公司找到经济部长翁文灏,说明了这件事情。翁文灏答应给王翼臣发电报。4 月 4 日,克特珍接到国民政府经济部冀热察绥特派员王翼臣的来信,说:"贵公司来函译本,为请求配购华北存栈之烟叶,恳请协助准许购买以便开工等由,准此。查本处所接受之烟叶,现经全部需用原料,可由舶来供应。所请分购一节歉难照办。"②等于又一次回绝了颐中烟草公司的请求。

但天津颐中烟草公司并未放弃收购烟叶的尝试,当得知青岛华北烟叶公司准备拍卖未复烤的烟叶后。他们沟通了华北烟叶公司的接管大员,暗中操作,通过中国商人再转手卖给颐中烟草公司大约 100 万磅烟叶,后来又收购青岛敌产管理局原准备分配给上海大东南公司 25 万磅未烤烟叶(因大东南公司失火)。后来又经谈判,购买了 220 万磅烟叶和大量的碎烟,使天津颐中烟草公司开工有了原料保障。

---

① 上海社会科学院经济研究所:《英美烟公司在华企业资料汇编》,中华书局,1983年,第 339 页。

② 上海社会科学院经济研究所:《英美烟公司在华企业资料汇编》,中华书局,1983年,第 340 页。

三、颐中运销烟草公司业务的停止

　　卷烟是通过销售来实现利润的,在英美烟公司实施纵向一体化的托拉斯管理机制,龙头是销售机构。英美烟公司在华的 16 个销售区域,最初分为两个部,即上海部和天津部。1929 年以后,又分成上海、天津、汉口、香港、东北 5 个部。这也是英美烟公司从集中管理到分地区管理的重要改革步骤。在各个地区,销售部门的负责人是这个地区的领导,因此各地颐中运销烟草公司的总办是各个地区的首脑。如天津颐中运销烟草公司统管华北地区的卷烟销售,同时管理天津的烟厂、印刷厂以及其他业务。既是天津颐中运销烟草公司总办也是天津颐中烟草公司总办。颐中运销烟草公司管辖四个区域,分别是北方区(总部设在天津部内)、芦汉区(总部设在石家庄)、边疆区(总部设在张家口)、山东区(总部设在济南),其中芦汉区石家庄总部占地 50 亩,建筑华丽,院内还设有网球场。该区域成就了许多本公司的高管,如田克恩、柯深史、赵尔丹、伊美森、费尔莱、巴金森、葛利高力、邦基、何德根等,或成为上海董事会的董事长,或成为董事及各地区总办。

　　日本军管理时期,颐中烟草公司原有的格局被打破。日本接管天津、青岛工厂后,将军管理颐中烟草公司分成天津工场和青岛工场,天津颐中运销烟草公司变成天津事务所,原天津颐中运销烟草公司山东区变成青岛事务所,实际上形成两个单位。日本军管理颐中烟草公司总部最初设在北京,日军在原天津颐中运销烟草公司北方区北京办事处的基础上,购置了大量的房产,作为总部办公用房。后来总部迁到天津,天津事务所成为总部办公地点。

抗战胜利后,天津颐中运销烟草公司恢复了原来的管辖范围。但由于内战爆发,交通中断,天津颐中运销烟草公司很难控制跨地区的经营局面。经颐中烟草公司董事会研究,于 1948 年 9 月 20 日发出通知:"从 10 月 1 日起,迄今由颐中运销烟草公司经营的在中国的销售业务,改由颐中烟草公司经营,颐中运销烟草公司将自动停止。属于颐中运销烟草公司在中国销售英美烟公司产品的销售权转交颐中烟草公司。"①

从此天津颐中运销烟草公司成为天津颐中烟草公司的营业部。但是总办仍然坐镇营业部,统管卷烟厂、印刷厂。而芦汉区、边疆区以及天津区的北京办事处仍归天津颐中烟草公司营业部管理。山东区划归青岛颐中烟草公司。天津颐中烟草公司营业部原有的管理模式也就名存实亡了。更名交接工作十分复杂,包括债券、合同、信函等都需要进行变更,经历了很长一段时间。还没有理出头绪,天津就解放了。

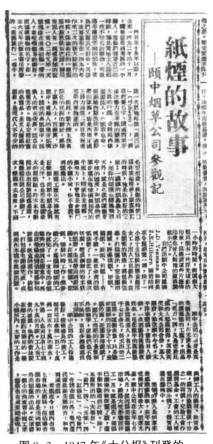

图 8-3　1947 年《大公报》刊登的
颐中烟草公司参观记

---

① 《关于停止颐中运销烟草公司销售业务的函》,天津卷烟厂档案室藏颐中档案,1948 年 9 月 20 日。

四、抗战胜利后失去垄断市场

1945 年抗日战争胜利后,天津卷烟业经历了由衰败走向复苏,又由复苏走向萧条的过程。而在这一过程中,颐中烟草公司的产品销售经历了重大转折,由战前的垄断地位,逐步走向衰退。

抗日战争胜利后,天津颐中烟草公司由于原材料不足,购买力低,卷烟严重滞销等原因,直到 1946 年 6 月才开工。同年,由于战争导致交通中断,颐中烟草公司失去了传统的豫鲁皖原料基地和农村卷烟市场。此间天津颐中烟草公司只是靠进口烟叶维持生产,再加上国民政府将统税调整为货物税,税率上涨,导致了竞争力不强。上海颐中烟草公司董事会要求天津维持最低生产水平,卷烟机仅开动 20 台左右,1946 年仅生产21262 箱。

1946 年,日资东亚烟草厂为国民政府经济部接收。同年 8 月,天津卷烟工业同业公会成立,有卷烟厂会员单位 12 家,即:"东亚""大中""大中国""民生""宏生""大陆""天津""兴业""威士""美华""新华""亚洲"。其中亚洲烟厂原为希腊商人经营的正昌烟草公司,抗战期间在日本烟草统治政策的逼迫下,遂将企业出售给日本商人,后来作为东亚烟草工厂的分厂。抗战胜利后,东亚烟厂被接收后,原正昌烟草公司更名为亚洲烟草公司,后转售沈阳太阳烟草公司,更名为华阳烟草公司。天津颐中烟草公司由于是外资企业,没有加入卷烟工业同业公会。

图 8-4　天津卷烟工业同业公会成立大会合影

　　抗战胜利后,在天津销售市场上,卷烟短缺,颐中烟草公司忙于复厂交接工作,畅销卷烟起初以美国烟为主。后来国民政府实行外汇限额分配制度,限制卷烟进口,市场以上海烟为畅销。而颐中烟草公司有员工1700 余人,工人工资每日需法币千万左右,开支太大,而外销不畅,且所需之烟叶,因山东产地处于战区无法采购,大部分自美国进口,导致成本较高。虽然品质较好,但是卖不过上海烟,销售量迟迟上不去。在销售方法上,天津的颐中和东亚这些大烟厂的产品都由经销商直接经销,而小烟厂先由批发商交货款六成,出烟后提货。美国的进口烟,由贸易行经销。上海烟如南洋烟草公司和华成烟草公司也由经销商经营,上海其他小烟厂多由老客(上海经销商)经销。当时卷烟批发分四个层次:直接营业所和专门经销商为一部组合;内局(批发商,只卖整箱不卖零条)和老客(上海经销商)为二部组合;门市(零售商)和烟楼(亭子)为三部组合;摊贩属于四部组合。抗战胜利后,天津卷烟零售商成立了卷烟门市业同业公会,下属门市卷烟商 1000 余家,零售商 4500 家。此外,还有卷烟自由批发市场,卷烟商贩多在单街子西、侯家后中街集中交易,晨开晚散,形成正式市场。市场交易分整箱与零拆两种,摊贩销售零盒和整条,整箱货分成三种:一是,倒手囤积;二是,运销外埠;三是,本市纸烟店销售。天津卷烟业,一时呈现出工亡商兴的畸形局面。

五、压缩生产规模及设备南迁

解放战争爆发后,颐中烟草公司根据中国当时政治形势、原材料紧张以及通货膨胀的情况,确定了减少订货、限制生产的原则,采取"尽量汇出资金,决不汇入分文"[①]的方针,紧缩公司产量,实现大量资金外移。

天津颐中烟草公司的生产一直未恢复到战前的规模。1947 年,天津、青岛两厂的卷烟库存较大,其中天津厂库存超过 6000 箱,一直处于停产状态。厂方列出的停产原因:一是,进口原材料受到限制;二是,税收费用过高;三是,生产成本高。虽然厂方在停产期间,一直给予工人半薪代替救济金,但由于物价上涨,通货膨胀,工人仍然不能维持生活。由于工人生活没有保障,一直要求复工,并要求市政当局给予支持。1947 年 2月 28 日,天津市政府社会局、市党部、中统局以及天津总工会代表和颐中烟草公司工人代表专门召开一次会议。会议由社会局代表梁国栋主持,提出按照政府颁布的"紧急法",不允许工厂关门,也不允许工人罢工。但是由于"我们的工厂是与中国友好国家的外国人所有的",因此他希望这次劳工纠纷能够作为一次特殊情况得到和平解决。这次会议提出停工期间给予三分之二的工资。对于这个建议,厂方向上海董事会请示,4 月15 日,上海方面回复,"接到他们(指工人)又要求发给三分之二的工资以

---

①　上海社会科学院经济研究所:《英美烟公司在华企业资料汇编》,中华书局,1983年,前言第 7 页。

替代半薪,再加上粮食津贴,对此我们予以坚决拒绝"[①]。

由于厂方与工人相持不下,上海董事会经过研究,决定天津工厂要重新开工,"如办不成这件事,则可能在官方引起不愉快的反响"[②]。鉴于库存超过 6000 箱,开工只能维持小规模生产,每周生产 600 箱。开工不久,由于卷烟销量较低,库存又在增加,夏季又关闭了天津、青岛两厂的生产。秋季恢复生产后,又要宣布停产,而且拆除部分设备,向南方迁移。停产意味着工人的生活降低,于是工人们要求增加停工期间的工资。

图 8-5 《天津工商日报》
对颐中设备南迁的报道

1948 年 4 月 29 日《民国日报》消息报道:"今日上午,由该公司总办葛兰史主持,在大王庄工厂召集工会代表开会商谈,此问题可望获得解决。近来外间盛传津各大工厂准备南迁,颐中也是其中的一个。但据公司方面谈称:公司从未考虑这件事,目前因为汉口的烟厂打算开工,而那里的机器又因战时被破坏了,故拆运了一部分到汉口去,其实天津的机器大部在闲着,运到汉口去生产当然不能算是南迁。此间 5 月 1 日停工,系暂时性质,一俟存烟大部销出,即可复工。颐中现在职员工人约千七百余人,工人工资每日至少须千万左右,开支太多,而外销不畅,且所需之烟叶,因山东产地无法采购,大部分均来自美国,故成本较高,品质也较好,

① 上海社会科学院经济研究所:《英美烟公司在华企业资料汇编》,中华书局,1983年,第 1260 页。
② 上海社会科学院经济研究所:《英美烟公司在华企业资料汇编》,中华书局,1983年,第 192 页。

但是卖不过上海烟,所以颐中的前途也不乐观,只有寄希望于铁路交通之开展。"①

天津地方当局也担心工人闹事,于是请求南京政府与上海颐中烟草公司总部沟通。天津社会局局长胡梦华致国民政府社会部部长函称:"查该颐中公司天津烟厂之停工问题,系受上海总公司之指示,值此地方不靖,该公司宣布停工似非所宜,且工人生计所关,咸怀惶惧,万一发生枝节,诚恐有碍社会秩序,当经提交本市工运小组会议议决,据情转报钧部,就近与上海总公司交涉办理等语,记录在卷。除令饬工人静候处理,行动不得越轨外,为此据情呈报。"②

1948 年 5 月 1 日停工后,颐中烟草公司迟迟不能开工,而且将大量设备原材料南迁。1948 年,颐中烟公司拆迁卷烟机 38 台,小盒包装机 49台,装烟机 10 台,压梗机 24 台,卷烟纸 242 箱,铝箔纸 20 余箱均已运走。7 月上旬,又拆卸套色印刷机 2 台,装烟机 10 台,切丝机 3 台,百磅装烟叶139 桶,440 磅装 45 桶。因工人举报,地方当局干涉而停止。

由于开工无期,设备南迁,颐中烟草工会呈报天津市总工会,市总工会又转呈全国总工会。1948 年 10 月,全国总工会转抄国民政府经济部,称:"惟查该厂乃系外商所营,自民国十年开办以还,赖我国工群血汗,获利无算。沦陷时间日本所存原料,胜利后该厂接收,不劳而获,较弃管时增加若干倍,近三年来未采购丝毫原料,而能大批制造成品,实际皆系日本当年侵掠我国之物资。尤在停工期间我政府仍特许其大量外汇,享受优待不算不厚。兹者国家推行新币制,限制囤积居奇图利,该洋商所囤原料不予出手,殊违经营管制法则,而条件充足不得复工,居心叵测。该厂全体工人已忍无再忍,决不计任何牺牲,对抗资方之无限期停工。属会为

---

① 上海社会科学院经济研究所:《英美烟公司在华企业资料汇编》,中华书局,1983年,第 1263—1264 页。

② 上海社会科学院经济研究所:《英美烟公司在华企业资料汇编》,中华书局,1983年,第 1265 页。

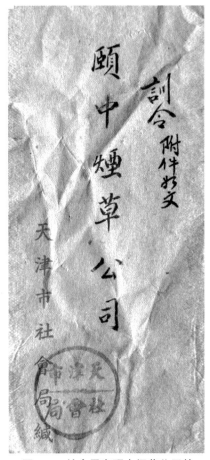

图 8-6 社会局寄颐中烟草公司的
训令信封

顾念时艰,除令行该工会全体工人静待当局处理外,理合呈请鉴核,主持正义,体恤数千工群之生活,促其早日复工,并饬沪地总厂交涉,提前实现,实不胜翘企待命之至。"[1]1948 年 11 月 11 日,国民政府经济部致函上海颐中烟草公司。不久天津颐中烟草公司接到上海董事会的通知,定于本月 15 至 20 日,各部门陆续复工,每周工作三天。

但是由于国民党政权行将灭亡,随着辽沈战役的胜利,百万大军挥师入关,平津战役打响,天津颐中烟草公司开工不久,又被迫停产。1947 年产量为 29918 箱,占全市总产量的 50.88%,而 1948 年产量却只有 9797 箱,只占全市产量的 36.21%。失去了原有的垄断地位。

① 上海社会科学院经济研究所:《英美烟公司在华企业资料汇编》,中华书局,1983 年,第 1266 页。

六、捐助天津城防工程

1947 年,随着解放战争的深入,天津地方军政当局面对着华北人民解放军重重围困、城市防卫连连告紧,"深感巩固城防,实为当前急务"。1947 年 2 月,天津工务局成立了所谓"天津市城防构筑委员会",计划以法币 260 亿,"竣筑环市外壕,并沿壕修碉堡及其他配属设备",修建环绕天津市区一个永久性的城防工事,以资防守。

1947 年 4 月 25 日,颐中烟草公司接到天津卷烟工业同业公会的来函,内容为天津市政府兴建护城河工程摊派费用的问题。公司见信后,询问了其他在津的外国公司,如亚细亚、美孚、德士古等几家石油公司,结果发现摊派这项费用的公司中,颐中烟草公司是天津唯一的外国公司。接信的次日,颐中运销烟草公司总办葛兰史与英国天津总领事惠塔莫尔讨论了这件事。总领事认为:"护城河工事无疑是涉及中国国内政治事务的,而由我们捐款兴筑,是对中国政治事务守中立的违背。"①并建议将此事发电报给南京英国大使馆,征求大使的意见。可是,葛兰史担心由此影响与天津市政当局的良好关系。因为天津市政府和警察局帮助公司平息了多次工潮。为此,总领事建议由葛兰史或工厂总监伊文斯与市长见面,亲自说明原因,是由于城防工事计划的政治重要性而不能接受摊派。

---

① 上海社会科学院经济研究所:《英美烟公司在华企业资料汇编》,中华书局,1983年,第 1109 页

当天,葛兰史将这些情况报告给上海总公司。时任总公司董事克特珍亲自来到天津与葛兰史讨论了这个问题,经过权衡,最后为了保护颐中烟草公司的利益,给市政当局一个好的印象。天津卷烟厂业同业公会要求贷款法币 849.6 万,但为了讨好市政当局,"即送给市长一笔较要求的贷款更大的数字。因而我们签了一张一千万元的支票送抵市长办公室……"①虽然这次在摊派上吃了亏,但是却保护了他们的既得利益,也反映出英美等国在中国内战中秉持的中立立场十分虚伪。

颐中烟草公司为了取悦市政当局,捐出巨资,事后也产生作用。1947年 12 月,天津颐中烟草公司发生工人罢工,天津警察局局长李汉元率武装警察前往弹压。事后,上海总公司董事克特珍给天津英国领事馆总领事伯德特写了一封信,"我们对李汉元将军所采取的迅速行动深为感谢,请您转达为幸"②。而李汉元此前为天津英租界工部局警务处副处长,为英国人服务也是尽心竭力。

---

① 上海社会科学院经济研究所:《英美烟公司在华企业资料汇编》,中华书局,1983年,第 1110 页。

② 上海社会科学院经济研究所:《英美烟公司在华企业资料汇编》,中华书局,1983年,第 1109 页。

七、抗战胜利后的天津卷烟工业

抗日战争胜利后,天津卷烟工业发生很大变化。初期一度繁荣,一些私人烟厂纷纷建立。1946 年 8 月 30 日,成立了天津卷烟工业同业公会,协调行业发展。随着解放战争深入,许多小烟厂受制于原料与市场,纷纷停产倒闭,呈现衰落的现象。截至解放前夕,天津有大小卷烟厂 31 家,除颐中烟草公司外,有规模的烟厂仅东亚烟草厂、华阳烟草公司、中国新华烟厂三家。

东亚烟草厂原为日资企业,1945 年 10 月 23 日,天津市地方当局接管东亚烟草厂,11 月划归政府公营管理处管辖,更名天津市政府公营管理处卷烟厂。1946 年 1 月,改为国民政府经济部接收东亚烟草厂。10 月,改为行政院河北平津区产业处理局事业单位监管会东亚烟草厂。此间,国民党中央党部财政委员会主任陈果夫派员赴敌伪产业地区,如上海、天津、青岛、沈阳等地筹建公司,接收敌伪产业,直接经营管理。

1947 年 9 月,成立中国恒大企业公司,经营原日本人经营的天津东亚烟草厂、天津东亚面粉厂、天津中华火柴厂。恒大企业公司接收东亚烟草工厂后,有工人 798 人,生产工序分配叶、熏烘、干燥、切丝、卷烟、包装等,工厂有卷烟机 32 台,(每分钟 750—900 支)生产 16 号、金圆等牌号。1948 年开始研制恒大牌卷烟。恒大牌卷烟配方由工艺师刘锡昆、李学俊设计,商标由华中印刷厂图画部设计师陈嘉祥(后为天津工艺美术学院

图 8-7　抗战胜利后接收的东亚烟草厂

教授)绘制。陈嘉祥利用现代派的色块、线条等几何图形设计出了"恒大"商标。"恒大牌"卷烟采用国产原料为配方,价格适中,受到消费者的欢迎。恒大烟 1948 年试生产,1949 年 1 月 13 日获得注册审定。

华阳烟草公司前身是希腊人经营的正昌烟草公司,1910 年在法租界中街(今解放北路)开办。抗日战争爆发后,由于侵华日军实行烟草统治政策,希腊商人无法经营,故将公司转让给天津日资东亚烟草公司,成为"东亚"的分厂。

1945 年抗日战争胜利后,东亚分厂作为敌产为国民政府接管,一度出售给民营,改为亚洲烟草公司。其间为避免战火,沈阳太阳烟草公司移至天津,并于 1947 年 3 月收购了亚洲烟草公司,更名为华阳烟草公司,公司经理为杨建庵(新中国成立后,为天津工商联常委)。当时华阳烟草公司有十几台卷烟机,274 名员工,是天津最大的私人卷烟厂。抗战胜利后,天津私人烟厂很难经营,为此经常变换牌号。当时华阳烟草公司的"白马"牌,经营不过颐中的"大前门"、东亚的"恒大"。为此,杨建庵与公司设计人员范畅观设计了烟斗牌商标。商标定型后呈报国民政府农商部商标局注册登记,同年 8 月投产。但在国民党政府统治下,物价飞涨,通货膨胀,"烟斗"烟并没能给华阳烟草公司带来好运。

中国新华烟厂前身为裕津染织厂,工厂位于河北小王庄杨桥大街 7 号,由山东蓬莱、黄县籍商人周金树、包正范、李存顺、陈本梧等在日伪时期开办的。抗日战争胜利后,1946 年 11 月,裕津染织厂转产成立了中国新华烟厂。其中周金树为总经理、包正范为经理,李存顺、陈本梧为协理。工厂聘请上海人王永章担任卷烟工艺师,雇佣员工 100 多人,拥有卷烟机 2 台,切丝机 2 台,其他机器 2 台,月产量 36 箱。生产卷烟有:达玲、蓝达玲、大白杨、白宫、炮台、和乐、三鹰、卫国、白熊等牌卷烟。

八、产业工会及工厂名人

抗日战争胜利后，在天津总工会工运组推动下，由产业工会具体负责，成立了颐中烟草产业工会推动组。颐中烟草公司产业工会于 1946 年 4 月 7 日成立，会址设在工厂内。此后在东亚烟草厂、颐中烟草公司、正昌烟草公司成立工会的基础上，1947 年筹备成立了天津烟草业产业工会。颐中烟草公司工会更名为天津烟草业产业工会颐中分会。

此间，由于工厂经常停工，职工业余时间比较充裕，在工会的组织下成立了国剧社和颐中足球队。国剧社设董事会，剧务主任、文牍主任、武场主任、文场主任，还有京剧指导，全社计 76 人。国剧社除了教戏、学戏，还经常在厂内外演出。其中，包装车间修理工人阎学信专唱老旦，曾拜著名老旦李多奎为师。颐中足球队与大王庄的震津队、大直沽的震华队经常比赛，多次荣获冠军。颐中足球队还涌现出张国隆、刘维起等优秀球员，中华人民共和国成立后二人曾入选天津队，是足球界元老级人物。除此之外，天津颐中烟草公司还涌现一些各行各业卓有成就的著名人物。

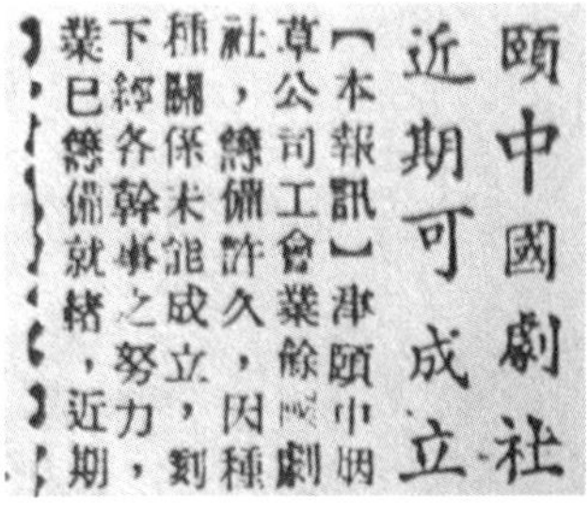
颐中國劇社近期可成立
【本報訊】津頤中烟草公司工會業餘國劇社，籌備許久，因種種關係未能成立，對下屆各幹事之努力，業已籌備就緒，近期

图 8-8 《天津工商日报》有关国剧社成立消息

著名评剧表演艺术家花玉兰，原名黄东樵，天津静海县（今静海区）人。因家中贫困，13 岁经邻居介绍，进入天津大英烟公司

大盒部当童工。虽然年龄小,干的却是大人的活,而工钱只有大人的一半。在不到三年的童工生活中,小小的黄东樵实在忍受不了煎熬,16岁经人介绍拜评剧艺人白广杰(艺名白菜心)为师,投入梨园行。她禀赋聪颖,悟性极高,成为评剧花派艺术的创始人。

著名摔跤名家白宝森,祖籍河北黄骅县(今黄骅市),幼年随父到津,定居大直沽后台。其自幼喜欢摔跤,21岁时在谦德庄跤场连胜二人,为前清二等朴户孟义看中,收为弟子。得到孟义真传后,白宝森名冠天津跤坛。白宝森第一份工作,就在天津大英烟公司配烟部当童工,其身强力壮,胜过许多成年职工。在公司工作时,听说经常有女工在晨昏之际遭到歹徒的猥亵。白宝森扶弱惩恶之心陡然而生,其对住在大直沽的女工暗加保护,遇到歹徒立马出手,也不同女工说话,直到护送进家门才走。从此,白宝森有"义侠"之称。年长以后,其脱离大英烟公司,在太古码头当搬运工,后来赶马车搞运输。中华人民共和国成立后被工人选为大直沽胜利马车社主任。由于在天津跤坛德高望重,他还被天津市体委聘为重竞技协会副主任。

著名京剧老生演员李宗义,祖居天津,自幼酷爱京剧,天赋佳喉。11岁丧父,全家依靠哥哥的微薄收入维持生活。17岁被迫退学,经亲戚介绍到天津大英烟公司工作,工作时间不长,就因厂方裁减员工而被迫失业,此后又到正昌烟草公司、天津电话局工作,还在位于大胡同的河北电影院任售票员。同时,他经常在河北正风国剧社及城内著名的票房——中南国剧社票演。1936年,李宗义拜天津"票界"三王之一的王庚生为师。1939年,他正式"下海"搭班演戏,拜鲍吉祥为师。根据本身嗓音条件,以演高(庆奎)派戏为主,兼余(叔岩)、马(连良)诸派之长,形成自己的艺术风格,在北京、天津、武汉、上海以及山东等地演出,广受好评。他在北京首场演出《探母回令》与李玉芝、李多奎、茹富慧、诸如香等名家联袂合作,大获成功。还曾与姜妙香、傅德威、郑如冰、顾正秋等合作。

著名眼科专家黎宗尧,广东顺德人,久居天津。早年就学于天津新学书院、天津北洋医学院。1920年留学美国,在哈佛大学热带病科、凡雪尼亚大学眼科学习。1923年归国,先后任北京协和医院眼科医师、北宁铁路局医师、天津北洋女医院医师、塘沽永久医院医师等。1924年,在津协助洪麟阁、连以农等开办达仁济贫医院,为附近地毯工人治疗职业病和眼病。七七事变后,在基泰大楼设眼科诊所。1946年重回塘沽永久医院任医师。不久,因同学推荐,任颐中烟草公司医务室医师。在颐中烟草公司期间,其不仅为外国职员看病,还主动为工人看病。他医德高尚,许多工人遇到疾病,甚至晚上到家登门求治,从未有怨言。其在工厂治愈工人的眼病无数,深受工人们的敬重。1952年,天津颐中烟草公司被接办后,黎宗尧离开烟厂,先后任河北医学院教授、天津市眼科医院顾问及天津市第二中心医院眼科主任等,对天津眼科医学发展贡献很大。

图8-9　颐中烟草公司医务室

著名学者王世富,福建闽侯人。其出身名门世家,父亲王继曾是著名的外交家,曾任驻华英美烟公司天津部北京办事处经理。同父异母的弟弟王世襄为中国著名的文博学家。王世富早年考入清华大学留美预科班,与梁思成是同窗和宿舍舍友。1923年毕业留学美国,1925年获威斯康星大学国际法学系学士学位,后又获该校研究院政治学博士学位。回国后,历任教育部部聘国立编译馆兼任编译,中国驻土耳其大使馆秘书,《中国评论周报》专任编辑,北平师大、燕京大学文学院历史系教授。王世富自1930年起担任私立厦门大学法学院政治学教授,1931年被推举为校务会议委员,1932年担任政治学系主任。1934年,任河南大学政治学教授,后兼任河南省政府及绥靖公署合办的国际政治研究班导师。抗战时期在上海教书,抗战胜利后又回到厦门,任国立厦门大学法学院政治系教授。1946年夏,颐中公司经买办陈伯耿推荐,任天津颐中运销烟草公司顾问,负责税务及政府间交涉事宜。1952年,英商颐中烟草公司与人民政府进行转承让谈判期间,担任英方翻译。颐中烟草公司被接办后,在天津卷烟厂总务科担任干部,后一度在天津卷烟厂职工子弟学校教书。1956年国家落实知识分子政策,由天津卷烟厂调入河北师范学院,担任外语系教授。1958年河北师范学院迁至北京,其转入天津师范学院继续任教。1972年在津病逝。

著名演员牛星丽,牛星丽出生于天津西郊(今西青区)牛坨子村一个普通农民之家。在农村读了三年私塾后,9岁移家天津城西门里,读完了小学。13岁经亲戚介绍,到天津颐中烟草公司工作。最初在生产主楼的地下室配烟部,工头见他个子高,经常分配干一些劳动强度大的活,如拆烟叶包、除烟梗、筛烟土等。

颐中烟草公司的工人大多数没有文化,牛星丽高小毕业,识文断字,算是有文化的。为此工人都称他为"学生",因为年纪小,又叫他"小牛子"。不久后,太平洋战争爆发,公司被日本军管理,工人生活十分艰苦。1945年抗日战争胜利后,颐中烟草公司经常处于停工状态,工厂成立了国剧社,他喜欢上了京剧。常和一些青年工友利用业余时间演戏,人称"小戏迷"。当时他们排演了一出《四郎探母》,很受工友们的欢迎。

1947年,牛星丽因参加提高职工待遇的"怠工"活动被开除。为了糊

图 8-10　1999 年 1 月,牛星丽(右)与夫人金雅琴(左)故地重游

口,他摆过小摊儿、蹬过三轮车、拉过人力车。他还在天津艺术馆学习美术,同时在私立育德学院读夜校。不久天津解放,他考入华北大学美术系。有一年学校搞联欢会,他和一名女生合演了芭蕾舞《战争与和平》,后被调到表演系。1950 年随华北大学转入人民大学,继续在人大文工团演戏。不久后调入北京人民艺术剧院。牛星丽在北京人艺演了几十部戏,扮演了《虎符》中的朱亥、《骆驼祥子》中的大个子、《茶馆》中的康六等。1980 年以后走向银屏、银幕,先后在一些获奖电影、电视剧中扮演重要角色,如电影《茶馆》康六、电视剧《蹉跎岁月》中的邵大山、电影《老井》中的万山爷、《老店》中的孙铁杆、电视剧《末代皇帝》中的张谦和等,他还主演了电视连续剧《龙嘴大茶壶》中的杨四。其中,1988 年牛星丽凭借扮演张谦和荣获第 9 届全国电视剧"飞天奖"最佳男配角,凭借万水爷荣获第 8 届中国电影"金鸡奖"评委提名最佳男配角。

九、工人业余识字班与子弟学校

　　颐中烟草公司的早期工人多为文盲,随着社会的发展,读书识字成为迫切的需求。一方面工人希望自己能够识文断字;另一方面争取职工子女有上学的机会。

　　1928 年 10 月,大英烟公司工人向厂方提出四项条件,其中第四条,即要求由厂方出资创办工人子弟学校,开办费及经常费由厂方提供。由于厂方对工会提出的四项要求予以否决,烟厂工人进行了为期两个月的罢工斗争。最后罢工斗争失败,开办子弟学校也成泡影。

　　1947 年 4 月,天津烟草产业工会颐中分会成立了业余工人识字补习班。办识字班的宗旨,即"以救济失学会员及提高会员知识"[①]。该补习班由于为工会会员开办,故定名为"颐中分会会员业余识字补习班"。教员为公司内具有一定知识层次和具有教师经历的职员、工人,当时由公司选派三名教员,其中语文教员为公司会计部职员张士奎,烟梗部工人冠玉歧;算数、珠算教员为颐中工会会计刘晋奇。课程选定国民政府选定的课本,上课时间每周三次,每日下班后授课两小时。识字班共有两个班(分单双日),每班学生 80 名。按照学时四个月毕业。为鼓励会员学习,识字班免交学费并提供课本,经费从颐中工会的福利金中拨充,上课地点在颐

---

　　① 《颐中分会会员业余识字补习班章程》,天津卷烟厂档案室藏颐中档案,1947 年 4 月 28 日。

图 8-11　颐中职工夜校

中工会礼堂。识字班开班后,得到了工人的欢迎。

　　1947 年,根据学龄儿童骤增而当地学校无力收容的情况,国民政府教育部颁发《都市机关团体及私人家庭协助地方政府救济失学儿童附设小学或小学班级暂行办法》。同年 10 月,颐中工会鉴于工人子弟失学较多的情况,开始筹划工人子弟学校,并召开会员董事会进行议定。经过充分调查,摸清失学工人子弟人数,选择好校址(七纬路原十一经路小学)后,提出将工人业余识字班改组为子弟学校,报天津市教育局备案。1948 年 1 月,教育局指令"准如所请办理",颐中烟草职工子弟小学正式开学。后来学校发展壮大,有教职员工 16 名(其中教员 11 人),设有 6 个年级 10 个班,在校学生 511 人。

第九章

英商颐中烟草公司转让与承让

1949 年 1 月 15 日,天津解放,此时的颐中烟草公司面临着许多问题。随着中华人民共和国的诞生,国家对烟草行业逐步实行计划管理,卷烟产量统一下达,烟叶与卷烟纸实行专卖政策,卷烟销售实行统购统销,颐中烟草公司原有的一体化体制已毫无作用了。同时又面临产量低、人员多、税负高等困难。为维持运转,天津颐中烟草公司被迫出租、出售财产,仍然资不抵债。颐中烟草公司自 1951 年开始陆续提出无偿转让财产的申请,中央人民政府政务院非常重视对颐中烟草公司的接收工作,经反复研究做出决定。按照中央指示,天津企业公司负责接收工作,经过六次谈判,1952 年 5 月 5 日,达成转承让协议,正式启动接收工作。从此,英商颐中烟草公司结束了在中国的经济活动。

一、在天津战役中的颐中烟草公司

1949 年 1 月 12 日,在守卫天津城的国民党军队拒绝投降后,中央军委电示东北野战军和华北野战军,适时攻克天津。人民解放军在肃清了外围据点后,于 1949 年 1 月 14 日上午 10 时向天津发起总攻击。1 月 15 日,东西对进的主攻部队在金汤桥胜利会师,血染的战旗牢牢地插上了金汤桥头。金汤桥会师标志着打通了天津的东西走廊,国民党军的防御体系被彻底瓦解。

在天津解放战役过程中,天津颐中烟草公司会计部的职员凯夫·布朗(R. P. Cave-Brown)因工作需要定期向上海总公司撰写情况报告。他是以日记的形式写成《备忘录》,记录了天津战役前后天津颐中烟草公司情况。

1 月 12 日(星期三),下午 1 点钟,大部分职员正在吃饭时,炮弹落在运销部办公室和烟厂附近,"一枚炮弹击毁了办公室大院的后墙,那里是一间汽车房的一部分",凯夫·布朗正在那里,随后大家尽快撤离了,"在工厂内,雇工们都到地下室里躲避,不久午后就都回家了"。

1 月 13 日(星期四),凯夫·布朗和相当一部分职员来到运销部办公室。因为他们需要尽快卖出大约 200 箱卷烟,"以便在月中公布指数后支付工资和年金",不过当天 12 点以前,办公室就关门了。①

1 月 14 日(星期五),凯夫·布朗与大多数外籍职员照常来到运销部办公室。"大约 9 点 15 分,一个相当猛烈的大炮轰击开始了。炮弹从办公室大院沿着河东路,远至火车站,同时在河的对岸落下,撤离已经不可能了,直到上午 11 点钟,出现了一个暂时的平静。"但运销部的仓库遭到了炮击。于是,凯夫·布朗等外籍职员转移到河对岸的汇丰银行去办公。"在这个时候,炮弹在市内各处落得更加紧密了,连续不断,特别是整个白天没有稍停一下,一直到晚上 10 点钟。沿着整个维多利亚路(今解放北路)都是破碎的玻璃,戈登堂和维多利亚花园被击中了,大沽路起火了。伦敦路(今成都道)、马场道等地也被击中了……中午,从河东传来一个极大的爆炸声,不久,看到公司办公室的近邻亚细亚公司的油库(今河东良园大厦一带)着了火,整天整夜地燃烧着"。②

"1 月 15 日(星期六),从一早晨起,市内各处都可以听到轻武器的开火声,夹杂着较大的轰隆声。每一个人都有他的关于这个早晨的传闻。大约 10 点钟围绕着牛津路(今新华路)可以听到天空划有子弹声。从那时起,来福枪、手枪、机关枪在大街周围射击……在民园有一场很激烈的战斗,大约在下午 1 点钟时,整个租界地区基本上掌握在共产党手中了,虽然反抗的据点直到晚一些时候才被肃清"。下午 3 点钟刚过,凯夫·布朗骑自行车来到公司。在这场战争中,由于颐中烟草公司运销部门临近铁路,"有一辆装有飞机炸弹的卡车在铁路调车场内爆炸了(呈现了一个惊人的破坏景象)。办公室大院毁坏了,附近仓库的屋顶已被掀掉,落在南面六英尺的地面上毁灭了,办公室所有窗框和间壁都毁坏了"。凯夫·布朗又到工厂"除去一个窗户由于爆炸而毁坏外,大部分没有受到损失"。这一天,解放军进入市区,甚至到了工厂。③

---

① 《备忘录第二号:危机》,天津卷烟厂档案室藏颐中档案,1949 年 1 月 20 日。
② 《备忘录第二号:危机》,天津卷烟厂档案室藏颐中档案,1949 年 1 月 20 日。
③ 《备忘录第二号:危机》,天津卷烟厂档案室藏颐中档案,1949 年 1 月 20 日。

1月16日(星期日)早晨,大部分外籍职员到了公司,总经理寇词直接去了工厂。职员们"开始把卷烟存货用手推车从办公室运到工厂",运到几十箱后,被解放军制止了。

从《备忘录》记录可知,在解放天津的战役中,运销部的仓库受到一些损失,至今市档案馆颐中档案中,仍保留了仓库受到战争破坏的照片。而工厂基本没有受损失。凯夫·布朗记道:由于办公室和仓库受到破坏,为了防止办公家具和货物丢失,"一些解放军站在房上,据说他们是在照料房子"。工厂也有解放军士兵保护,"俄国守门人说他们的行动很正派"。每天回到租界内的住所"巡逻兵黄昏后在大街上没有明显地拦截并搜查外国人和中国人的行为"①。

图9-1　颐中运销烟草公司被毁坏的仓库

---

①　《备忘录第二号:危机》,天津卷烟厂档案室藏颐中档案,1949年1月20日。

二、天津解放初期颐中烟草公司
经营情况

天津解放后的次日,颐中烟草公司继续开始营业。1 月 24 日,天津人民政府派员到工厂讲解对外商企业的政策。由于运销部的仓库受到损失,随后将卷烟存货转移到海河对岸怡和洋行仓库,办公室也移到怡和洋行与麦加利银行,并"很快地开始通过公司的经销商小规模地卖出一些货物"。在人民政府贸易局的帮助下,"2 月 12 日新税率公布时,公司已经卖出了已经完税的大部分卷烟,得到了货款"①。

随着中华人民共和国成立,国家对烟草行业逐步实行计划管理,卷烟产量由国家统一下达,烟叶和卷烟纸实施了专卖政策,并由全国供销合作社统一采购,卷烟成品也由专卖事业公司统一采购销售。颐中烟草公司原有的烟叶部和营业部已经没有直接采购职能了,而旧时华北的销售网络全部瘫痪了。天津颐中烟草公司只剩下工厂 1700 名职工和北京、石家庄、张家口的部分财产。用总经理寇词的话"在这个区里除天津、北京外,没有我们的职工。在这两个城市之外,我们仅有的其他财产,是在石家庄(芦汉区总部)和张家口(边疆区总部)"。②

中华人民共和国成立后,上海颐中烟草公司总部停止了拨款,天津分

---

① 《备忘录第四号》,天津卷烟厂档案室藏颐中档案,1949 年 3 月 6 日。
② 《寇词致坡莱士的函》,天津卷烟厂档案室藏颐中档案,1951 年 8 月 20 日。

公司只能靠自有资金维持运转。天津分公司会计部作出计算,公司实现不了自给,一是产量低,卷烟产量实行计划管理,由工商局下达计划指标。天津颐中烟草公司生产能力每月 10000 箱,实际生产仅 1600 箱。二是工资高,工厂每周工作两天,但还要付 1700 多名职工每周 5 天的工资。冗员过多,又不能随意裁人。而且已经裁掉的销售人员,甚至告到法院要求重新上班。三是原材料涨价,烟叶、锡纸、木箱价格持续涨价。四是税负较高,国家的货物税进行了两次调整,由 80%,调到 100%,再调到 120%。

除了上述问题,当时由于原料的原因,公司卷烟质量受到市场的批评。北方区经理许安士在一份报告中称:"我们的卷烟质量仍然受到批评,主要是因为他们的颜色深黑。不幸的是,东亚烟厂利用这个时机改善了它的主要牌子'恒大',现在它用的好质量的亮黄的山东烟叶,而且没有清杂气,因为这个牌烟的价格几乎与'哈德门'相同,结果,在本地市场上,我们的哈德门牌的地盘,严重地丧失给'恒大'了。"[①]

1950 年 5 月,公司与工会代表举行协商会,达成节省开支的办法:即从国外聘用的外籍职员由 11 名减至 4 名;从国内聘用的外籍职员由 18 名减至 8 名;北京办事处经理住宅租予缅甸大使馆和瑞士大使馆,每月可得租金 1000 万元;售出三辆汽车得款 8600 万元;天津两处公司住宅退租,出售家具得款 1000 万元,出租第二原料仓库和公司营业部仓库,售出库存多余卷包材料等 12 项措施。还计划采取出售总经理住宅房产、工厂总监移住到小住宅减少租金、出售北京住宅房产、再出售汽车两辆、出售第二仓库、出售营业部及仓库(营业部迁到工厂)、出售多余原材料等 9 项措施。1950 年 10 月,所有措施实施后,由于烟叶、锡纸、木箱和玉米面涨价,公司又提出每周五日开动机器 16 台;留用工人支付足额工资,多余职工和职员工资,按"停工期间规定"支付;60 岁以上职工按规定退休和退职;废除计件工资非工作日发付"平均工资"的旧规定等节约措施。

---

① 《北方区经理给部经理的报告》,天津卷烟厂档案室藏颐中档案,1950 年 5 月 5 日。

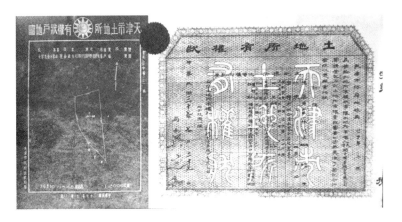

图9-2　天津颐中烟草公司土地所有权证

　　天津颐中烟草公司总经理寇词在给总公司的信中说："鄙人自到津以来，此间从未获得总公司之资助。据悉将来津公司绝无外援之希望，津公司也无援助他地公司之需要。"①当时能在上海、青岛、天津三家颐中公司内维持运转已属不容易了。如青岛颐中烟草公司进入1951年以后，由于无力支付薪资，一直关闭。

　　1949年，中国共产党领导全国人民推翻了帝国主义、封建主义、官僚资本主义，建立中华人民共和国。党对民族资本、官僚资本以及外资企业，实行赎买、没收和转让政策，同时取消外资企业在中国的种种特权。天津颐中烟草公司感到前途黯淡，继续经营将无利可图，因而在经营上十分消极。天津颐中烟草公司卷烟产量日趋下降，平均月产量由1949年的2000箱，1950年降到1500箱，1951年再度降至1000箱。当时机构庞大，人员多，工资高，产量减少而开支不减少，入不敷出，"坐吃山空"，亏损越来越大，以致资金枯竭，无法周转。

---

　　①　《寇词致克瑞斯坦函》，天津卷烟厂档案室藏颐中档案，1951年8月20日。

三、驻厂工作组调解劳资纠纷

　　天津解放以后,党和人民政府向工厂派遣了工作组,组织了工人自己做主的工会,在维护工人利益方面发挥了积极作用。

　　天津颐中烟草公司在天津解放战役爆发期间停工,1948 年 12 月的工资没有支付,直到 1 月 15 日天津解放,共欠职工一个半月的工资。当时临近农历春节,按照工厂惯例,春节前应对职工发放双薪,但颐中烟草公司只支付一半,而且以金圆券支付。年关来临,旧政权的金圆券已经贬值,工人所得工资不够维持生活。为此,工人们纷纷通过工会要求清算工资,提出按数照发的要求。颐中烟草公司外方经理以没有现款、卷烟无法出售为由拖延时间,遂引起了劳资纠纷。纠纷发生后,驻厂工作组便召集劳资双方开会调解。会上职工代表说:"从 12 月份到现在,厂方共欠我们一个半月的工资,闹得家中都没有吃的,现在年关又到了,你想谁家不需要几个零花钱,更不用说还要准备些过年的东西啦! 我们要求,迅速照数支发一个半月的工资,如给面粉,就按当时市价折合,至于款子问题,最好你们能想个办法,不发工资是不行的。"厂方回答:"发工资是可以的,但公司没钱我们没有办法,只好请政府帮忙解决。"①这时工作组一面向职工代表进行解释,要求照发工资是正当的,但是和资方按具体情况去商量

---

　　① 柳心、哲民:《颐中烟草公司的工资纠纷是怎样解决的》,《天津日报》,1949 年 2 月 8 日。

解决;另一方面向厂方说明,对于你们卷烟无法出售的困难,我们尽量帮助解决,但必须认清,解决职工工资问题是你们的责任,只要你们积极诚恳地想办法,工资问题可以迅速得到解决。

最后劳资双方邀请工作组一同到市人民政府工商局,研究卷烟销售和价格问题。经与市工商局的详细磋商,工厂愿意将一部分卷烟出售给贸易公司,并当场收到现金。

随后工作组又组织劳资双方开会,研究发薪问题。职工代表仍坚持按照原来要求,工资全部照发,如给实物,即按价折成面粉,这样一般工人的工资可折合五至六袋面粉,最低者也可折成四袋。厂方认为:账目不能立即结清,如照数支发,实在困难,这次工资开支数目很大,现款不够开支,并提出以高粱米为标准折其实物,但职工代表坚持必须以面粉为标准,理由是这是天津人的习惯,如按高粱米为标准即不符合风俗,也使工人吃亏。工作组根据双方意见和实际情况,提出调解意见"账目实在难以结清,工资可以暂借,暂借数目以四袋面粉为标准"①。此项建议提出后,经双方研究,均表示赞成。厂方则以四袋面粉市价,折成人民券2700元发给职工,至此,劳资纠纷遂告平息。

1949年2月8日《天津日报》发表柳心、哲民《颐中烟草公司的工资纠纷是怎样解决的》的文章,说:"工资问题解决后,劳资双方均感满意。工人们说:共产党来了,首先给我们兑换伪金圆券,进一步解决了工资问题,这是太好了! 这纠纷如果发生在往年,不知有多少职工弟兄倒霉! 另一个工人说:去年过年咱们不是也要求发双薪吗? 双薪没发成厂方勾结国民党的武装警察来镇压咱们,骂咱们是'不法分子',违犯'戡乱建国'。当时'工会'却和厂方、军警站在一起,共同威胁镇压咱工人。英方经理魏伯说:过去很多人是不明白贵政府的工商业政策的,这次我从你们解决工资纠纷中算是明白了。你们不仅保障了职工生活而且又认真的照顾了

---

① 柳心、哲民:《颐中烟草公司的工资纠纷是怎样解决的》,《天津日报》,1949年2月8日。

发展生产。"①可见这次政府工作组的调解,得到了双方满意的结果。

图9-3　《天津日报》文章《颐中烟草公司的工资纠纷是怎样解决的》

<hr />

① 柳心、哲民:《颐中烟草公司的工资纠纷是怎样解决的》,《天津日报》,1949 年 2
月 8 日。

四、女工提出"男女平等"

1950年3月8日,天津颐中烟草公司会计部、工会联合发通知给工厂所有部门:"自本周起,所有女工可与男工同等享受赏烟。"①所谓赏烟实际上是公司给予的福利烟,过去女工是不享受这项福利待遇的。

天津颐中烟草公司使用了大量的女工,尤其是包装工序,女工的比例很大,付出的劳动也多。但是在工资待遇上,一直不平等,女工日均收入少于男工(同岗位男工日工资5角、女工4.5角),而且女工不能带小孩,不能喂婴儿。

1949年9月26日,《天津日报》发表希平、叔分、慕明署名的文章《颐中烟草公司,不该忽视女工福利》:"颐中烟草公司共有男女职工1800多人,女工有二分之一。过去女工所受压迫不去说了。现在解放了,人民政府提倡男女平等,主张同工同酬。我们女工们虽然和男工们一样做活,而且效率也不比男子低,可是公司方面,却很轻视我们,就拿待遇来说吧,公司里每周发给男工五十支烟,而女工却一支不给。我们向公司多次提出过意见,他们借口'女人不该抽烟'来拒绝发给我们。编辑同志,公司发给男工,绝不是照顾男工抽烟,实际这是另一种形式的工资,因为所有男工,也并不都是抽烟的,还有公司里不准女工带孩子进门,婴儿吃奶时也

---

① 《关于赏烟的通知》,天津卷烟厂档案室藏颐中档案,1950年3月8日。

不许入内,当刮风下雨时候,有孩子的女工也得在门外喂奶,公司方面一点也不加照顾。你想,女工是怎样的痛苦呢?难道公司就不能腾出一间房子照顾这些女工吗?我们觉得这不是要求过高,其实公司是有条件做的。我们曾向公司要求过,但没有一点功效,公布于众,让公证人了解了解。"①女工的诉求见报以后,驻厂工作组与公司进行了深入的探讨,经研究答应了女职工的要求。

图9-4　《天津日报》刊登烟厂女工图

---

① 希平、叔分、慕明:《颐中烟草公司,不该忽视女士福利》,《天津日报》,1949年9月26日。

五、解放初期党工团组织的建立

1949 年 1 月 15 日天津解放后,党和政府派出工作组入厂,帮助英商颐中烟草公司建立党、工、团组织,并逐步发展壮大。

2 月份,中共第五区党委和市总工会派出工作组佟英、李振民(后在中央劳动部工作)等到厂,名义上代表工会,了解颐中的工人情况,并在厂里争得一间办公室,组成了工会临时代表大会。由于许多工人不愿意抛头露面,致使原国民党时期旧工会的人又出来活动。6 月份,市总工会派石建立率领李明、于允、郁迪录、刘洁之接替原工作组工作。进厂以后将原先的工会进行彻底改组,将刘荣秀、任伯祥、方起太等工人代表吸收进来,将伪工会的人员清退出去,推举工人王锡珍担任工会主席。厂工会设立妇女、劳保、文教、宣传等委员会。工会会员每月交 4—5 元会费(当时工人工资较高),每月向总工会上交 1000 多元,会员每星期有两元福利,资金源于产品批发价利润的扣除部分,是工会向厂方争取的。工会还组织了工人业余学校、理发室等。

天津解放后,中共天津市委着手在颐中烟草公司恢复党组织,具体工作由驻厂工作组负责。工作组将入党积极分子刘荣秀、张秀生、闫子慧派到市里参加培训班,并发展成共产党员。同年 11 月,成立中共颐中烟草公司党支部,有中共党员 16 人,由当时的五区区委直接领导。当时党组织不公开活动,最初竟有一些中统特务钻入党内。1950 年 10 月,清除了原党支部书记孙德明,改由张秀生接任党支部书记。新的党支部开展了以下工作:一,贯彻劳资两利,公私兼顾的精神。动员工人维持生产,协调劳资关系,稳定工人的思想。二,开展民主运动,号召工人团结,吸收表现好的工头、职员入工会。三,开展支持解放战争捐献活动。在解放军横渡长江前,党支部召开联欢会,为奔赴战场的解放军战士送行。会上解放军代表发表誓词,工人当场捐献了衣服、鞋、食品等。四,支持抗美援朝。党支部召开职工大会,讲抗美援朝的伟大意义,请赴朝鲜慰问团成员作报告,鼓舞了职工的劳动热情。五,积极参与"三反""五反"运动,打击偷税漏税等。工会还在取消搜身制度、争取双薪运动中发挥了作用。1950年,党员队伍已发展到31人。

搜身制度由来已久,天津解放前,许多工厂都实行上下班时搜查工人腰包的制度,极大地侵犯了工人的人权与自尊。中纺二厂工人韩瑞祥创作歌曲《反对坏习惯,取消搜腰包》。通过歌曲传唱,使中纺二厂工人认识到这种制度的危害,在工人的呼声中,这种旧社会残存的余孽终于被取消了。颐中烟草公司党支部代表工人也提出取消搜腰包的制度,当时税务局驻厂员提出异议,理由是工人往外拿烟,会减少税收。后经工作组组长石建立做工作,说明这是争得人身自由,使税务局驻厂员扭转了看法。1950年11月13日,颐中烟草公司发出通知:"搜身旧制度不再继续,立即生效。"

此外党支部配合工作组对工人做减工资的工作。解放后烟草行业是天津五大高工资行业之一,而颐中烟草公司工资又比其他烟厂高得多。经过多次动员,说明意义,工人明白了这项工作的重要性,使减薪工作得以顺利实施。

1952年5月,人民政府接受英商颐中烟草公司提出的转让请求,改组为国营天津卷烟厂。此后,党务公开,组建了新的中共天津卷烟厂支部,首任书记为刘士奎。

其间,中国共产主义青年团也有了发展,1950年建立了颐中烟草公司共青团支部,有团员 11 名。1952 年工厂被政府接办以后,天津卷烟厂兼并了华北军区后勤部 209 烟厂和解放军 60 烟厂,团员增至 70 人,遂成立了共青团总支。工厂党团组织在社会主义建设和企业经营发展中发挥了积极重要的作用。

六、颐中烟草公司提出转让申请

颐中烟草公司天津分公司的账面上无固定资产,这些都在上海总公司账面上反映,每月摊提折旧费是由上海总公司计算,再与天津分公司转账。颐中烟草公司各分公司的资本都集中在总公司,天津分公司并不划分资本对冲总公司的往来款项,而是用往来科目处理。解放初期天津分公司负债较大,包括欠总公司人民券 610 万元,其他负债 650 万元,共计1260 万元。资产方面,成品结存 930 万元,现金 140 万元,其他原材料结存 190 万元,共计 1260 万元。

在流动资金使用方面,上海总公司不再给天津分公司拨款,只以原有资金维持生产。但因分公司经营不善,成本增高,品质降低,加之不断停工减产,销售市场缩小,造成亏损。1950 年亏损 44 亿元,1951 年亏损 113亿元,导致资金枯竭,无法运转,原材物料越用越少,无法补进,以致仓库空空。1951 年底,改为每周生产一天,主要原材料随用随买,毫无储备。虽经公司工人努力合作,降低工资,而且政府想方设法,给予多方面的照顾,但仍无法继续维持。

按照英美烟公司生产经营区域划分,东北企业沈阳、营口两家烟草企业称为英商启东烟草公司,哈尔滨仍为老巴夺父子烟草股份公司(英美烟公司控股),而香港的烟草企业仍为大英烟公司,颐中烟草公司只负责上海、天津、汉口、青岛四地的企业。其中汉口烟厂在抗战时期被炸毁后,一直未能恢复生产。实际上,颐中烟草股份有限公司只能管理上海、青岛、天津三地的企业。1950 年 12 月 28 日,上海市军管会根据党中央和中央军委的指示精神,宣布管制美国在华资产。人民政府接管由英商颐中烟草公司经办的美商花旗烟草公司榆林路厂 (简称花旗烟厂) 。1951 年 8 月 24 日,对驻华花旗烟草公司实行军管。

当时,青岛颐中烟草公司经营十分困难。1951 年初,青岛颐中烟草公司经理鲍尔曼提出申请,将在山东的财产转让给人民政府。但是天津颐中烟草公司还能维持生产,颐中董事会董事克瑞斯坦仍抱有幻想,在给天津经理寇词信中言:"假如能够安排某种条件出租,既能让我们的劳动力保留在他们现有的岗位上,又能得到一份可以使我们最终能以解除我们对职工的义务资金,那对于我们来说将是解决天津问题的理想办法了。特别是像这样的出租,可以对我们天津的财产保留名义上的所有权。假如这样的出租办不到的话,我们很愿意考虑全部出售。但仍然非这项出售能够获得足够应付我们在天津的义务资金才行……接办我们的各个工厂仍然意味着租用者或购买者是许可使用公司的各种牌号的。假如我们所有的工厂都归政府管理的事情能够安排定了,那么我们希望特别提出我们特聘职员可以准予在一个合理的时间之内离开中国。"①由此可见,颐中烟草公司最初是计划出租天津的财产来维持生产的。当他们见到鲍尔曼的转让申请书,感到"我们发现目前在青岛的处境至少可以说是不幸的,不过我们希望能小心谨慎地避免在天津或这里(上海)发生同样难堪的局面"②。

与上海、青岛相比,天津距离首都较近,与中央人民政府部门接触的工作便落在天津分公司身上。此前,天津分公司按照上海总公司的指示曾多次与中央经济部接触,后又与天津市人民政府外事处接触,探讨天津分公司的解决办法,并准备由总经理寇词亲自到北京与中央人民政府有

---

① 《克瑞斯坦致寇词函》,天津卷烟厂档案室藏颐中档案,1951 年 5 月 19 日。
② 《克瑞斯坦致寇词函》,天津卷烟厂档案室藏颐中档案,1951 年 6 月 12 日。

关人员见面。后由于中央统一考虑颐中烟草公司的转承让问题,此行被终止了。1951 年 8 月 7 日,董事克瑞斯坦致信寇词,称:鲍尔曼送来了申请书副本,把山东的财产转让给政府,其交换条件为"把我们过去、现在以及将来的所有义务都承担起来",对于谈判的结果,未能肯定。但是时间不能等,"我们打算先行通过上海外事处提出同样的申请,一旦我们有机会细致地参考青岛申请书草案以后,我们打算再给你写信。通知你在天津采取与青岛同样的行动,简而言之,即请求把我们的所有财产都交给政府当局,以换取他们对我们的全部义务都承担起来……我们对公司最后清算的提议只是地区性的,但是我们希望结果将是全国性的。因为青岛的一段经验已经

图 9-5　颐中烟草公司及所属机构的
出让通告

着重说明,我们的生产单位,有了一个或几个掌握在政府手中,我们是不可能满意地经营下去的"。① 从信中可以看出,颐中烟草公司明确提出采取同一种转让模式,并且分地区提出申请的,先青岛、后上海,最后是天津。1951 年 8 月 29 日,天津颐中烟草公司呈请天津市人民政府外事处,无奈将全部财产及负债转让,以解决公司的困难。

---

① 《克瑞斯坦致寇词函》,天津卷烟厂档案室藏颐中档案,1951 年 8 月 7 日。

1952 年 1 月 13 日,人民政府接受了青岛颐中烟草公司的申请,将其全部财产,其中包括厂房、设备、货物等抵偿所有欠款(政府垫付烟叶货款、地租、税金等订约承购及拖欠职工的 8 个月工资等)。接办人员进厂后,更名为"国营青岛烟草公司"。4 月 2 日,国营上海烟草公司与英商颐中烟草公司签署契约,将颐中烟草公司在上海的总分公司及各联合公司的生产和业务机构全部接办。天津的转让工作迫在眉睫。

七、天津颐中烟草公司转让承让谈判

　　针对青岛、上海、天津三地颐中烟草公司向人民政府呈递的转让申请。1951 年 1 月 22 日,中央财经委员会主任陈云委托轻工业部党组书记、副部长龚饮冰召开专门研究处理"颐中问题"的会议。出席会议的有中央财经委、私营企业管理局、中国食品工会、轻工业部食品处的领导薛暮桥、管大同、李淑英、曹鲁、张作民等,以及上海、天津、青岛等地人民政府代表。会上讨论了中央财经委提出的处理"颐中问题"的方针、政策,对如何接收和管理,分别确定了 6 条原则。同年 4 月 9 日,颐中烟草公司上海总部又向华东工业部提出类似 1950 年 5 月的要求。此后,该公司在上海、天津、青岛各总分公司的负责人均以营业亏累,无法维持为由,自动向政府提出类似请求。下属各厂职工亦因工厂长期亏损无力支付工资,希望政府接受转让。①

　　天津颐中烟草股份有限公司总经理寇词、运销部北方区经理许安士,于 1950 年始陆续向天津市人民政府申请移交公司财产。1951 年 8 月 29 日,正式呈请天津市人民政府外事处转呈外交部,正式申请将颐中烟草公司天津分公司的全部财产转让给人民政府。同年 12 月,经中央财经委员会主任陈云、副主任薄一波、李富春决策,并报政务院总理周恩来批准,接

---

① 中国烟草通志编纂委员会:《中国烟草通志》,中华书局,2005 年,第 419 页。

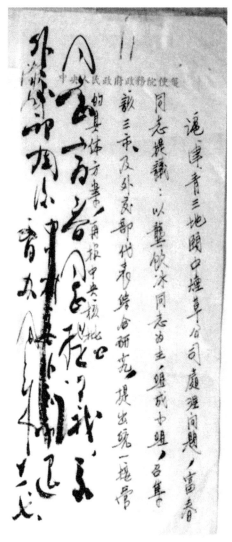

图 9-6 周恩来总理关于处理
颐中烟草公司问题的批示

受转让。12 月 26 日,政务院下达《关于接收转让颐中烟草公司的决定》,从方针、政策、投资、管理诸方面作出明确指示。天津市人民政府按照中央的指示,根据全体职工的意愿,同意接收,并指定天津市企业公司承办此项工作。

天津颐中烟草公司转承让谈判,在吸收青岛、上海经验的基础上进度非常快。谈判从 1952 年 4 月 4 日至 5 月 5 日,谈判地点在位于和平路百货大楼对面的天津市企业公司地方工业局。颐中烟草公司代表寇词、许安士,翻译王世富与张珍;政府代表为市政府外事处副处长章文晋以及企业公司地方工业局代表苏峰、宋建明、姚树宪、崔宝路等。共举行六次谈判会议,第一次会议把所有资金问题都解决了;第六次把负债问题解决得比较顺利,而第二次至第五次谈判,不但没有解决问题,而且每次都有新的问题提出,所以每次谈判都有争论。谈判的焦点问题:(1)所欠职工战前储蓄金(第二次谈判提出),(2)关于解雇对于职工的临时债务(第二次谈判提出),(3)其他当期开支费用及其他未在上述任何一款内所列举之职员或任何人或任何组织所提出的其他要求及债务(第二次谈判提出),(4)对于外籍职工转让前由"颐中"名义完全解雇并照"颐中"规定发给解雇费(第五次谈判提出)。

人民政府谈判小组经过研究分析,认为"颐中"提出上述问题的原因:(1)"颐中"担心转让消息传出后,工人将找他们算账,如全部财产交出,届时将无钱应付;(2)"颐中"希望把财产交出后,能够顺利地离开天津,但思想上有顾虑"怕走不了",始终坚持合同内保留一条,无限责任的保障,其内容为"只要把全部财产交出以后,无论发生任何债务问题都由承让方负责解决";(3)寇词临走前企图讨好职工尤其是外籍职员,故在负债方面坚持保留关乎职工切身利益的几个问题。

谈判小组依照中央的指示精神,结合"颐中"的顾虑,经过研究并请示了上级领导,对以上问题采用以下方法解决:第一项,由于币值折合每个职工已不到一元钱,经过说服教育,职工主动提出不要。第三项,无限责任的保障比较笼统,询问"颐中"有无具体问题。"颐中"方面只是有顾虑。经过屡次说服"颐中"仍未接受。最后寇词提出登报公告在一定期限内无人提出要求及债务过期不予受理,以免日后纠纷。谈判小组经过请示,并提议对方将储蓄金问题一并登报合并处理,寇词当即同意,经过登报一周后,没有提出索要,因此即告解决。第二项,关于解雇职工的债务问题,谈判小组以合同第六款说明,承让后全体职工由天津市企业公司负债,请"颐中"不要考虑这

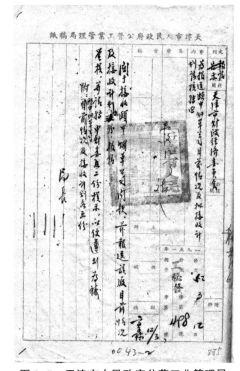

图9-7　天津市人民政府公营工业管理局
关于接收颐中烟草公司文件

个问题,寇词虽有顾虑,但经解释表示同意。第四项,关于解雇外籍职工发给解雇费问题。谈判组说明人民政府的政策,谈判期间不同意解雇职工,承让后全体职工留用,不解雇任何一个人,但根据需要必须调动工作,并合理调整工资,如自动辞职者不强留,但不发给解雇费,寇词见政府态度坚决,未作反对。

图 9-8　1952 年 5 月 5 日转让承让颐中烟草公司财产契约

1952 年 5 月 5 日,正式签订《英商颐中烟草股份有限公司天津分公司转让天津市企业公司承让颐中烟草股份有限公司天津市分公司财产契约》:

英商颐中烟草股份有限公司董事会鉴于天津分公司资金枯竭,虽经公司工人努力合作及天津市有关当局多方面照顾,仍然无法继续维持。特授权天津分公司经理寇词全权办理将天津分公司所属之一切财产,甘心自愿的转让与天津市企业公司永远为业,双方协议之转让条件如左:

一、颐中烟草股份有限公司天津分公司甘心自愿将所属坐落于天津及其他所属各地之一切财产转让与天津市企业公司。财产包括：

1、全部工厂、厂房、办公室、仓库、住宅、宿舍及其他所有企业一切建筑物及附着物（所有上述建筑的地基及建筑物以外的土地全部由当地人民政府收归公有）。

2、一切租赁权和抵押权。

3、所有房屋内外之全部固定设备。

4、全部机器、附属机器、机器零件、仪器及工具等。

5、全部车辆。

6、所有房屋内外之全部家具及陈设。

7、全部原料、材料、物料、供应品、成品及一切不列名目之产物。

8、全部库存现金、银行存款、有价证券及一切债务。

9、有关生产图表、案卷记录、参考资料及一切不列名目之物品。

（注）上述财产应列具清册作为契约附件。如以后发现有关颐中烟草股份有限公司天津市分公司之财产，因造册遗漏未列入者，亦包括在内。

二、天津市企业公司同意承让第一条所列之财产，并承认颐中烟草股份有限公司天津分公司在业务上的负债，负债包括：

甲、未付及尚未到期之税款。

乙、所有移交期间之职工当月薪资。

（注）以上各项负债，除列具清册作为契约之附件者外，其余一概不包括在内。

三、天津市企业公司同意承担颐中烟草股份有限公司天津分公司由于接收日寇遗留物资及财产，应向人民政府所负清偿还义务。并同意一旦发现颐中烟草股份有限公司天津分公司有官僚资本时，应呈请人民政府予以没收之。

四、本契约经双方同意签字,须呈请天津市人民法院公证时,应呈交颐中烟草股份有限公司董事会委托寇词办理转让事宜的全权委托书及全部财产证件。本契约经人民法院公证后即行生效。

五、双方同意本契约生效一个月内办理完竣财产之移交手续。

六、双方办理完竣财产移交手续后,颐中烟草股份有限公司天津分公司之现有职工由天津市企业公司负责。

七、契约共三份,双方各执一份,送天津市人民法院备案。

立契约人

英商颐中烟草股份有限公司天津分公司经理:寇词

天津市企业公司经理:刘仁衡

天津市工商业联合会代表:谭志清

见证人:

天津市食品工业工会颐中烟草公司委员会代表:王锡珍

公历一九五二年五月五日①

---

① 《英商颐中烟草股份有限公司天津分公司转让天津市企业公司承让颐中烟草股份有限公司天津市分公司财产契约》抄件,天津卷烟厂档案室藏颐中档案,1952 年 5 月 5 日。

八、人民政府接办天津颐中烟草公司

1951 年 8 月 29 日,天津颐中烟草公司提出转让财产申请,10月份外交部要求天津做好接办准备工作。轻工业部烟酒处副处长张作民专程来厂调研,摸清工厂家底(动产、不动产、设备、房产、宿舍、原材料等)情况,找工厂的职员开会座谈,掌握了基本情况。

按照中央的指示,天津市人民政府责成天津市企业公司负责此项工作。市企业公司成立了颐中烟草公司与恒大烟草厂联合工作委员会,书记苏峰,委员刁志国、宋健民,秘书杨浩生。1951 年 11

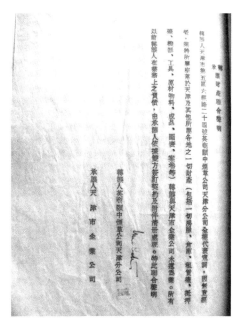

图 9-9　转承让财产联合声明

月,苏峰以食品工会的名义组织驻厂工作组,进行了人事、政治、生产、经营等各方面的情况调查。1952 年,"三反"运动开始后,苏峰及工作组调走。1952 年 3 月,外交部指示马上接办颐中烟草公司。市企业公司工业局和食品工会又派干部驻厂负责接办工作。当时宋健民为接办小组组长负责全面工作,副组长刁志国负责财产,成员杨浩生负责经营,王步坚负责保卫、人事,闫子慧负责思想动态。还组织清点委员会及清点小组,由接办小组与厂工会研究指定 15 人组成清点委员会,设主任 1 人、副主任 2 人、秘书 1 人,委员 11 人。下设 11 个清点小组,小组成员由各车间技术工人、劳动模范和积极分子组成。每组有成员 9—21 人,组长由车间主任担任,副组长由工会主席担任。在请示上级批准期间,组织接办庆典小组进行了专业培训。原定接办小组于 5 月 4 日进厂,但是《转承让协议(草案)》5 月 4 日方获中央批准,故改 5 月 5 日上午 12 时正式签订,同时工作组组织大家一起准备庆祝接办活动(准备了两天)。

1952 年 5 月 6 日上午,全体工人齐聚厂院,彩旗飘扬,锣鼓喧天,工人们组织了秧歌队、歌咏队,国旗旗杆高过三层楼。上午 9 点,接办小组进入工厂,工会组织欢迎队伍,厂院内挂满了标语口号,工人们整齐排列。当接办小组代表进厂时受到夹道欢呼,高呼"中国共产党万岁""毛主席万岁",青年工人及劳动模范向接办组成员献花,由烟厂职工子弟学校师生奏乐,全体工人唱起国歌《义勇军进行曲》,同时升起了鲜艳的五星红旗,挂起了"中国烟草工业公司国营天津公司"的牌子,接办小组代表宣布了接办协议,并作重要讲话,各车间代表表态发言,全体职工与接办小组代表一同合影留念。会后举行联欢活动及跳舞晚会,庆祝活动一直延续到晚上 12 点钟。

1952 年 5 月 7 日,《天津日报》发表消息《市企业公司根据转让契约接办英商颐中分公司改名为中国烟草工业公司国营天津分公司》载:

英商颐中烟草公司天津分公司,因资金枯竭,无法继续维持,经与天津市企业公司洽商,在双方自愿的基础上,将该分公司及所属一切财产,连同负债,转让给企业公司。转让契约由颐中烟草公司董事部授予该公司天津分公司经理寇司全权办理,已与天津市企业公司于日前正式签字。天津市企业公司并以呈准政府,将前颐中烟草公司天津分公司改称为中国烟草工业公司国营天津分公司。昨天,市企业公司已派出接办小组,正式接办了前英商颐中烟草公司天津分公司。①

接办后的清点工作十分复杂,由于外方事先准备好了财产项目账册,清点人员事先做好了准备,自 5 月 7 日开始至 5 月 25 日全部清册造成。各部档案文件图表办理了交接手续,但由于首善印刷公司的设备和公司在外地的房产,总经理寇词不敢移交,经与上海烟草公司(已经接办)联系寄来代替接收委托书,于 6 月 3 日双方在移交册上签字,当日下午到法院办理移交手续。

天津颐中烟草公司被人民政府接办后,原有英国籍资方代理人 2 人,俄罗斯职员 7 人,在谈判时已向人民政府外事处请示,也向寇词表明,代理人除外,其余外

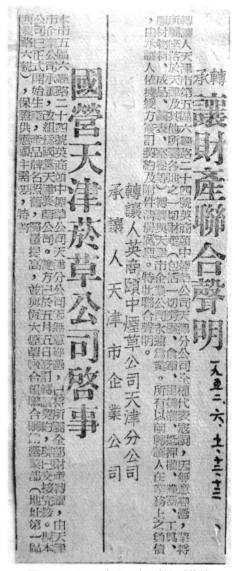

图 9-10　1952 年《天津日报》刊载的
《转承让财产联合声明》

---

① 《市企业公司根据转让契约接办英商颐中分公司改名为中国烟草工业公司国营天津分公司》,《天津日报》,1952 年 5 月 7 日。

籍职员均可留用。但根据工作需要调动工作、调整工资待遇,自愿辞职不加限制,但不发解雇费。最后经谈话,所有外籍职员均以先回国为由申请辞职,经联系天津人民政府外事处与工业局,同意辞职,工资发至 5 月 31 日。至此接办工作全部结束,英美烟公司结束了在中国长达 50 年的经济活动。

对接收颐中烟草公司财产,定义为"接办"与"转让承让",反映出中央人民政府外交政策的严肃性,对英商颐中烟草公司的处理方式不是强制性的全盘接收,而是有方法步骤、有计划地进行,保证了这次转承让的最大合理性。

1952 年 6 月 2 日,根据政务院颐中烟草公司接办委员会关于组织机构的决定,中央人民政府轻工业部筹备设立中国烟草工业公司,统一领导接办后的各地颐中烟草公司,从而使以全民所有制为主导中国烟草工业正式确立。

附　录

天津英美烟公司大事记

1902 年

5 月 27 日,天津都统衙门发表一则告谕:据美国商人秉称,天津现在有人用美国烟草公司品海号烟盒等项,装出极劣质烟卷,假冒品海牌号烟卷售卖谋利。因此公司生意大为受亏,恳请出示禁止等情前来。为此示仰诸色人等知悉。嗣后尔等不得擅用美国品海牌残剩烟盒、烟箱等项,再装下等烟卷出售渔利,倘敢故违,定即拿究。

是年,美国驻津总领事致函津海关道,据美商老晋隆洋行禀称,有奸商冒充品海牌、孔雀牌卷烟,在天津各处地方销售,以伪乱真。请求对两个商标予以保护。

1903 年

英美烟公司接受美商老晋隆洋行做出的市场安排,老晋隆洋行天津办事处在英租界大沽路英商高林洋行大楼内。

1905 年

美国香烟公司改组为大英烟公司,注册资本 300 万元(1902 年英美烟公司收购上海浦东美国纸烟公司,于 1903 年改组为美国香烟公司)。

1912 年

英美烟公司在俄租界购地,建成驻津办事处。

1919 年

2 月,驻华英美烟公司在上海成立,资本 22500 万元。

9 月,大英烟公司投资 500 万元,在天津海河东岸大王庄购地动工建厂,1921 年 12 月 15 日建成并投产,名为大英烟公司天津工厂。

1920 年

是年,驻华英美烟公司天津部成立,天津部下辖北方、芦汉、山东、蒙疆四个销售区域,覆盖天津、北京、河北、山西、内蒙古、山东、辽宁等地区。天津部与北方区联合办公。

是年,大英烟公司在津建造印刷厂,厂房建在卷烟厂院内东侧。1922 年 8 月,大英烟公司天津工厂印刷部建成并开始营业。

1921 年

《英美烟公司月报》刊于 1921 年正月在北京创刊,2 月编辑部迁至天津部总办公处,受该部广告部监督并在津出版。1921 年 9 月 1 日即英美烟公司成立 21 周年之际,《英美烟公司月报》出版一期纪念刊。该纪念刊介绍了驻华英美烟公司概况。

1922 年

10 月,英美烟公司实行雇员"储蓄金制度"(也称"红本子")。

是年,永泰和烟草公司在河东六纬路驻华英美烟公司天津部院内设立天津分公司,在北京、张家口、石家庄设办事处。

1925 年

8 月 9 日,天津总工会、海员工会响应五卅运动,发起各界人士罢工大游行,自广东会馆出发,抵达大英烟公司,要求为工人演讲并与之对话。工厂工友特别欢迎,并备茶水招待大家。有三百余烟厂工友听讲,演讲持续两个小时。10 日,反对英日的示威大游行达三千余人,仍由广东会馆出发,到大王庄大英烟公司。

1926 年

中共天津地委派靳子涛到大英烟公司和开滦矿务局煤场工人当中开展工作,积极发展党员。不久,天津大英烟公司党支部成立,成为中共天津地委领导下的四个工业基层组织之一。

1927 年

6 月 11 日,大英烟公司天津工厂停发工人 5 年工资利息,3000 多名工人罢工,厂方被迫答应工人要求,将工人存款照约按一本一利发还;停工期间照发 14 天工资。工人斗争获胜。

6 月 16 日,大英烟公司天津工厂为抵制京津纸烟捐税屡增,宣布停工。6 月 17 日,4000 多名工人均已发薪遣散。7 月 12 日复工。

1928 年

1 月 1 日,大英烟公司天津工厂 4000 名工人为改善待遇,增加工资举行罢工,坚持月余,天津市警察局和社会局会同国民党天津市党部调解,罢工结束。

11 月 17 日,大英烟公司天津工厂派代表 30 余人,到天津市总工会请愿,要求公司迅速答复上个月罢工提出的四项条件,即失业工人一律复工、全厂工人每人每月增加工资一角、厂方如增加或开除工人须经工会同意、创办工人子弟学校并由厂方出经费,并要求撤换、惩办华经理张筱芳。12 月 27 日,工人结队质问公司遭拒绝,在工会的领导下全体罢工。

12 月 31 日,工厂工会主席张兹泉等 5 人被捕,后被捕的还有工人纠察队孙奎喜等 20 余人(次日获释)。

1929 年

1 月 1 日,《中国工人》发表署名沧海的文章《评天津英美烟厂罢工》。

1 月 8 日,大英烟公司天津工厂近 4000 名工人面临罢工后生活问题,经国民党市党部和总工会等有关方面多次与该公司交涉,同日复工。

1 月 9 日,中共顺直省委红旗报社出版的第 8 期《红旗》,刊载《北方四千烟草工人的斗争》一文,介绍了天津英美烟草公司 4000 余工人的大罢工情况。

1930 年

8 月 13 日,大英烟公司天津工厂资方为反抗纸烟加税,以协定期未满不能变更税率为由,下令蒸烟部、卷烟部、切烟部停工。8 月 14 日全部停工。11 月 5 日,天津英美烟草公司经理贝勒和上海总部代表裴力到天津特别市政府正式签字,决定复工。

1932 年

是年,中共《1932 年 11 月天津斗争报告》记载,当时天津有党员 35人,其中河东地区 14 人,"英美烟草支部 3 人"。

1934 年

9 月 22 日,颐中烟草公司成立,资本 18000 万元,大英烟公司天津工厂更名为天津颐中烟草公司,专事卷烟生产。颐中运销烟草公司成立,资本 7500 万元,承担颐中烟草公司卷烟运销业务。驻华英美烟公司天津部更名天津颐中运销烟草公司。

1935 年

9 月 9 日,天津颐中烟草公司与英美烟草公司签订代制英美烟草公司各种牌子卷烟的合约,与天津颐中运销烟草公司签订卷烟专销合约。

1936 年

5 月,共产党员张秀岩与天津青年会劳工部干事邵漪容协商,决定利用女青年会大王庄妇女劳工学校,开展抗日宣传和革命教育,推动青年妇女走上革命道路,并成立颐中烟草公司妇女救国会。

1937 年

7 月 30 日,振兴烟叶公司成立,接任原颐中烟草公司烟叶部业务,同时天津振兴烟叶公司成立。次日,首善印刷公司成立,接任原颐中烟草公司印刷部业务。天津颐中烟草公司印刷部独立经营,并更名为天津首善印刷公司。

1939 年

7 月,在天津日伪政权的操纵下,开展抵制英货活动。据1939 年8 月2 日英文《北华捷报》消息"卷烟在天津遭抵制":天津抵制英货运动委员会于7 月29 日发布黑名单,有"三炮台""哈德门"等卷烟。

1941 年

12 月8 日,日本派遣军司令部和日本大使馆正式接管天津英商颐中烟草公司,改称日本军管理颐中烟草公司天津工厂。天津首善印刷公司成为日本军管理颐中烟草公司天津工厂印刷部。

1944 年

1 月,汪伪财政总署北平白纸坊印刷局印刷的"中国联合准备银行"钞票不敷供应,日本军管理颐中烟草公司天津工厂印刷部从1944 年12 月到1945 年9 月,共印刷面值十元券2 亿张,一百元券4.20 亿张,五百元券0.75 亿张,三种钞票共印6.95 亿张,总面值合计为8186805 万元。

1945 年

9 月,颐中烟草股份有限公司在天津开滦大厦设立临时接收办事处,原天津颐中烟草公司经理克特珍到津,接收日本军管理颐中烟草公司。9 月 23 日,颐中烟草股份有限公司代表斯图尔特在几百名美国士兵护卫下接办了该公司在天津的企业,恢复天津颐中烟草公司。

10 月 24 日,天津地区日本官兵善后联络部部长内田银之助向天津市市长张廷锷送交《颐中烟草公司移交书》。

1946 年

1 月 24 日,天津颐中烟草公司产业分会呈文社会局,提出增加工资、年终花红发双月薪、恢复储蓄金原有之措施等三条要求。3 月 14 日,经社会局调解,(颐中)厂方答应自 3 月 1 日起在职工人最低月薪为法币 34000 元,每名工人每日发玉米面窝头两个,一星期发纸烟 50 支;不在职工人每月发给维持费法币 17000 元,至此工潮解决。

11 月 10 日,英美烟草公司董事会议决议,颐中烟草公司、首善印刷公司、振兴烟叶公司等机构改为在香港注册。

1947 年

6 月 28 日,天津《民国日报》载文,"天津颐中烟草公司工会对曾受日人萁岛肇残害摧残中国各界同胞紧要启事:查日寇萁岛肇在天津沦陷期内曾任敌天津防卫司令部特务,敌宪(兵队)河东队翻译兼特务主任及颐中公司警备处系长,倚恃敌势,残暴酷虐,陷害国人,因而致死多人,被其遣送劳工数十人,其中生还祖国者仅数人"。

8月20日,《大公报》发表《颐中烟草公司参观记》。

12月24日,天津颐中烟草公司工人为反对厂方工资新算法,举行罢工。25日,社会局、总工会警备司令部出面调解,商谈结果,厂方答应工人增资要求。

是年,天津颐中烟草公司产量为29918箱,占全市总产量的50.88%。

1948 年

1月27日,天津颐中烟公司部分设备南迁,运往武汉卷烟机5台,运往上海33台。

5月1日,天津颐中烟草公司因存货过多,销路不畅,开始停工。

5月13日,天津颐中烟草公司工会通知,15、16、17、19、20日,各部门工人陆续复工,每周工作3天。

9月20日,颐中烟草公司董事会发出通知。经研究,"从10月1日起,迄今由颐中运销烟草公司经营的在中国的销售业务,改由颐中烟草公司经营,颐中运销烟草公司将自动停止。属于颐中运销烟草公司在中国销售英美烟公司产品的销售权转交颐中烟草公司"。

是年,天津颐中烟草公司年产量只有9797箱,占全市产量的36.21%。

1949 年

2月8日,《天津日报》发表柳心、哲民撰写的《颐中烟草公司的工资纠纷是怎样解决的?》,报道政府工作组帮助解决劳资纠纷,引起反响。

9月26日,《天津日报》发表希平、叔分、慕明署名的文章《颐中烟草公司,不该忽视女工福利》。

11月,成立中共颐中烟草公司党支部,有中共党员16人,由中共五区区委直接领导。

1950 年

1月,中共党组织在天津颐中烟草公司党务公开,发展党员。

11月13日,天津颐中烟草公司废除搜身制。

1951 年

1月,天津颐中烟草公司也以经营陷于困境难以维持为由,向市人民政府申请歇业,中央轻工业部派员进行调查。

当月,中央人民政府外交部函告天津市政府:"英商颐中青岛分公司自愿转让财产与我青岛实业公司之谈判,现已即将完成,尤望上海与天津联系当地情况,将本契约草案(青岛)结合沪、津两地颐中转让财产的具体情况逐步研究。"

8月29日,天津颐中烟草公司呈请天津市人民政府外事处,将全部财产及负债转让,已解决公司的困难。

1952 年

4 月 4 日,根据中央政府及外交部公函精神,天津市企业公司与天津颐中烟草公司进行转承让工作谈判。

5 月 5 日,正式签订《英商颐中烟草股份有限公司天津分公司转让天津市企业公司承让颐中烟草股份有限公司天津市分公司财产契约》。

5 月 6 日,接办小组进入天津颐中烟草公司,在公司院内召开庆祝接办大会。

5 月 17 日,中央轻工业部决定:原英商颐中烟草天津公司改名为国营天津烟草公司(将部队机关生产单位六〇烟厂、二〇九烟厂并入),划归轻工业部管理。

6 月 2 日,根据政务院颐中烟草公司接办委员会关于组织机构的决定,中央人民政府轻工业部筹备设立中国烟草工业公司,统一领导接办后的上海、天津、青岛三地颐中烟草公司。

6 月 3 日,在完成颐中烟草公司财产清册清点工作的基础上,双方在移交册上签字,当日下午到人民法院办理移交手续。至此该公司被收归国有的工作依法完成。

征引书籍报刊目录

征引书籍报刊目录

[1]姚　旅:《露书》,明天启年间刊本。

[2]杨士聪:《玉堂荟记》,崇祯十七年(1644)刻,副都御史黄登贤家藏本。

[3]方以智:《物理小识》,清康熙三年(1664)刊本。

[4]张介宾:《景岳全书》,清康熙三十九年(1700)刊本。

[5]查　礼:《铜鼓书堂遗稿》,清乾隆五十三年(1788)刊本。

[6]朱履中:《淡巴菰百咏》,清嘉庆二年(1794)小酉山房刻本。

[7]张　焘:《津门杂记》,光绪十年(1884)刻本。

[8]《香烟广告》,天津《国闻报》,1898年9月1日。

[9]驻华英美烟公司编:《英美烟公司月报·纪念刊》,1923年9月1日。

[10]驻华英美烟公司:《英美烟公司(有限公司)在华事迹纪略》,1923年。

[11]陶行知、朱经农编:《平民千字课》第一册,商务印书馆,1923年。

[12]《电影新闻》,《申报》,1925年1月6日。

[13]《大英烟公司将起工潮,因张筱芳压迫华工》,《庸报》,1928年10月26日。

[14]《津英美烟厂工会斗争胜利》,《中国工人》,1929年第3期。

[15]沧海:《评天津英美烟厂罢工》,《中国工人》,1929 年第 5 期。

[16]冯问田:《丙寅天津竹枝词》,紫萧声馆,1934 年。

[17]《天津地理买卖杂字》,天津华北书局印行,1937 年。

[18]天津市教育局公报处:《天津教育公报》,1936 年第 7 期、1937 年第 11 期。

[19]华北综合调查研究所:《英美托辣斯烟叶收集工作》(日文),1943 年油印本。

[20]佐佐木:《日本军管制下颐中烟草公司管理概况》(稿本),1945 年 10 月 24 日。

[21]《三百箱哈德门烟作本钱,折腾梅兰芳演一个月》,《一四七画报》,1948 年 5 月 11 日。

[22]柳心、哲民:《颐中烟草公司的工资纠纷是怎样解决的》,《天津日报》,1949 年 2 月 8 日。

[23]邹雅:《年画调查》,《进步日报》,1949 年 8 月 8 日。

[24]希平、叔分、慕明:《颐中烟草公司,不该忽视女工福利》,《天津日报》,1949 年 9 月 26 日。

[25]《天津最老的商店》,《新生晚报》,1951 年 4 月 26 日。

[26]孙毓棠编:《中国近代工业史资料》第一辑,科学出版社,1957 年。

[27]汪敬虞编:《中国近代工业史资料》第二辑,科学出版社,1957 年。

[28]陈真、姚洛合编:《中国近代工业史资料》,生活·新知·读书三联书店,1957 年。

[29]中国科学院上海经济研究所、上海社会科学院经济研究所:《南洋兄弟烟草公司史料》,上海人民出版社,1960 年。

[30]天津卷烟厂老工人杨瑞林口述:《腊月运》,《不能忘记过去——老工人的回忆》,天津人民出版社,1964 年。

[31]天津社会科学院天津历史研究所:《天津卷烟厂史资料》(油印本),1972年。

[32]王夫之等撰:《清诗话》,上海古籍出版社,1978年。

[33]肖祝文:《天津英美烟公司的经济掠夺》,中国人民政治协商会议天津市委员会文史资料委员会编《天津文史资料选辑》第3辑,天津人民出版社,1979年。

[34]《天津海关十年报告(1922—1931)》,天津社会科学院历史研究所:《天津历史资料》第5期,1980年。

[35]张友渔:《我在天津从事秘密工作的片段回忆》,中国人民政治协商会议天津市委员会文史资料委员会编《天津文史资料选辑》第10辑,天津人民出版社,1980年。

[36]于敏中等编纂:《日下旧闻考》,北京古籍出版社,1981年。

[37]孙毓棠:《抗戈集》,中华书局,1981年。

[38]戴鸿慈:《戴鸿慈出使九国日记》,湖南人民出版社,1982年。

[39]郑汝铨:《我所知道的天津基督教女青年会》,中国人民政治协商会议天津市委员会文史资料委员会编《天津文史资料选辑》第21辑,天津人民出版社,1982年。

[40]天津图书馆、天津社会科学院历史研究所编:《袁世凯奏议》,天津古籍出版社,1983年。

[41]上海社会科学院经济研究所:《英美烟公司在华资料汇编》,中华书局,1983年。

[42]哈增礼:《英美烟草托拉斯对天津的经济垄断》,中国人民政治协商会议天津市委员会文史资料委员会编:《天津文史资料选辑》,第33辑,天津人民出版社,1985年。

[43]天津市总工会工运研究室、天津社会科学院历史研究所:《新民主主义革命时期天津工人运动记事》,天津社会科学丛刊编辑部,1985年。

[44]侯振彤译:《二十世纪初的天津概况》,天津市地方志编修委员会总编室,1986年。

[45]戴愚庵著、张宪春点校著:《沽水旧闻》,天津古籍出版社,1986年。

[46]来新夏主编:《天津近代史》,南开大学出版社,1987年。

[47]天津社会科学院历史研究所:《天津简史》,天津人民出版社,1987年。

[48]中共天津市委党史资料征集委员会、天津市总工会工运史研究室、天津市历史博物馆:《五卅运动在天津》,中共党史资料出版社1987年。

[49]天津市档案局、天津社科院历史研究所、天津工商联:《天津商会档案汇编(1903—1911)》,天津人民出版社,1989年。

[50]中共天津市河东区委党史资料征集委员会:《沽上春秋—河东党史资料汇编(1924—1949)》,中共天津市委党史资料征集委员会,1990年。

[51]宋洪升、王开元:《解放前杨柳青年画史略》,中国人民政治协商会议天津市西郊区委员会文史资料工作委员会《津西文史资料选辑》第4辑,1990年。

[52]中共天津市委党史资料征集委员会:《中共天津党史大事记(1919—1949)》,天津人民出版社,1991年。

[53]中共天津市和平区委党史资料征集委员会编:《和平区党史资料汇编(1919-1949)》,中共天津市委党史资料征集委员会,1993年。

[54]郭长久主编:《天津烟草百年》,百花文艺出版社,2001年。

[55]袁庭栋:《中国吸烟史话》,商务印书馆国际有限公司,1995年。

[56]理查德·克莱恩:《香烟——一个人类痼习的文化研究》,乐晓飞译,中国社会科学出版社,1999年。

[57]《中共中央北方局》资料丛书编审委员会:《中国共产党历史丛

书——中共中央北方局(土地革命时期卷)》,中共党史出版社,2000年。

[58]天津市地方志编辑委员会:《天津通志·旧志点校卷》,南开大学出版社,2001年。

[59]高家龙:《中国的大企业——烟草工业中的中外竞争》,樊书华、程麟荪译,商务印书馆,2001年。

[60]杨国安编:《中国烟业史汇典》,光明日报出版社,2002年。

[61]中共天津市委党史研究室编:《天津党史资料与研究》第2辑,天津古籍出版社,2006年。

[62]中国烟草通志编辑委员会:《中国烟草通志》,中华书局,2006年。

[63]周昆陶:《周云生与协顺木厂》,中国人民政治协商会议天津市委员会文史资料委员会编:《天津文史资料选辑》第108辑,天津人民出版社,2006年。

[64]河北省烟草志编辑委员会编:《河北省烟草志》,河北人民出版社,2008年。

[65]甘厚慈辑,罗澍伟点校:《北洋公牍类纂正续编》,天津古籍出版社,2010年。

[66]阿兰·布兰特:《香烟的世纪——香烟的沉浮史告诉你一个真美国》,苏琦译,东方出版社,2011年7月。

[67]《尘封密信揭开一个希腊家族在华的烟草经商史》,《新闻晨报》,2012年5月3日。

[68]迪迪埃·努里松:《烟火撩人——香烟的历史》,陈睿、李敏译,生活·读书·新知三联书店,2013年。

[69]狄兰:《中国逃亡记》,崔书田编译,山东人民出版社,2015年。

后　记

　　《英美烟公司在津纪事》书稿经过一校后，出版社嘱我写一篇后记。本人正好有一些书外之话要说，借此一吐为快。

　　作者视作品为孩子，从十月怀胎到呱呱落地，备尝艰辛。回想这个过程，感慨万千。正如罗澍伟先生的序言所说，对英美烟公司的研究是我的长线课题。如果追寻这个课题的源头，颇有一些因缘相契。

　　我成长于河东大王庄，家在烟卷公司(天津卷烟厂的俗称)附近，旁边胡同就是烟卷公司宿舍，住着不少旧时的老职员。早年间，住胡同的人喜欢吃完晚饭后聚集在胡同口聊天，那时我就聆听过一些烟卷公司的故事。1972年，我自学校分配到烟卷公司工作，那时厂房、设备以及生产工艺一如从前，而老工人时常诉说旧日往事，耳濡目染，令我对昔日英美烟公司的认识有了雏形，但所获取的信息是碎片式的。

　　深入认识英美烟公司始于1974年，即天津社会科学院历史研究所与天津卷烟厂合作编写《天津卷烟厂历史资料》之时。那时，单位宣传部的好友李英林兄(清华大学建筑系高才生，后任天津城建大学教授)在编写组，我经常到那里造访，结识了天津社会科学院历史研究所的董振修老师。我在编写组看到许多历史资料，还有一些珍贵的图片，后来这些资料和图片不知去向，所幸董老师将打印成册的14期资料送给我一套，这成为我日后研究的基础。也许是一种缘分，热爱文史的我，由于工作的关系,从此开始关注对英美烟公司在津资料的搜集与整理。1984年,上海社会科学院经济研究所《英美烟公司在华企业资料汇编》问世,其中收录了许多有关天津的内容。1989年,我在厂长办公室作秘书工作,正逢建厂七十周年,写了一篇《历尽沧桑话津烟》,简单记述天津英美烟公司的历史。之后,我相继在《河东区政协文史资料选辑》《天津文史丛刊》《天津政协文史资料选辑》《天津史志》《中国烟草》《今晚报》《城市快报》《东方烟草报》等杂志报纸上发表许多相关文章,研究范围也从生产、销售、原料供应等经济运行,扩展到商标广告、企业文化以及红色文化等。1999年,我担任企业策划中心主任时,与《今晚报》副刊部合作,邀请天津知名作家、学者撰稿,编辑出版了《天津烟草百年》一书。2000年至2005年,我借调国家烟草专卖局,从事编纂《中国烟草通志》工作。在搜集资料过程中,十分留意天津英美烟公司史料,在上海、青岛、天津档案馆发现许多原始档案及图片资料,为这部书的形成奠定了丰厚的资料基础。修志工作结束后,我仍然继续资料搜集工作。特别是后来历史文献数据库的出现,为我的资料收集工作提供了极大的帮助。此外,我先后采访过《中国近代工业史资料》主编、中国社会科学院研究员汪敬虞,曾在天津颐中烟草公司工作过的艺术家牛星丽,天津颐中烟草公司顾问王世富的后人、南开大学历史系教授王敦书,狄兰《中国逃亡记》的编译者崔书田等有关人士,获取了珍贵的口述资料。

资料的占有是研究的基础,但需要归纳整理、分析鉴别,形成专题性的研究成果,进行全面、系统的叙述和评论。多年来,我对英美烟公司前身老晋隆洋行的研究、英美烟公司对天津地方文化影响的研究、侵华日军管理颐中烟草公司时期的研究、中国共产党在天津英美烟公司早期活动的研究以及人民政府对颐中烟草公司转承让的研究有了新的突破。据我所知,由于英美烟公司原始档案多为英文且专业性强且不对非专业人士开放等原因,研究英美烟公司的专著十分罕见。而我历经几十年的资料积累和研究,萌生了写书的冲动。在2018年至2019年之间,书稿基本成型,后又经过不断打磨,逐步丰富完善。书稿尘封多年,终于付梓出版了。

一部书的出版离不开有关单位和人士的支持。首先,感谢天津市地方志工作办公室将书稿列为"天津地方史研究丛书"。其次,感谢天津社会科学院出版社为此书出版付出的努力,审校工作十分认真,确保了书稿的质量。还要感谢天津文史馆馆员、天津社会科学院历史研究所原所长罗澍伟先生,在百忙之中撰写序言,为书稿增色不少。最后对河东区档案馆报送该书选题提供的支持表示由衷的感谢!

曲振明

2024 年 11 月 4 日于津门静趣轩